安徽省哲学社会科学重点项目(AHSKZ2020D13)成果

数字媒介环境下
安徽非物质文化遗产传承与传播

秦枫 著

中国科学技术大学出版社

内容简介

本书以安徽非物质文化遗产现状为切入点,从理论上论述数字媒介对传统文化(非遗)传承传播的一般性影响,研究非遗的传承机制以及在传统媒体和新媒体中安徽非遗传播特征、策略及存在的问题;运用数字技术和新时代话语体系对安徽省非物质文化遗产进行解读与诠释,赋予其新的文化意涵,使之适应于数字场域的传承与传播,旨在深化对安徽非遗传承与传播的研究,深入发掘其当代价值,提升安徽文化传播影响力和软实力。

本书可作为高校本科、研究生相关课程教材,也可作为文化管理人员、文化宣传人员、文化创意人员的工作参考书。

图书在版编目(CIP)数据

数字媒介环境下安徽非物质文化遗产传承与传播 / 秦枫著. -- 合肥:中国科学技术大学出版社,2025.5. -- ISBN 978-7-312-06194-3

Ⅰ. G127.54

中国国家版本馆 CIP 数据核字第 202502UZ25 号

数字媒介环境下安徽非物质文化遗产传承与传播
SHUZI MEIJIE HUANJING XIA ANHUI FEIWUZHI WENHUA YICHAN CHUANCHENG YU CHUANBO

出版	中国科学技术大学出版社 安徽省合肥市金寨路 96 号,230026 http://www.press.ustc.edu.cn https://zgkxjsdxcbs.tmall.com
印刷	安徽省瑞隆印务有限公司
发行	中国科学技术大学出版社
开本	710 mm×1000 mm 1/16
印张	14.75
字数	270 千
版次	2025 年 5 月第 1 版
印次	2025 年 5 月第 1 次印刷
定价	60.00 元

前 言

　　非物质文化遗产(简称"非遗")是中华优秀传统文化的重要组成部分,是中华文明绵延传承的生动见证,是联结民族情感、维系国家统一的重要基础。联合国教科文组织发布的《保护非物质文化遗产公约》中明确"非物质文化遗产世代相传,为社区和群体提供认同感和持续感";《中华人民共和国非物质文化遗产法》也明确提出"保护非物质文化遗产应当有利于增强中华民族的文化认同,有利于维护国家统一和民族团结,有利于促进社会和谐和可持续发展"。可见,无论是国际公约还是国内法都将非遗保护与文化认同相统一,既具有文化意义,又具有政治意义。中共中央办公厅、国务院办公厅印发的《关于进一步加强非物质文化遗产保护工作的意见》明确要求"坚持马克思主义祖国观、民族观、文化观、历史观,铸牢中华民族共同体意识"。中华儿女的文化认同、文化归属感很重要的一方面是源于对非遗的认知和记忆,非遗保护传承"有利于增强中华民族的文化认同",有利于在实现中华民族伟大复兴的进程中不断增强使命意识和担当意识。

　　中华民族在形成和演进过程中造就了灿烂文明,非物质文化遗产是中华民族古老文明的重要支撑和鲜活见证。非遗既继承守正,同时又创新发展,为后世文化给予养分,用其独特的价值体系引领当代先进文化的发展。非遗所呈现出的优秀思想文化和具有中国特色的思维方式,潜移默化当代中国人的行为方式。2021年3月,习近平总书记在福建考察时强调:"如果没有中华五千年文明,哪里有什么中国特色?"以非遗为典型代表的优秀传统文化是中国特色社会主义先进文化的精神之源,也是中华民族蓬勃发展的动力之源。一百多年来,中国共产党始终坚持古为今用、与时俱进、辩证取舍、推陈出新,把弘扬优秀传统文化和发展先进文化有机统一起来,不断推进文化"创造性转化和创新性发展",非遗保护传承工作坚持以社会主义核心价值观为引领,为全面建设社会主义文化强国提供强大精神力量,为中华民族伟大复兴提供了深厚丰富的文化滋养。

　　安徽历史文化资源丰富,拥有众多的非物质文化遗产,是中国非物质文化遗产的富集地之一。安徽非遗空间分布广,类别齐全,特色鲜明,皖南、皖中、皖北差异较为明显。从四级非遗名录体系——"国家、省、市、县"保护体系来看,安徽非遗名录体系健全。做好安徽非遗传承与传播的研究和实践,是"一种诉诸长远、诉诸千秋万代的视野与情怀",是"自觉赓续历史文脉,推进文化创新创造的使命",是"讲好安徽文化故事,增强文化自信的重要路径"。

《中华人民共和国非物质文化遗产保护法》在第四章专门就"非物质文化遗产的传承与传播"做了相关规定和要求。这是课题研究的法理依据,更是非遗传承和传播的实践准则和要求。本成果主要围绕"数字媒介环境下安徽非物质文化遗产传承与传播",按照此前课题设计从以下八个部分展开研究。

第一章主要从时空定位角度对安徽省级以上非遗项目进行梳理,时间层面主要梳理安徽省级以上非遗的申报批次,从2006年至今,各地市级项目先后入选省级以上名录情况;空间层面主要从两个方面汇总:一是按照行政区划维度梳理各个地市的省级以上非遗项目数量;二是按照皖南、皖中、皖北大区域的概念整理非遗项目数量。同时,对安徽省级以上项目进行分类别整理,以期用数据、图表的形式直观呈现不同类别非遗的数量与分布。

第二章主要从理论上阐述文化遗产(非遗)如何面对和适应数字技术、信息技术等。非遗与数字媒介的结合主要体现在非遗的数字化保护和传播方面,如何通过各种数字媒介技术和手段,对非遗进行数据收集、存储、传输、处理、分析、应用,将非遗的保护、展示、传承、传播、创新等过程与数字化技术相结合,从而推动非遗的存续与发展。特别是在数字媒介技术构成的虚实相生媒介环境中,非遗的实体和非遗的非物质性在此空间如何并存;在现实物理和数字技术的双重逻辑下如何更好地传承和传播非遗。

第三章主要对传统媒体如何宣传报道安徽非遗进行内容分析。传统媒体虽然在传播力方面略显逊色,但在影响力和引导力方面仍然是数字媒体的先导和靶向,报纸作为传统媒体的典型代表在传播非遗方面扮演着重要的角色。该章选取了安徽省内皖北、皖中、皖南的四份报纸对非遗的宣传报道,包括三份党报、一份都市报,四份报纸所属区域分别代表了安徽省内不同文化和特色,以此来分析在数字媒介环境下,传统媒体对非遗宣传报道的优势和不足,以及如何更好地发挥传统主流媒体的文化传播功能。

第四章主要分析安徽非遗在网络媒体的信息呈现,这里的数字展示和呈现是指通过对安徽省地级市非物质文化遗产的相关官方网站和公众号进行数据收集和定量统计，勾勒出各地市非遗数字信息的网络呈现情况，分析其传播特点及存在的不足，并对其未来的发展进行展望。此部分重点是考察安徽各地市对非遗的静态网络展示及主动传播方面的做法和经验。

第五章重点研究安徽非遗在数字媒体平台的传播。数字媒体平台的崛起不仅仅是技术的进步，更是一场内容传播的革命。此部分主要选取了微博平台和短视频平台中的非遗传播数据。微博方面，选取微博话题作为研究对象，借助 Web Scraper 工具首先在微博网页版中以"安徽非遗"为关键词进行检索，逐一对每个话题下的微博信息进行爬取并整理和分析，探讨微博平台中安徽非遗信息的碎片化表达与开放性特征，并思考微博这一媒介在安徽非遗传承与传播中的作用和存在的问题。短视频方面，选取抖音平台中描述安徽非遗的短视频作为研究对象，选取点赞数较高的前47条短视频作为数据样本进行分析，逐一统计每条短视频的发布主体及粉丝量、安徽非遗内容（主要包括发布时间、时长、非遗项目）、评论数和转发数等基础信息，按照影视叙事结构、视觉与听觉语言认知结构等进行整理，最后总结出安徽非遗短视频的视听审美特点。

第六章主要考察短视频平台中安徽非遗传播效果的影响因素，以抖音短视频平台安徽非遗短视频为研究对象，通过量化与质化相结合的方式探讨影响其传播效果的因素。从传播认同度和传播参与度两个维度，将其与抖音数据中的点赞量、收藏量、评论量、转发量相对应，作为传播效果影响因素模型的因变量。其次，将自变量按照技巧因素、内容因素、账号因素三个维度划分。用数据分析方式研究视频传播效果的影响因素，同时通过深度访谈，从采访语料中概括出除上述要素之外的其他相关影响因素，得出传承人、媒介、受众、环境因素对非遗短视频传播存在的影响。

第七章主要谈安徽非遗与现代生活融合，特别是与数字创意、文旅等业态的融合。非遗保护工作的落脚点是在传承的基础上发挥非遗的当代价值。坚持保护与利用相结合，将非遗融进当代政治、经济、文化生活各个方面，使之"活"在当下、"活"出精彩、"活"于未来。数字媒体技术创新应用为非物质文化遗产的记录、保护和推广提供新的平台，在数字创意产业中坚持非遗的创新性发展和创造性转化。虚拟现实、增强现实、交互式多媒体、在线平台等数字技术，为展示和体验安徽的非物质文化遗产提供了新的渠道。通过案例举隅来理解非遗如何在数字创意产业中应用与融合。

第八章阐述安徽非遗的文化典藏。文化典藏的目的是保护非物质文化遗产事项的完整性和真实性，为更好地传承文化事项提供基础数据信息；同时让公众能够通过分享、传播非遗信息，扩大其社会价值，促进文化交流和文明互鉴，保护文化生态多样性。首先对安徽非遗当前的数字典藏状况进行阐述，并以安徽非物质文化遗产保护中心的非遗数字博物馆为经验材料；其次从知识管理视角出发，将非物质文化遗产作为系统知识进行管理，侧重于非遗数据的采集、转化、存档、传播与共享；最后，以数字地图工具为切入点，论述安徽非遗数字地图系统的建构与设计。

文化兴则国运兴，文化强则民族强。作为地方文化的精彩华章，安徽非遗传承传播研究，对强化地方性地方感、保持文化多样性、增强文化认同感、激发文化生命力和创造力具有重要的历史意义和现实意义。对非遗来说，除传统的传承和保护方式外，新的保护、传承理念也随技术变革而产生。在数字媒介环境下，运用数字技术和新时代话语体系对非遗进行解读与诠释，使之适应于数字媒介场域的传承与传播。从历史维度看，每一次信息技术革命都推动传播革命。新的信息技术迅猛发展，在文化领域不断催生各类新业态、新应用、新模式，深刻改变文化创作生产和传播消费方式。未来，作为具有主观能动性和主体性的人应把数字媒介技术、信息技术等赋能于非遗的传承、传播、应用与消费之中。

非遗的存续与创新发展逐渐向数字空间延伸。通过数字技术，非遗展演的原生环境转场到数字空间，非遗从原有的社会关系中脱离开来，在新的媒介场域中与外界建立新的联系和社会关系。数字技术通过在线表演将小范围地域性传播的非遗迁移到网络空间，打破传播地域圈，在时空无限的网络中寻找更多的文化认同群体，网络为受众了解非遗、欣赏非遗提供了可行性通道，海内外的受众在数字世界接触非遗，将其归为中华文化的组成部分，以此削弱对地方区域的划分，降低认知难度，更有利于增强受众群体的文化认同。这在一定程度上延伸非遗的生存空间，非遗生存、传承与传播的场域从有限性转变为无限性。

无论是线上展示类还是线下体验类数字技术，虽然复刻了非遗本身具备的物理要素，但滋养非物质文化遗产茁壮成长的人文环境、社会环境无法依靠技术整体迁移至网络空间，情感表达效果会大打折扣，是一种文化上的"祛魅"。在数字化过程中，非遗的原始构成要素得以保留，甚至借助技术能够增强受众的视觉、触觉体验，这种可复制性的操作方式，使得具有仪式感的非遗表演成为日常活动的组成部分。这些非遗事项能够在任何地方、任何时间进行日常展演,仪式感的弱化削减了非遗的时令性、独特性。数字化是技术对非遗的赋能与改造,一方面文化"祛魅"与日常展演使得非遗本身的灵韵减弱;另一方面,文化"游牧"也会带来非遗的创新性转化和创造性发展。媒介技术将地缘环境映射到数字世界中,受众可以凭借"虚拟在场"异地体验距离千里的地域性非遗项目,脱域后的非遗在"游牧"中重构文化世界。非遗数字化使得传统非遗失去了孕育它的原生环境,地理边界模糊,它不再属于某个特定的区域,而是在数字网络世界中游牧生长,从而衍生出新的生存形式。数字媒介中的文化游牧使非遗本体从原先的地域社群中脱颖而出,进入一种流动的、变换的、混杂的数字社会。真实的行为展示与虚拟环境同时存在,这种全新的展演形式重塑时空格局,将过去与现在、在场与离场、记忆与体验融为一体,构成以受众个人为中心的传播圈。

数字化不仅是技术创新,还是思维观念的创新。非遗与数字化的"接合"将非遗与其他产业通过数字媒介互相连接而成为整体,从而衍生出非遗线上教育、非遗数字藏品、非遗三维展品等形式。在进入数字化之前,技艺类非遗因其不具备完整的物态,并且无合适的载体而造成某些小众的非遗技艺渐渐失传。在此背景下,数字化技术为非遗传承提供结果性、延续性的留存方式,成为非遗产业化的"接合剂"。

非遗数字化不是程式固定的线性数据存储,而是非遗精神内核在技术加持下的活态化呈现。通过放大体验者的触觉、听觉、视觉,给受众提供身体沉浸感;通过数字孪生构造拟态世界;通过区块链技术重塑社会经济体系,将虚拟世界与现实世界的经济属性、社会属性密切融合,并且允许每个使用者进行内容生产和编辑,使用者的思维不再受空间、时间的限制,能够在传统的非遗场景中加入构想出来的、客观上不存在的虚拟环境和人物。通过媒介技术,非遗精神内核得以重新阐释和表达。数字化的过程增加了对受众的关注,提升了非遗客体的地位,是以人为中心、以文化为本位的呈现和表达。媒介技术让人、物、场的关系在数字文化空间交叉融合,非遗变得能观、能感,其中承载的历史与文化看得见、摸得着,悄然融入现代社会生活之中。非遗保护工作的落脚点是在传承的基础上发挥非遗的当代价值,不仅仅是静态保存,更是活态的利用。《关于进一步加强非物质文化遗产保护工作的意见》明确要"坚持守正创新,尊重非物质文化遗产基本内涵,弘扬其当代价值"。

安徽境内非遗资源富集,其承载着安徽的历史文化,讲述着安徽的地方故事。新时代要将互联网思维和信息技术融入安徽非遗的传承传播研究和实践之中,实现数字化赋能非遗传承传播。将安徽非遗的创新创造融入安徽乡村振兴战略、新型城镇化建设;充分挖掘安徽非遗的产业要素和产业属性,合理利用非遗进行文艺创作和文创生产,推动安徽非遗与旅游融合发展、高质量发展;同时坚持以社会主义核心价值观为引领,坚守中华文化立场,传承中华文化基因,发挥安徽非遗的意识形态属性作用,将其融入国民教育体系,鼓励非遗进校园、进课堂、进教材。安徽非遗要适应媒体深度融合趋势,丰富传播手段,拓展传播渠道,推出优秀的文化精品,向省内外、国内外推介安徽非遗、推广安徽非遗,提升安徽文明的传播力和影响力,维护文化安全,增进文化认同。

目 录

前言 ……………………………………………………………………（ⅰ）

第一章 时空定位：安徽省非遗类别批次及其区域分布 ……………（ 1 ）
 第一节 安徽非物质文化遗产类别概述 ……………………………（ 1 ）
 第二节 安徽非遗申报批次及区域分布 ……………………………（ 4 ）

第二章 场域变迁：非遗从物理到数字空间的生存适应 ……………（ 11 ）
 第一节 文化遗产与数字媒介的接合 ………………………………（ 11 ）
 第二节 原子与比特的并存场域空间 ………………………………（ 15 ）
 第三节 非遗的数字抽象与现实传用 ………………………………（ 25 ）

第三章 宣传报道：传统媒体中安徽非遗传播内容分析 ……………（ 45 ）
 第一节 安徽非遗报道内容分析 ……………………………………（ 46 ）
 第二节 安徽非遗宣传报道特征 ……………………………………（ 64 ）
 第三节 安徽非遗宣传报道优化 ……………………………………（ 75 ）

第四章 数字展示：安徽非遗网络信息呈现 …………………………（ 84 ）
 第一节 安徽各地市非遗相关网站及公众号概览 …………………（ 84 ）
 第二节 安徽各地市非遗相关平台网络呈现现状 …………………（ 88 ）
 第三节 安徽各地市非遗相关平台网络呈现不足 …………………（100）
 第四节 安徽各地市非遗相关网络平台建设展望 …………………（107）

第五章 互动传播：新兴媒介平台安徽非遗数字化表达 ……………（112）
 第一节 嵌入的非遗：数字媒体平台的传统文化 …………………（112）
 第二节 "微"表达：碎片化开放性微博平台中的安徽非遗 ………（117）
 第三节 "视"传播：视听审美兼具的短视频中的安徽非遗 ………（129）
 第四节 数字媒体平台推动文化建设的现实挑战 …………………（143）

第六章 效果评价：安徽非遗类短视频传播的影响因素 ……………（147）
 第一节 非遗短视频传播影响因素的模型建构与研究假设 ………（147）

第二节　基于平台数据探究安徽非遗短视频传播效果影响因素 …… (155)
  第三节　基于访谈语料探究安徽非遗短视频传播效果影响因素 …… (170)

第七章　市场逻辑:安徽非遗在数字创意产业中的传用 ………… (180)
  第一节　安徽非遗融入现代生活和产业 ……………………… (180)
  第二节　"两创"背景下非遗与数字创意产业的融合 ………… (184)
  第三节　安徽非遗在数字创意产业的应用案例分析 ………… (191)

第八章　文化典藏:安徽非遗信息数字保存 …………………… (201)
  第一节　安徽非遗与文化典藏 ………………………………… (201)
  第二节　非遗的知识管理路径 ………………………………… (203)
  第三节　数字地图与非遗保存 ………………………………… (207)

后记 ……………………………………………………………… (223)

第一章 时空定位：安徽省非遗类别批次及其区域分布

本章主要对安徽省级以上非遗项目概况进行梳理，所谓时空定位——时间层面主要梳理安徽省级以上非遗的申报批次，从 2006 年至今各地市级项目先后入选省级以上非遗名录情况；空间层面主要从两个方面汇总，一是按照行政区划维度梳理各个地市的省级以上非遗项目数量，二是按照皖南、皖中、皖北大区域的概念进行整理的非遗项目数量。同时，对安徽省级以上项目类别进行了整理，并用数据、图表形式直观呈现出不同类别非遗的数量与分布。

第一节 安徽非物质文化遗产类别概述

安徽作为一个历史悠久且文化资源丰富的地区，因此，本书主要以省级以上非遗作为统计和研究对象，截至安徽省第六批和国家级第五批的数据，省级非遗项目 600 余项，国家级非遗项目 99 项，覆盖非遗所有类别。

以下是对安徽省 10 个非遗类别的概述：

(1) 民间文学：包含着各种充满奇幻色彩的神话，如关于开天辟地的神话；具有传奇性的传说，像黄山的黄帝传说；贴近生活的故事，比如那些讲述民间奇人趣事的故事；朗朗上口的歌谣，像桐城歌的《打哑谜》以及蕴含智慧的谚语等。它们以口口相传的方式在民间广泛流传，是民众智慧的结晶，生动地展现了不同地区的历史文化、风俗习惯和人民的精神世界。

(2) 传统音乐：涵盖了风格各异的民歌，如六安的民歌、当涂的民歌等；特色鲜明的器乐演奏，像凤阳的凤阳花鼓等。这些音乐形式或悠扬婉转，或激昂高亢，通过独特的旋律和节奏传达出人们的情感和生活状态，具有强烈的地域风格和特色。

(3) 传统舞蹈：有豪迈奔放的鼓舞，如寿州的寿州锣鼓、绩溪的火马舞等多种类型。舞蹈动作往往与当地的文化传统和生活场景紧密结合，通过体态语言展现出独特的审美和情感表达。

（4）传统戏剧：包括了具有地方特色的戏曲剧种，如安庆的黄梅戏，其经典剧目有《天仙配》等；还有淮北的梆子戏等婉转细腻的文戏、精彩激烈的武戏等。演员们通过唱、念、做、打等表演形式，讲述着一个个动人的故事，展现了丰富的文化内涵和艺术魅力。

（5）曲艺：有说唱结合的各种艺术形式，如合肥的门歌等，以幽默诙谐或深情动人的表演来讲述故事、反映生活，具有浓郁的生活气息和艺术感染力。再如，界首苗湖书会"无时不说，无处不唱，无人不乐"，其自娱性、群众性、生活性，成为丰富百姓茶余饭后的文化点心，深受广大群众的喜爱。

（6）传统体育、游艺与杂技：包含了各种强身健体的传统体育项目，如亳州的晰扬掌等；充满趣味的游艺活动以及令人惊叹的杂技表演，像宿州的马戏等，体现了人们对身体技能的追求和对娱乐的热爱。

（7）传统美术：有精美的绘画，如萧县的萧县书画；雕刻，像徽州木雕等；剪纸，如阜阳剪纸等多种艺术形式。这些作品往往具有极高的艺术价值，通过细腻的笔触、精湛的技艺展现出独特的审美风格和文化内涵。

（8）传统技艺：涉及各种手工技艺，如泾县的宣纸制作技艺，其制作出的宣纸品质极高；还有芜湖的铁画锻造技艺等。这些技艺凝聚了工匠们的智慧和心血，生产出兼具实用与美观的物品，传承悠久的历史文化。

（9）传统医药：包含着独特的中医理论和治疗方法，如新安医学等，是经过长期实践积累下来的宝贵财富，对保障人民健康发挥着重要作用。

（10）民俗：涵盖了丰富多样的节日庆典，如阜阳肘阁抬阁；祭祀仪式，如九华山庙会等，这些反映了人们的生活方式、价值观念和社会关系，是地域文化的重要体现。

按照非遗类别来看，省级安徽省非物质文化遗产（图1.1）共680项[①]：民间文学33项；传统音乐52项；传统舞蹈64项；传统戏剧48项；曲艺35项；传统体育、游艺与杂技28项；传统美术89项；传统技艺223项；传统医药32项；民俗76项。其中传统技艺类项目最多，传统美术次之。

国家级安徽省非物质文化遗产（图1.2）共99项：民间文学5项；传统音乐9项；传统舞蹈10项；传统戏剧25项；曲艺2项；传统体育、游艺与杂技4项；传统美术9项；传统技艺25项；传统医药3项；民俗7项；其中传统戏剧和传统技艺两项最多。

---

① 该数据来源于安徽省非物质文化遗产保护中心，按照省级非遗子项（扩展项目）统计。且部分非遗项目申报地区不止一个，或分不同批次再次进入非遗名录。若不按照子项（扩展项目）统计，则为623项省级非遗，特此说明。

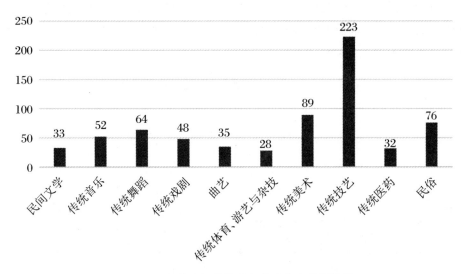

图 1.1　安徽省级非物质文化遗产各类别数量

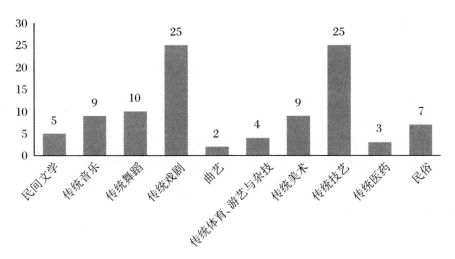

图 1.2　安徽省国家级非物质文化遗产各类别数量

从以上两个数据来看,无论是省级非遗项目还是国家级非遗项目,传统技艺类项目都是最多的,这也说明传统技艺不仅是"遗产",而且"活"在当下,在社会生活、生产中发挥了重要作用。

从图 1.3 可以看出,省级非遗项目与国家级非遗项目的数量比较,传统技艺类省级以上项目 223 项,占比较多,其中省级项目转化升级为国家级项目的为 25 项,升级率为 12.63%;传统戏剧类省级以上 73 项,其中省级项目转化升级为国家级项目的为 25 项,升级率为 52%,是所有非遗项目中转化升级率最高的项目类别；而曲艺类升级率最低，35项省级项目转化升级为国家级的仅2项，升级率为6%。数量最少的门类是传统游艺、杂技与体育，不过很多民俗类非遗项目中体现了游艺、体育等元素。

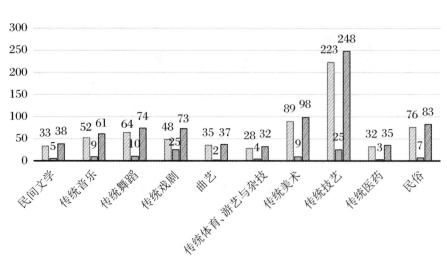

图1.3　国家级、省级非遗数量对比

安徽非物质文化遗产种类齐全，从传统的表演艺术到手工技艺，从节庆习俗到传统医疗，这些文化遗产不仅丰富了当地社会生活，还对维护文化多样性、促进文化传承有着不可替代的作用。保护这些非遗项目，不仅是对历史的尊重，更是对未来的负责。随着现代化进程的加速，许多非遗项目面临着消失的风险。因此，强化公众意识、政府保护以及通过教育和文化传播等措施，确保非物质文化遗产得以传承、传播、发展和利用。

第二节　安徽非遗申报批次及区域分布

安徽非遗的时间分布表现为申报批次，截至2024年3月，安徽省在2006年公布了第一批省级非物质文化遗产名录，之后陆续在2008年、2010年、2014年、2017年和2022年公布了第二至六批省级非遗代表性项目名录。国务院先后于2006年、2008年、2011年、2014年和2021年公布了五批国家级项目名录。非遗的区域分布可以从两个维度来看：一是按照属地原则，即非遗项目所在的行政区划(含省直)进行梳理统计;二是在行政区划的基础上,按照皖南、皖北、皖中三个大的区域来汇整数据。

一、安徽省级以上非遗申报批次分布

根据申报批次,安徽省级非遗项目统计如下(图1.4):第一批各类别非遗共计127项、第二批各类别非遗共计111项、第三批各类别非遗共计77项、第四批各类别非遗共计71项、第五批各类别非遗共计147项、第六批各类别非遗共计147项。总体趋势呈现U形结构,先降后升。其中第五、六批次非遗项目数量是第四批次非遗项目数量的2倍多。第五、六批次项目总量增加幅度较大,这也体现了安徽非遗在保护传承传播方面取得了良好的效果。

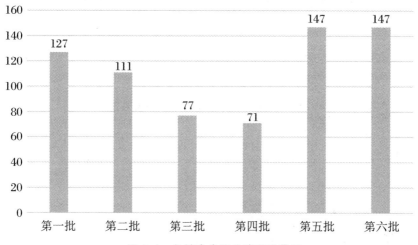

图1.4 各批次省级非遗项目数量

若从省级非遗各类别来看,传统技艺类、传统医药类等非遗项目申报数量总体呈上升态势,而传统舞蹈、传统戏剧、曲艺等非遗项目入选数量递减(图1.5)。

国家级非遗项目数量统计如图1.6所示:第一批各类别非遗共计26项、第二批各类别非遗共计34项、第三批各类别非遗共计14项、第四批各类别非遗共计14项、第五批各类别非遗共计11项。

从具体非遗类别来看(图1.7),第一批次传统戏剧和传统技艺类非遗项目入选数量较多,分别是11项和8项;第二批次中,同样是传统戏剧和传统技艺类非遗项目入选数量较多,分别是6项和10项,民俗类非遗项目在第二批次中入选5项。安徽省国家级非遗项目数量与省级非遗项目数量呈正相关性,即省级非遗项目越多,国家级非遗项目则越多。

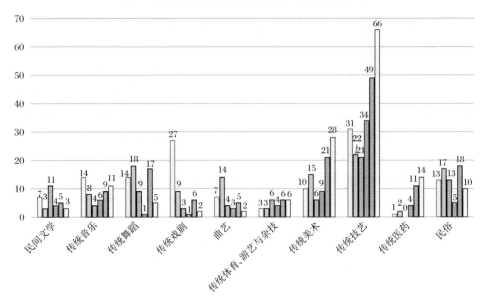

图1.5 省级非遗项目各批次类别及数量

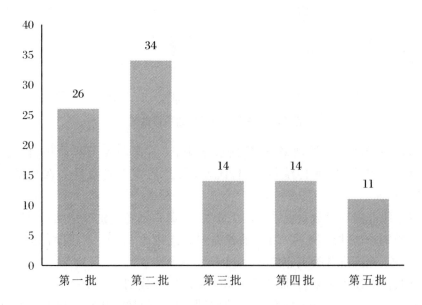

图1.6 各批次国家级非遗项目数量

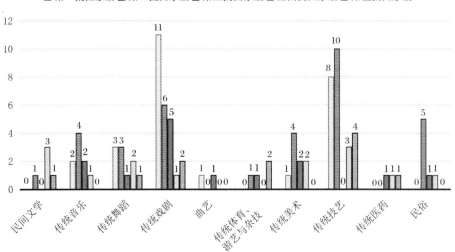

图 1.7 国家级非遗项目各批次类别及数量

二、安徽省级以上非遗所属区域分布

按照非遗所属的行政区域来看,安徽省非遗的分布在地区总体差异的基础上各城市间呈现区域阶梯性分布特征。从省级非遗项目数量来看(图1.8),皖南地区的黄山市、宣城市为非遗项目分布数量的第一梯队,总量超过80项;皖北的阜阳市和亳州市、皖中的合肥市和安庆市为第二梯队,均为40项以上;皖南的芜湖市、马鞍山市、池州市,皖中的六安市、滁州市及皖北的淮南市、蚌埠市、宿州市为第三梯队,20~39项;皖南的铜陵市、皖北的淮北市为第四梯队,未超过20项。

从国家级非遗项目数量来看(图1.9),黄山市一枝独秀,以24项居全省榜首,占全省国家级非遗项目总量的24.24%;其次为安庆市和阜阳市各有10项;宿州市9项、宣城市7项紧随其后;宣城市的省级非遗项目数量位列全省第二位,但在国家级非遗项目数量中却排在第五位;铜陵市至今未突破国家级非遗项目。

若将安徽分为三个区域——皖南、皖中、皖北,安徽省长江以南为皖南,长江以北淮河以南为皖中,淮河以北为皖北。皖南包括芜湖、黄山、铜陵、池州、宣城和马鞍山等6市,皖中包括合肥、六安、滁州和安庆等4市,皖北包括宿州、淮北、蚌埠、亳州、阜阳和淮南等6市。皖南地区拥有国家级非遗项目40项、省级非遗项目298项。皖北地区拥有国家级非遗项目34项、省级非遗项目206项。皖中地区拥有国家级非遗项目22项、省级非遗项目160项,呈现出皖南多于皖北,南北多中间少的结构(图1.10)。其中,皖中地区数量较少,这与皖中的城市数量少于另外两个区域有关。

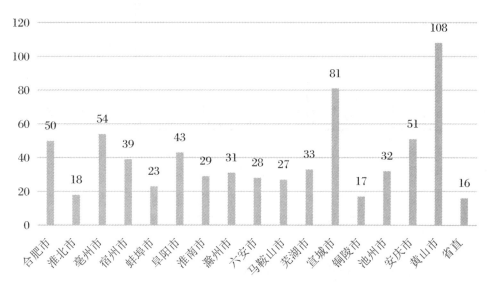

图1.8　各地市(含省直)省级非遗项目数量

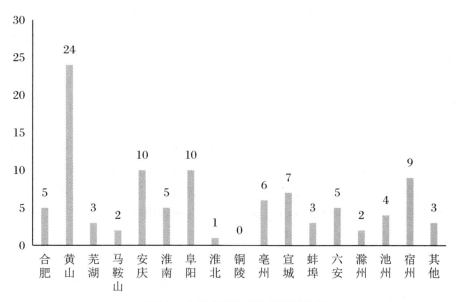

图1.9　各地市国家级非遗项目数量

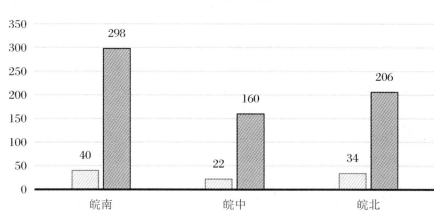

图 1.10 皖南、皖中、皖北各级别非遗数量

三、省级以上非遗时空分布原因简析

安徽省级以上非遗项目的时空分布不均，既有文化、地理、历史的原因，又有经济和管理层面的因素。

（一）南北自然地理差异格局

从地理学的角度考察皖南、皖中、皖北非遗项目分布的差异，体现为三个区域内的民众生产生活与地理环境之间的相互影响。

皖南地形以山地丘陵为主，亚热带季风气候适宜水稻种植和茶叶、竹笋、核桃等多种经济作物的生长。山地地形为皖南文化营造了一个相对封闭的不受外界干扰的生存空间，使民间的传统习俗等最大限度地保存了下来，从而让今天的人们能够欣赏皖南地区多彩的非遗项目。

皖北背靠淮河，面朝广阔的淮北平原，区域内河网密布，水陆交通便利，为其文化发展提供了开放的生存环境。因对外交流的频繁，皖北文化逐渐和外来文化交融，许多民风民俗在长时间中受到同化或忽视，甚至消失，导致现存的非遗项目相对皖南较少。

（二）历史文化变迁不平衡性

安徽历史文化资源门类众多、数量巨大、分布广泛，是名副其实的历史文化资源大省。因文明起源、社会变迁、文化传统等方面的差异，安徽历史文化资源呈现出鲜明的区域不平衡性。

唐宋以后经济重心的南移、明清时期商品经济的繁荣、徽商的崛起,使得皖南地区的生产力水平得到较大提升;作为程朱理学的发源地,其宗法观念浓厚,对地域内居民的生产生活方式影响深远,人们聚族而居,村庄规模一般较大。这些地域文化景观特质促进了非遗空间分布集聚性特征的形成。与之相适应,这些地区的文化得到了长足发展,尤以在全国具有重要地位和影响的徽文化为代表,衍生出类型众多、数量巨大、积淀深厚的非遗资源。与之形成鲜明对照的是,在皖北地区,黄河夺淮所导致的洪涝等自然灾害频发,加上战争不断等人为因素的影响,造成了该地区社会动荡、经济衰退、文化发展相对滞后;这一地区的历史文化资源形成和累积的过程总体上趋缓,历史文化资源的内涵在总体上呈现出相对粗放的区域特征,非遗资源相对较少。

(三)各地市经济发展基础

皖南、皖中是安徽省重要的经济、文化和旅游中心,沿江工业区蓬勃发展,皖江城市带崛起腾飞。经济发展为精神文化的发展奠定了物质基础,近年来财政支持力度不断加大,为非遗保护提供坚实的经济后盾。皖北凭借其丰富的劳动力资源、农产品资源和一定的工业基础使得总体经济发展水平稳步提升,但相比皖南地区,仍然偏低。这体现在前四批的省级非遗申报和入选数据方面。经济发展水平也直接影响对历史文化资源的保护、传承的财政支持力度,随着各地市经济社会发展水平不断提高,政府对非遗的重视程度也不断加大。

(四)文化职能部门管理效率

非遗的保护和挖掘都离不开文化部门的管理,其工作效率直接影响着非遗工作成效。同时,民间文化团体和文化组织的发育和成长以及文化企业的壮大在一定程度上也促进了非遗保护传承的效果。随着《中华人民共和国非物质文化遗产法》的颁布实施、国家对传统文化的重视,各地市对非遗项目保护、管理和申报的重视程度明显提升,这也直接促使安徽省第五批和第六批省级非遗项目数量陡然上升。

第二章　场域变迁：非遗从物理到数字空间的生存适应

非物质文化遗产是中华优秀传统文化的重要组成部分，是民族文化的精华、民族智慧的结晶，是文化自信的鲜活载体，也是文化强国的厚重沉淀，更是全人类的文化瑰宝。2021年以来，《关于进一步加强非物质文化遗产保护工作的意见》(2021)、《"十四五"非物质文化遗产保护规划》(2021)等面向非遗的专项政策相继出台。《关于推进实施国家文化数字化战略的意见》(2022)、《"十四五"文化发展规划》(2022)等政策更是将非遗及其数字化发展上升到国家文化战略层面。2023年，我国首个非物质文化遗产领域的文化行业系列标准——《非物质文化遗产数字化保护数字资源采集和著录》发布。该系列标准的出台将有助于非遗保护机构和从业者正确认识非遗保护的原则理念，面对形态各异的非遗项目时，准确把握采集著录的方向和重点内容，提升记录工作的科学化、规范化、标准化水平。

第一节　文化遗产与数字媒介的接合

随着科技的发展，数字化和网络化成为一种生存状态，无论是物遗，还是非遗，都会受到其影响，比如数字故宫、数字敦煌等，非遗也会慢慢进入数字状态。[1] 我国非物质文化遗产分为十大门类（其中五个门类的名称在2008年有所调整，并沿用至今），分别为民间文学，传统音乐，传统舞蹈，传统戏剧，曲艺，传统体育、游艺与杂技，传统美术，传统技艺，传统医药，民俗。按非遗认定体系，分为国家级、省级、市级、县级非遗保护名录和代表性传承人，认定各级代表性

---

[1] 秦枫.非物质文化遗产数字化保存与发展研究：以徽州区域为例[M].合肥：中国科学技术大学出版社，2021.

项目10万余项、各级代表性传承人9万多人。①

　　数字化与非物质文化遗产的"接合",可从"接合"自身的两层含义来阐释：第一层含义是指"接合"(articulation)本身的意义——说出来、表达出来。数字技术可以按照一定的逻辑结构将非物质文化遗产事项"说出来""清晰表达出来",也就是抽象编码问题。按照霍尔的理论,文化意义是通过语言、图像、文字、音频及视频等多种媒介对事项的表征来实现的,即意义是这些媒介共同建构的结果。非物质文化遗产事项本身就是一种文化符号——由言语、动作、表情以及其他事物组成,而数字技术能够用数字逻辑来表达这样一串文化符号,并使之符合数字空间的运算逻辑。这是数字化与非物质文化遗产的"接合"第一层含义。"接合"的第二层含义是指两个不同部分相互连接,这个连接需满足两个条件：一是这两个部分是要素相异的；二是两个部分的连接必须是在一定的条件下进行。数字化与非物质文化遗产的"接合"是指遗产数字内容与其他领域的连接,而这个连接的环扣或者桥接手段就是数字化。随着数字技术的发展,不少政府机构或公司将数字化技术应用到各类文化遗产之中,成为文化遗产资源保护、传承与产业开发的关键环节。② 数字化使得文化存在媒介发生转移,由物质媒介向数字媒介的转移,消解了教育、文化、信息、创意设计、传播等领域的边界(即非物质文化遗产在数字环境中的发展问题)。数字化最终将形成集文化遗产信息挖掘、保护、传承、传播与利用为一体的新局面,之前看似仅具有文化价值的、徘徊在经济领域之外的文化遗产也日益成为经济开发的重要资源,尤其是数字化手段为文化遗产的保护与利用、传承与传播提供便利和条件。原生的遗产资源以物理状态存在,虽然具有现代价值,但在整合利用方面略显笨拙和无力,但若将之转换为比特状态,则可以重复与混合使用。多媒体之父尼古拉斯·尼葛洛庞帝曾说：比特会毫不费力地相互混合,而且可以同时或分别被重复使用。

　　总的来说,非遗与数字媒介的接合主要体现在非遗的数字化保护、传承、展示、传播和典藏应用上。

　　在数字展示方面,非物质文化遗产通过网络信息实现了对传统文化的数字化呈现。早期,非遗网站在推动非遗数字化方面发挥了重要作用。通过网站,传统非物质文化得以以数字化的形式展示(包括文字、图片、音频和视频等多媒体内容),为非遗传承人、项目和技艺提供了详尽的介绍。通过浏览网页,可以

---

① 中国非物质文化遗产网.国家级非物质文化遗产代表性项目名录[EB/OL]. https://www.ihchina.cn/project#target.
② 秦枫.文化遗产资源符号建构与产业融合：以徽州区域为例[J].云南开放大学学报,2016(7)：10,32.

随时随地了解非遗的历史、技艺和文化内涵。这种数字展示形式使得非遗更具可视性和互动性，为公众提供了全新的传统文化体验。作为一种即时更新的社交媒体工具，公众号的出现为非遗数字化的展示提供了实时的平台。通过公众号，非遗传承人、相关机构可以分享最新的活动、展示和新闻，实时传递非遗的最新动态。特别是微信视频号的兴起，通过公众号发布短视频对非遗项目进行展示和宣传，吸引了许多年轻公众的关注。公众号的互动性也为公众提供了更多参与和反馈的机会，使得非遗的传播更加立体和有趣。非遗网站和公众号的建设促进了非遗与数字媒介的深度接合。数字媒介的引入使得非遗不再受限于传统的展示方式，更能够通过多样的媒体形式，包括图像、音频、视频等，更好地呈现传统文化的丰富内涵。

在互动传播方面，新兴媒介平台，如微博、微信、抖音等为非遗数字化提供了更多创新的表达方式。通过新兴媒介平台，非遗项目可以采用虚拟现实（VR）、增强现实（AR）、全息技术等数字技术，将传统文化呈现得更加生动、具体。这种数字化表达方式既丰富了非遗的展示形式，又提升了公众的互动体验，使得非遗不再受限于传统的静态展示，而能够以更具创意和互动性的方式吸引公众。同时，社交媒体、短视频平台等新兴媒介成为非遗数字化表达的重要渠道，通过这些平台，非遗传承人和相关机构能够与公众直接互动，实时分享传统技艺和文化内涵。这种实时性的互动不仅拉近了非遗与公众的距离，还促使传统文化在数字时代更具时效性和吸引力。此外，新兴媒介平台提高了非遗的传播效果。社交媒体的用户生成内容机制，使得公众不仅是非遗信息的被动接收者，还是非遗信息的传播者。通过点赞、评论、分享等互动行为，非遗内容得以更广泛地传播，形成了社群效应。公众在平台上分享自己的体验和理解，形成了一个共同参与的社区，推动非遗的数字化表达在社交网络中更具影响力。

在市场逻辑方面，非遗在数字创意产业中创新、转化与发展，进一步深化了传统文化与现代商业之间的互动，形成了一种有机的融合。这一融合不仅为非遗的传承提供了更为广泛的平台，还为数字创意产业注入了更为丰富和深厚的文化内涵，共同构建了一个文化与商业共荣发展的格局。随着区块链、云计算、AI技术的普及应用，传统的非遗元素通过数字空间建模、动态捕捉等技术手段得到了重新演绎，传统非遗技艺与数字科技相结合，融合了新的创意元素，赋予了传统文化传承新的时代内涵。数字媒介不仅是一种记录工具，还是一个创意的平台。数字创意产业追求创新和前沿技术，非遗通过与数字创意公司、科技企业等的合作，将传统技艺与现代科技有机结合。这种协同合作推动了非遗数字化内容的不断创新，为市场提供更多有吸引力的文化产品。最重要的是，非遗在数字创意产业中的应用加速了传统文化的国际化传播。通过数字媒介,非遗可以实现全球范围内的推广,吸引国际公众对中华优秀传统文化的关注。数字创意产品以及与国际合作伙伴的深度互动,使得非遗在国际市场中更具竞争力。这种国际化传播为非遗打开了更广阔的商业渠道,推动了中华文化在全球范围内的传播和发展。

在文化典藏方面,数字保存为非物质文化遗产提供了可靠而高效的保存手段。首先,传统的非物质文化遗产多依赖口传心授的方式传承,容易受到时间和环境的侵蚀。数字保存通过对技艺、历史背景、口述传承等方面进行全面而系统的数字记录,确保了这些宝贵信息的长期保存。数字档案的建立也使得非遗的精髓能够被更好地保留下来,为未来的传承与创新发展提供了有力支持。其次,数字保存为非遗的传播提供了更为广阔的平台。数字化媒介的普及使得保存的非遗信息能够通过互联网迅速传播至全球范围。在线展览、数字博物馆等形式让非遗能够突破地域限制,与更多的公众产生联结。这种数字传播的方式为非遗注入了新的生命力,促使其在全球范围内得以更为广泛地认知和传承。再次,数字保存也为非遗适应数字化媒介和场景提供了基础资源。数字档案的多媒体性质使得保存的信息可以以图像、音频、视频等多样化形式呈现,丰富了文化元素的表达方式。这为非遗适应数字时代的多元化传播方式提供了丰富而灵活的内容,进一步推动了传统文化在数字平台上的发展。此外,数字保存也有助于非遗的创新传承。保存的信息不仅是对过去的保留,还为当代艺术家、设计师提供了源源不断的创作灵感。非遗数字档案可以成为当代文创产业的素材库,为艺术家提供丰富的文化资源,促使非遗项目在当代艺术中得以更好地融入与发展。

在数字地图方面,非物质文化遗产数据信息导航为非遗项目的传承与发展开辟了新的空间。数字地图作为一种空间信息可视化的工具,能够为非遗提供更为全面的信息展示。传统的非遗项目往往受限于地理位置和传统媒介的局限性,而数字地图的建设打破了这一限制。用户可以通过数字地图系统,迅速了解不同地区的非遗项目、传承人、历史背景等信息,形成更为立体和全面的认知。数字地图也为非物质文化遗产提供了一个开放而多元的信息平台,使得传统文化的内涵能够以更为丰富的形式呈现给用户。通过数字地图,用户可以实时了解离自己最近的非遗项目,规划参观路线,了解项目的详细信息,甚至通过虚拟现实技术进行远程体验。这样的数字化导览系统不仅提高了用户的参与感和体验感,还使得非物质文化遗产的传承更加贴近现代生活,促进了非遗的传承与发展。同时,数字地图的多语言支持、跨文化展示,使得非遗能够跨越语言和文化的障碍,更好地传播至国际舞台。这为非遗的国际合作、文化交流提供了更为便捷的平台,推动了中华文化在国际上的传播和认知。此外,数字地图系统还为非遗的保护和管理提供了更高效的工具。通过数字化信息的管理和更新,非遗项目的状态、传承人的信息等都可以及时得到更新和维护。数字地图系统的数据分析功能还能为决策者提供更科学的数据支持,帮助制定更为合理的保护政策和发展规划,从而更好地保障非遗项目的可持续发展。

值得注意的是,非遗在与数字媒介结合的过程中也面临一些挑战。首先是知识产权的保护。数字化媒介带来了信息传播的便利,但也增加了知识产权被侵犯的风险。非遗在数字化过程中需要建立健全知识产权保护体系,防止未经授权的使用和滥用。其次,适应数字化媒介需要相关从业者具备相应的技术能力。传承人、艺术家等需要接受数字化创作和表现的培训,以适应数字时代的要求。技术的普及与培训对非遗在数字媒介中的表达至关重要。最后,适应数字化媒介需要在传统与现代之间寻找平衡。数字媒介应当成为传统非遗的辅助手段,而非取代其根本。保持对传统价值和文化底蕴的尊重,是数字化媒介中非遗发展的关键。

未来,我们仍需持续推进非遗制度体系建设,丰富非遗活动形式,创新传播形式,探索非遗与相关产业融合发展路径,进一步推动优秀传统文化实现创造性转化、创新性发展,真正让非遗"活"起来、"火"起来、"潮"起来。

第二节 原子与比特的并存场域空间

一、空间转换:非遗由物理空间到数字空间的场域变迁

场的概念,源于物理学的概念。该领域认为:物质有"场与实物"两种存在方式,场是其中之一。随着科学的发展,物质不再被看作静止的、不连续的统一体,而被看作连续的场态,场便成为物质的唯一存在方式。可见,现实世界的本质特征就是"场"的特征。从社会领域看,也存在着各式各样的社会场。[1] 但此"场"并非物质场,它是将信息作为核心内容的信息场,该场有多种表现形式,其最基本的就是文化信息场(或称之为文化场),它是由自然场演化并派生的。那些基本场与派生场之间,派生场与派生场之间再进行复杂的交合作用,又形成

---

[1] 潘德冰.社会场论导论[M].武汉:华中师范大学出版社,1992.

了更多元的次生场,如果社会场是从自然场的复杂作用下派生出来的,那么文化信息场则是从社会场的复杂作用中演化出来的。

法国学者皮埃尔·布迪厄(Pierre Bourdieu)提出的场域理论认为:它是由社会公众按照一定的逻辑关系共同构建起来的,是社会成员参与各类社会活动的主要场所,并将之定义为各种位置之间的客观关系的网络结构。① 现实社会中存在各种各样的场域,而且由于社会分化并被区隔为多样化的场域,由此布迪厄将社会分化的过程看作场域的区隔化过程。这种区隔本质上是某个场域摆脱其他场域约束的过程,并在此过程中表现出自身固有的特征。为了阐释场域的区隔化,布迪厄区别某个给定的社会空间中的两种"生产场域"——"限定性生产场域"与"大规模的生产场域"。"限定性生产场域"是与场域本身的特殊化共同拓展的,而"大规模的生产场域"是社会场域的扩大,外在影响因素不断涌入,社会各种力量不断地渗透,该场域边界逐渐变得模糊不清,特殊化程度不高。②

此处的"场"主要是指非物质文化遗产所赖以存在和发展的场所或空间,包括物理场所、社会空间以及文化空间。从物理学上来看,非物质文化遗产的"场"是一个实体的物理的空间,非物质文化遗产在现实存在中必须依赖实体,非物质文化遗产是在一定的地理区域及特定的生产方式中孕育发生,物理场是非物质文化遗产的原生场域(基本场域)——也可称之为"限定性场域"。随着非物质文化遗产生存的社会环境与社会结构的变迁,原生场域逐渐被压缩,非物质文化遗产面临生存危机,在社会因素(包括媒介)影响和制度安排的主导下,在基本场域中逐渐派生出"次生场域",次生场域承接了非物质文化遗产的生存与发展。政府在保护和利用非物质文化遗产的前提下,在官方制度安排中,开办了多种非遗传习班、传习所、传习基地,将非遗的培训学习纳入了地方教育体系之中,从而实现了非物质文化遗产的"移场",借用布迪厄的场域观点,可以将其称为"扩大化的场域"——由个体传承场域、社区传承场域转移到社会化的场域。这种移场,终究还是在"限定性场域"——非遗的生存、保护与传承还限定在一定的文化场域之中。随着数字技术的介入,非物质文化遗产面临着更大规模的移场。媒介环境学派代表性人物波兹曼认为,媒介对整个社会文化的塑造具有决定性和关键性的作用,他指出,"一种新媒介可能会改变整个社会的话语结构"③。在他看来,文化是以媒介为基础的"会话",文化遗产也是以媒介为基础进行传播。数字传播的过程中,不仅专注于对文化遗产器物层面的信

---

① 皮埃尔·布迪厄. 关于电视[M]. 许钧,译. 沈阳:辽宁教育出版社,2000.
② 程郁儒. 民族文化传媒化[M]. 北京:中国社会科学出版社,2012.
③ 尼尔·波兹曼. 娱乐至死·童年的消逝[M]. 章艳,译. 桂林:广西师范大学出版社,2009.

息呈现,更是利用数字技术的手段和方法阐释文化符号和意涵。数字技术加快了非物质文化遗产的传播速度。以往的传播是以原子为基础物理空间,它们的流通速度受到时空的物理因素限制。而当遗产被数字化为比特之后,可以放到数字媒介之中进行传播,其影响范围也就从过去的局部地域变成了全球网民[①],并几乎没有时间差地抵达目的地。这样的过程就完成了另外一种"移场"——由原生物理场、次生社会场转移至数字文化场。如上文所述,无论是原生场、次生场还是数字场,均由自然场所派生出来,而且各个场域之间存在各种复杂的关系。

数字技术促成的"场域"转移,必然带来非物质文化遗产的各种错位。首先是空间错位,数字技术将非物质文化遗产的在地情境化,转移到数字媒介中,在地性文化知识脱离了日常情境,使其成为"抛弃现实世界"的虚拟化。从物质真实到数字建构,文化事项转化为符号语言,成为新空间的文化景观和虚拟物。将非物质文化遗产事项从互动的地方文化语境中"移出",数字符号对遗产事项的空间性和地方性进行"消解",在数字空间范围内进行重组,并形成了新的文化意义空间。其次是时间错位,非物质文化遗产是在地化、及时性的表演和制作事项。经过数字化的编码与处理,使之具备了时间性的偏向,在线性和异步性传播与展示成为可能,作为异文化的"他者"可以在任意时间内进行观赏与学习。在错位的时空内,非物质文化遗产会随着数字传播的范围空间进行"再地方化""再表述",遗产的地方性和文化性在新的语境中被重新解释或认识。数字媒介为文化遗产提供了不同方式的传播与穿越,这些在数字空间的文化想象消融了非物质文化遗产的历史性、文化性与主体性,打破了遗产事项自身的固定性和限定性。同时,随着时空的错位,也带来了文化心理认知的错位。不同时空的人在接触数字化遗产,必然会产生对遗产的想象,以及扩散到对遗产主体的认知,这种"超真实性"的数字遗产成为了"他者"认知、了解、想象遗产主体的符号,可能会产生真实的遗产及主体与数字遗产的认知错位。正如布迪厄提出的场域理论所说,场域里活动的行动者是有知觉、有意识、有精神属性的人,每个场域都有属于自己的"性情倾向系统",即文化。每种文化只能在场域中存在,并且每种文化和产生它的场域是对应的关系。此场域的文化和彼场域的文化之间存在着"不吻合"现象。把此场域形成的文化简单地"移植"到彼场域中去可能会造成不合拍的现象。在对非物质文化遗产数字传播与展示过程中,不同文化主体在接触异文化中存在心理排斥性与误解性。[②]

随着社会流动性加快,改变了非遗传承传播方式。通过数字技术,非遗展

[①] 秦枫.基于数字科技的文化创意产品创新发展研究[J].文化产业研究,2015(2):234-246.
[②] 秦枫.数字媒介:非物质文化遗产保护与发展的新场域[J].中国文化产业评论,2020(2):280-293.

演的原生环境转场到数字空间,非遗从原有的社会关系中脱离开来,在新的媒介场域中与外界建立新的联系和社会关系。吉登斯认为,"脱域"指的是社会关系从彼此互动的地域性关联中,通过对不确定时间的无限穿越而被重构的关联中"脱离出来"。① 在数字化过程中,"脱域"对情感在地、身体在场的非遗体验产生巨大影响,非遗作品在不同人群适应环境以及与自然和历史文化的交流中,被持续地再创作,给这些人群带来了身份认同感。从某种意义上说,非遗是被打上地域人文烙印的文化资源库,非遗传承传播也被限制在固定的地域、场所。数字化技术突破了非遗的地域文化性,弱化了地域上"自者"与"他者"的界限,更加强调中国化、民族化。

二、路径转变:传承人群与非遗本体的数字化适应之路

(一)传承人群的适应:由实体到数字的文化守护者

传承者是非遗传承与保护的主体,肩负着传承、保护和传播非物质文化遗产的责任使命,扮演着继承和发扬的角色。数字技术的快速迭代和社会的不断进步,使得传承者的身份和方式正在经历着深刻的转变。这一变革涵盖多个层面,对非物质文化遗产的传承与保护产生了深远影响,不仅意味着对传承者个体的挑战,还是对整个非遗传承生态的革命性改变。传承者的角色正在从传统的实体身份逐渐演化为数字时代的新典范,他们在实体与虚拟、传统与现代之间,赋予非遗传承新的维度,创造出丰富多彩的变革之路,重新定义着非物质文化遗产的传承与保护,开启了非遗传承与保护的新篇章。

传承者是文化的守护者,负有将非遗技艺、知识和传统传递给后代的使命。传承者不仅仅是技艺的传授者,更是文化价值观、习俗、故事、音乐、舞蹈等文化遗产的守护者,他们是文化的继承者和传播者。随着数字技术的广泛应用和社会结构的不断演变,传承者的角色正在发生重要变化。面对数字时代带来的全新机遇和挑战,传承者不得不适应这一变革,扮演更广泛的角色。

首先,传承者由实体传承者逐渐演变为数字传承者。这一转变意味着传承者的角色不再仅限于亲自传授技艺,他们需要掌握数字工具和技术,将非遗数字化传播。这种数字传承的方式包括制作在线教育课程、教程视频、创建数字化手册和教材以及维护非遗数字档案等。这一转变使传承者不再局限于实体空间,而能够将文化元素传播到更广阔的数字空间,使非遗得以传承。

---

① 安东尼·吉登斯.现代性与自我认同[M].夏璐,译.北京:中国人民大学出版社,2016.

数字技术的逐步成熟和广泛应用使得数字人大量涌现,为传承者由实体空间迈向数字空间提供了强大的支持和创新工具。所谓数字人,实际上是现实生活中人类身份在数字世界中的"替身""化身"或"分身",它们是现实人类在赛博空间的"真身代理人"或"数码代具",现实人的精神、思维、意识、心理、信仰、道德和记忆等"类本质"要素,整体地迁移到了这种"数字替身"上,使其在网络空间的"仿真环境"中通过在场状态获得再现与重塑。

目前,数字非遗传承人正如雨后春笋般出现。例如,2022年,以佛山粤剧院院长、中国戏剧梅花奖得主李淑勤的形象为蓝本,设计制作的粤剧文化首个数字虚拟传承人"小勤"正式亮相。在未来,"小勤"将在更多的线上线下互动场景中,走进互联网新生代的生活,向新一代的网络潮人,传播岭南广府引以为豪的文化家珍——粤剧(图2.1)。2023年全国首个国家级"非遗"云锦技艺传承人——郭俊大师的数字人正式亮相(图2.2)。

图 2.1　粤剧文化虚拟数字人"小勤"亮相

(图片来源:南方 Plus)

图 2.2　南京云锦国家级代表性传承人郭俊与数字人现场进行互动交流

(图片来源:江南时报网)

非物质文化遗产的传承一直以来都在承载着人类文明的记忆和智慧。而传承者，作为文化传承的关键角色，在历史的长河中通过家族师徒制度和社区传承的方式将宝贵的文化财富传递给后代。随着信息时代的到来和数字技术的飞速发展，传承者的传承途径也在经历一场深刻的演变。从家族师徒到社区传承再到线上传承，这一过程不仅是传承方式的转变，还是文化传播理念的新探索。

传统的师徒制在我国源远流长，它是一种"父传子、师传徒"的传授方式，是中国典型的技艺传承方式，被广泛运用于手工艺、艺术、体育、中医教育等领域。"父传子、师传徒"的传承方式主要依靠口口相传、身教言传、实际效仿等方式传授技艺。师傅与学徒之间，血脉相传的亲情和深厚的师生情谊构成了一种稳定社群关系，为非物质文化遗产的传承与保护、发展与传播奠定了基础。

家族师徒制度的优势在于传承的个体化和生活化。学徒通过与师傅共同工作、共同生活，能够更全面地理解文化背后的精髓。然而，这种传承方式也受到一系列限制，如传承者数量的有限、地域性的局限以及传统方式难以适应现代社会的需求等。为了弥补家族师徒制度的不足，社区传承成为一种重要的补充方式。社区传承通过组织文化节庆、活动和工作坊，将非遗带入更广泛的社区范围。这一传承方式的特点在于社交性和社区参与，通过集体的努力，非遗技艺在更广泛的群体中传播。社区传承具有更强的包容性，吸引了不同年龄、背景的人群，为非遗的传承注入新的生命力。

随着社会的发展，传统的家族师徒和社区传承方式也面临挑战。人口流动、城市化以及现代生活方式的变化，使得这两种传承模式难以满足多元化的学习需求。同时，传承者也面临着时间和空间的限制，传统的面对面传承模式在一些情境下变得不够灵活。而数字技术的迅猛发展，使得线上传承逐渐崭露头角。线上传承是一种数字化时代的非遗传承方式，强调数字媒体和在线平台的应用。通过互联网这一传承方式，传承者能够创建在线教育课程、教程视频以及数字化手册和教材，从而使得非遗技艺更易于传承。

线上传承具备以下特点：其一，全球可及性。线上传承不受地理位置的限制，传承者可以触及全球范围内的学习者和爱好者。这为非遗的传播提供了更广泛的渠道。其二，个性化学习。学习者可以根据自己的需求和时间表制订学习计划，实现个性化学习。这有助于吸引更多的学习者，特别是那些在传统师徒制度下难以获得机会的人。其三，文化数字化。线上传承鼓励传承者将文化元素数字化，包括音乐、舞蹈、手工艺品等。这有助于记录、保护和传播非遗。其四，学习互动性。在线平台允许传承者与学习者实时互动，回答问题，提供反馈，促进交流和合作。同时，线上传承充分利用了多媒体技术，如视频、音频、图像等,丰富了非遗的传播形式。

从家族师徒和社区传承到线上传承,不仅仅是一种传承方式的变迁,更是文化在不同历史时期的呈现。在这一过程中,传承者通过不断适应社会和科技的变革,为非遗的传承注入新的活力。在数字时代,传承者的使命就是要不断地学习与创新,以确保非遗得以传承与保护,使之绽放出更为璀璨的文化之花。

（二）非遗本体的适应:非遗传承的物理与数字空间路径

非遗传承的物理空间路径主要基于两种形式:一是口语与身体语言,二是文字。

口传心授、言传身教是非遗最原始的传承形式,这种方式通过口语与身体语言结合,使技艺、知识和价值观在一定范围的群体(族群、社区、聚落)中得到传播和传承,同时这也是非遗传承中最直接和亲密的方式,学习者通过面对面的人际传播实现高互动,可以获得实时的指导和反馈,而传承人通过言传身教,不仅保留了技能本身,还传递了其中蕴含的文化内涵和价值观。此外,无论是口头文学、民间舞蹈、手工技艺,还是节庆民俗,所有属于非物质文化遗产范围的文化类别和现象,都是通过民众口口相传和身体示范而得以传播和传承,因此,这种传统的传承形式在非遗传承中起着至关重要的作用。

非遗的另一种传统传承形式是文字记录,这种传承形式旨在将非遗的相关知识、技艺、故事等内容进行系统化和全面化地整理和记录,以便后人学习和参考。非物质文化遗产往往依赖口头传承、亲身示范,但这种传统可能会因为人口减少、社会变迁或其他原因而受到威胁。文字记录可以确保非遗的传统知识和技艺能够得以保存和传承。

非物质文化遗产不是固化的、一成不变的,其在时间和空间向度上都是流动的,在时间上,非遗发展强调当代性;在空间上,非遗发展强调不同人群、地区的流动性。非遗类别丰富且内容复杂,在传统的物理传承路径中常受限于时间和空间的约束,不利于非遗的"流动"。随着数字技术的不断演进,加强非遗的流动性和活态保护成为一个迫在眉睫的任务。为了应对多元化环境对非遗发展的需求,展现其核心价值,并通过快速而准确的信息传递方式提升受众的体验,逐渐缩小现代化与传统文化之间的鸿沟,非遗传承必须探索合适的数字化途径。这一趋势促使非遗的保护和传承活动向数字空间转化。

在数字空间中,非遗传承可以通过数字化记录实现更为全面、精准地保存。传统的非遗传承主要依赖口头和文字,容易受到时间和环境的侵蚀。而数字传承可以包括文字、图片、音视频、VR、AR等多种形式,将非遗的方方面面都记录下来,以确保其完整性和准确性。非遗传承的数字空间转向主要基于两条路径:一是数字化的转存与展示;二是沉浸式的具身交互体验。这两条路径的发展,也体现了我国非遗传承从以"物"为本向以"人"为本的转向,传承途径不再仅仅专注于还原非遗本身的物质形态,而是更加强调"物"与"人"的互动。

早期我国非遗数字化传承侧重于非遗数字化转存与展示,主要工作有非遗数字化档案建设、搭建非遗大数据平台、建立非遗数字博物馆、设计非遗 App 等。例如,2006 年,中国非物质文化遗产保护首个国家级门户网站"中国非物质文化遗产网·中国非物质文化遗产数字博物馆"(www.ihchina.cn)开通上线(图 2.3),旨在利用现代化网络平台推广传播中国和世界非物质文化遗产领域的相关知识与信息。2011 年,国家图书馆启动"中国记忆项目"(China Memory Project)。"中国记忆"项目是新媒体时代以记录历史、保存文献、传承民族记忆、服务终身学习为宗旨的全国性文化项目,该项目运用新媒体等手段记录与传播了蚕丝织绣、传统年画等非遗。2015 年,全国首个非物质文化遗产 App 项目《广东省非物质文化遗产电子地图》(手机版)正式上线。①

图 2.3 中国非物质文化遗产网·中国非物质文化遗产数字博物馆
(图片来源:中国非物质文化遗产网)

随着数字技术的广泛应用和新媒体的不断涌现,非遗数字化转存与展示的形式也变得越来越多样化,创新应用和跨界融合的案例层出不穷,非遗传承开始注重受众的参与感和体验感。例如,2019 年,中国首部世界非遗 VR 纪录片《昆曲涅槃》在央视新闻客户端《VR》频道上线(图 2.4),公众通过 VR 视角,可置身于江南水榭楼台欣赏昆曲演出。2021 年,河南卫视凭借《唐宫夜宴》成功"出圈"(图 2.5),舞蹈巧妙地结合了 VR 技术,将国宝元素融入演出,通过虚拟

---

① 薛可,郭斌.中国非物质文化遗产数字传播研究报告:2018—2022 年[M].上海:上海交通大学出版社,2023.

场景,公众得以欣赏《簪花仕女图》《千里江山图》等传世国宝,使这些文化遗产在舞台上成为"活背景",真正让文化遗产活了起来。

图 2.4　中国首部世界非遗 VR 纪录片《昆曲涅槃》

图 2.5　舞蹈《唐宫夜宴》
(图片来源:新浪网河南)

此外,短视频和网络直播通过图像、视频和音频等多媒体形式,以生动、具体的方式呈现非物质文化遗产,有助于公众更加深入地了解非遗项目的特点、技艺和历史背景。根据抖音发布的《抖音 2023 年非遗数据报告》,截至 2023 年 5 月,抖音上平均每天有 1.9 万场非遗直播,平均每分钟就有 13 场非遗内容开播;同时,一些濒危的非遗通过抖音平台找到了"新观众"。报告显示,过去一年来,有116位30岁以下已认证非遗传承人活跃在平台上。除认证传承人外,超1000位"00后"在抖音身体力行弘扬非遗传统文化。①

早期的数字化转存和展示路径由于忽视了空间因素,仅仅专注于非遗的线性呈现,导致了身体感知与交互的弱化,随着新技术和新媒体的加入,非遗数字化转存与展示从最初只能调动单一感官的文字、图片、音视频等形式,逐渐发展为能够调动多种感官的互动交互形式。可以看出,非遗的传承路径越来越注重人的参与和体验,数字化展示不再是单纯的展示,而是让公众能够亲身参与其中,与非遗互动交流。这种变革让非遗传承不再是单向的传播,而是变成了一种共同创造和分享的过程。

当前,人工智能、虚拟融合展示等技术深入发展,为非遗的沉浸式具身交互体验提供了可能性,在这些技术的加持下,能够更全面地展示非遗所承载的文化内涵和历史场景,使受众能够以主体身份参与其中,获得沉浸式的体验,从被动地接受转变为互动的认知方式。法国哲学家梅洛·庞蒂提出了"具身性"概念,主张认知是由感知觉、身体和世界三者相互作用而形成的,强调了身体在认知过程中的主体作用。非遗的传承需要身体实践的参与,身体性是非遗传承的重要特征之一,在强调交互的数字空间中,传统的人-物-场三者关系得以重新构建。技术哲学家唐·伊德曾提出"三个身体理论",包括物质态身体、文化态身体和技术态身体,其中物质态身体存在于真实世界之中,技术态身体存在于虚拟世界之中。② 而非遗传承的身体实践需要将物质态身体与技术态身体相连接,或者将物质态身体与虚拟环境相连接,通过身体在特定的虚拟场景中获得多模态的感知体验,从而形成对非遗更完整的认知。

目前已有许多非遗展馆设置了智能交互展厅,如安徽合肥"忆·元点"非遗文化体验中心、江西赣鄱非遗馆、浙江海宁市非遗馆、宁波海曙区非遗馆等。这些展馆注重非遗传承的"生态、动态、活态"展示,通过智能交互技术,将非遗完整地呈现给受众,而受众通过身体参与和特定环境感知,以更加沉浸式的方式体验和理解非遗的创作流程和文化价值,从而增进对非遗的情感认同和传承意识。

非遗传承的数字空间路径为非遗传承提供了丰富的可能性,从数字化转存与展示到沉浸式的具身交互体验,每一步都为非遗传承注入了新的活力。数字空间打破了传统传承的时间和空间限制,提高非遗社会能见度,使得这些珍贵的文化传统能够在数字空间中得到更好的传承和发展,从而焕发出新的生命力,让非遗在现代社会中得以传承发展。

---

① 抖音.这届95后开始进军非遗了[EB/OL].[2023-06-09]. https://mp.weixin.qq.com/s/eQ9crmNpleHRaVQCEFjrbw.

② Don lhde. Bodies in Technology[M]. Minneapolis:University of Minnesota Press,2002.

第三节　非遗的数字抽象与现实传用

随着数字媒介介入,非遗传承进入了媒介场域,在此场域中既有新的传承载体、新的传承主体,又有新的传承机制,故如何从理论层面推动现实与数字传承的调适结合,是本节所要探讨的问题。

一、抽象编码:非物质文化遗产数字化生存

非物质文化遗产的数字编码,在本质上是一种信息形式。借用了香农与韦弗提出的信息传播理论和英国学者马克斯·布瓦索(Max Boisot)提出的信息空间理论,来共同阐述非遗数字编码的具体问题。

香农认为,传播是一个过程,通过这个过程去影响另外一部分人。这个过程是有目的性的,信息的编码和解码是一个社会过程,涉及传受主体的主观意义——信息,由一种有意图、公式化的编码程序产生,并达到相互理解。香农与韦弗在他们的合著中提出了传播的三层问题(图2.6)。

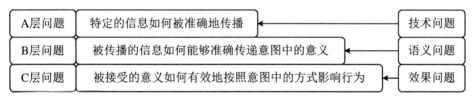

图2.6　信息传播的三个层级

如图2.6所示,A层问题属于技术性问题。信息要在数字媒介中进行传播就必须保证信息传播者与接收者遵循统一的标准——编码标准问题。这也是非物质文化遗产数字化的基础与前提,就是把非物质文化遗产转化为数字信息,且这种数字信息必须被数字媒介所识别和读取。

B层问题属于语义问题,是在A层问题解决前提下的第二层问题,对非物质文化遗产数字化来说,B层问题属于编码形式和质量选择问题,信息表达形式是多元的,如图文音像等形式,且不同形式的编码质量也不同,有高保真的,有低像素的,等等,需要针对具体的非物质文化遗产进行选择,以达到可理解、可接受的意图。

C层问题的解决是建立在A层问题和B层问题基础上。将数字化的内容

"返译"回现实世界,即"解码"。C层问题对非物质文化遗产数字化至关重要,因为非物质文化遗产的生存与发展要尊重其文化的规律,不能整齐划一地"解码",要能够尽可能地保证它的文化意蕴,不能被歪曲与误解,否则将失去文化价值。

非物质文化遗产数字化三个层级问题需要基于信息理论作深入研究,文化学者与数字信息专家需要通力合作。但目前非物质文化遗产数字化方面的主要问题是两个领域全面、深入且有效地合力协作,为保证合作的有效性,需要构建一种框架性的方案为之提供合作前提。英国学者马克斯·布瓦索(Max Boisot)提出了一套信息空间理论,并建立了"信息空间"(I-space)模型[①],该理论为文化学者、非遗传承人、数字信息专家之间的合作奠定了理论基础。

该理论认为,任何信息产品、价值及其意义均可从三个维度来解释,即编码、抽象与扩散,其中编码是指将感觉数据进行分类的难易度;抽象是指通过识别数据与数据之间内在逻辑联系而产生概念的难易度;而扩散则是指编码信息向相关利益受众(如企业主、竞争者、消费者、一般公众或者合作伙伴)传播的难易度。编码反映了数据信息在多大程度上能被赋予相应的形式,抽象则是化繁为简的一种形式——用少量信息表示杂多的事物,即"少就是多"。编码赋予信息以形式,抽象赋予信息以结构,两者共同发挥作用,使信息的扩散性与传播性不断增强,进而达到相应的目的。[②] 编码、抽象与扩散共同构成一个三维信息空间如图2.7所示。

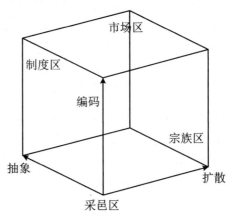

图2.7 "信息空间"框架模型

---

① 马克斯·布瓦索.信息空间:认识组织、制度和文化的一种框架[M].王寅通,译.上海:上海译文出版社,2000.

② 赵东.历史文化资源数字化保护与开发:以陕西为中心[M].西安:陕西旅游出版社,2014.

编码维度用来表示信息在多大程度上可以被计算机识别,由于非物质文化遗产存在形式的复杂性、多样性和差异性,不同数字化主体所采用的编码形式也不同。

抽象维度是一个概括与描述的过程——即合理归类和综合描述,也是数字化的过程。抽象程度越高,越容易传播,其被接受的程度越大,影响程度也越大。

扩散维度是指信息传播速度、广度与深度,即被受众接触、认知和接受的程度。非物质文化遗产的传播路径很多元,包括在场传播、在线传播、同步传播、跨时空传播等,在数字化条件下,使得非物质文化遗产的数字内容能够得到迅速扩散。在图2.7中可以看出,由三个维度所组成的信息空间包含四个区域,即采邑区、宗族区、制度区、市场区。[①] 采邑区位于三维坐标轴的原点附近。这个区域是非物质文化遗产的发源地,是非物质文化遗产最完整的、最原始的信息集合,这里包括传承人、项目具体知识等等,相对个体化,但也最具创意性,多数创造性的思想都是从这里诞生,然后再扩散到I-space其他区域。

宗族区位于I-space的右下方,该区域内的信息可以实现小范围的共享与传播,是非遗所生存的社区或遗产地或文化生态区,非遗传承人群或部分利益相关者所能共同识别的非遗信息知识,在此区域范围内的人群共享非遗的信息,也表示非遗有着良好的受众基础,说明目前该非遗的生存与保护压力较小,但由于非遗相关缄默知识,部分非遗信息并不能被自由扩散,受到非遗相关约定俗成的规定制约或者相关法理的制约。当非物质文化遗产的原始环境发生改变,要么长期滞留在宗族区甚至扩散到市场区,要么返回到采邑区或消失。

制度区位于I-space空间的左上方。在制度层面的非遗信息不能像在市场中那样为所有的主体获取,这些信息被相关主管部门或特定群体所把控,需要得到信息授权方能获得相应的非遗信息,例如文化部门中具体管理非遗的处室掌握着编码程度好、相对抽象的编码信息,若获得相应的非遗信息知识则需官方的授权与许可。再如我国的文化资源信息共享工程,是一个分布式共享工程,但各级文化主管部门并未真正共享相关的文化信息资源。这种管控与授权并非非遗信息知识扩散的障碍,而是对非遗数字信息资源的保护。数字化信息是一种低成本、重复使用、易变形的信息形态,如果得不到有效管理,则会出现编码混乱与"非法"利用,进而导致非遗信息资源的损坏。

市场区位于信息空间的右上方,"市场"代表着自由,亦即信息在这个区域

---

① 马克斯·布瓦索.信息空间:认识组织、制度和文化的一种框架[M].王寅通,译.上海:上海译文出版社,2000.

可以自由"交易"。① 即非遗的编码信息可以进行市场交换或交易,在这个区域内,非遗的编码信息可以进行知识更新与创造,形成新的可利用的信息知识,即非遗信息的产业化或商业化应用。

(一)编码技术:如何被传递?

前文已经陈述了信息论的三个层级问题,A层问题主要解决数字编码技术问题,在数据层面对非物质文化遗产进行技术性处理,即在特定的数字技术平台上进行文化信息传播就必须保证传者与受者遵循共同的编码协议。首先,是对非遗形式和内容进行转化,如何用最优化的技术语言来呈现非物质文化遗产的信息,正如上文所述要"简约化",以在时间维度和空间维度实现最优化——即在数字信息存储问题和传输问题上,不能因过于追求优化与简化,而牺牲非物质文化遗产信息的完整性,并且要保持非物质文化遗产的现实生态特征与数字媒介环境的融合与协调。其次,数字技术对任何遗产信息的储存与传输均是加工处理的过程,即数据优化的过程,此过程可能会导致数据损失、信息失真。例如,用微信发送一张关于非遗的图片,在传输过程中默认是图片压缩处理然后进行传输,对方所接收的图片数据是压缩处理后的,一般图片画面像素会失真。为了保留非物质文化遗产信息的完整性,需要在技术上既要做到高保真又要做到高效传播。

从I-space信息空间图(图2.8)可以看出,数字编码的强度决定了文化信息传播与扩散的广度与深度。不同强度的编码所对应的I-space信息空间中数字化技术的自由度与能力均是不同的。位于I-space信息空间上部的信息都具有良好编码形式,即可以用统一的格式对之进行清晰的描述,这也是数字技术处理编码问题的基本要求,故而I-space信息空间上部是数字化编码的优势领域。该优势领域正逐渐向下部延展,表现为数字化编码的智能化正在逐步代替由人工进行处理的传统工作。一般来说,对非物质文化遗产事项信息的技术编码,该遗产事项中的显性知识属于强编码部分,而位于I-space信息空间下部的信息形式复杂多样,表达模糊,属于弱编码部分,其编码形式更接近人类思维的自然模式,这个部分是人类处理问题的优势领域。②

---

① 马克斯·布瓦索.信息空间:认识组织、制度和文化的一种框架[M].王寅通,译.上海:上海译文出版社,2000.
② 彭冬梅.非物质文化遗产数字化保护与传播研究:以剪纸艺术为例[M].济南:山东人民出版社,2014.

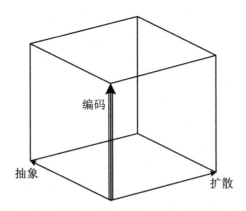

图 2.8 编码技术（A 层问题）在 I-space 空间解决路径

（二）编码语义：如何被理解？

非物质文化遗产数字化的 B 层问题——语义问题。所谓语义，可以看作数据所对应的现实社会中的事物所代表的含义以及这些含义之间的关系，是数据在某个领域上的解释和逻辑表示，非遗数字化中的语义问题就是如何用数字语言来识别和表达其文化意义。语义具有领域性，同一事物在不同领域中语义理解是不同的，即语义异构——指对同一事物在解释上所存在的差异，本书所说的语义主要是在数字技术领域。语义一般是指用户对那些用来描述现实社会的计算机语言符号的解释，也就是用户用来联系计算机语言和现实社会的途径，即"被传播的信息如何能够准确传递意图中的意义"。其中"信息"就是经过数字化编码后的非遗数字内容，"意义"即编码所表示的非遗语义内容。对非物质文化遗产数字化来说，B 层问题属于编码形式和质量选择问题，信息表达形式是多元化的，如图文、音像等形式，且不同形式的编码质量也不同，有高保真的，有低像素的，等等，如何选择最合适的非物质文化遗产信息编码形式是语义问题的核心，需要针对具体的非物质文化遗产进行选择，以达到可理解可接受的意图。从图 2.9 可以看出，正方点是属于理想的状态，编码语义问题涉及编码和抽象两个方向的问题，既要能够符合数字编码的逻辑，又要能够进行较高的文化抽象，要兼顾二者的协同。根据学者彭冬梅的观点，要想达到正方点的状态，可以有多重路线编码与抽象的顺序优先级问题，先编码后抽象，或者先抽象后编码，或者二者同时进行或交叉进行。此处图中的路径是一种理想模型，在解决语义问题之前，应综合考虑被数字化的非遗事项的特征，然后进行编码和抽象。

目前非遗使用频率最高的数字化多是简单初级的数字编码如电子记录、数码拍照、录音录像等,这些是最常见的数字化,但并非数字编码的高级形态——对非物质文化遗产信息进行合理数字转化并使其适应数字信息环境。初级的数字编码形态,由于形式化编码工作做得不彻底,为后续非遗信息的使用和研究带来很大的困难,经过简单初级编码的遗产信息对现代数字技术来说,利用率十分低效,如高质量的录音录像文档存占空间较大(反之,存占空间小则质量较低),不利于数字化传播,换言之即时间资源和空间资源的耗费都较大,也就是说其编码方式的质量不高。更重要的是,这些初级编码会导致非遗内容的失真,损失很多语义信息,例如,一张图片仅是在某个时间点上对非物质文化遗产的静态的采样,其记录的信息,在后续的匹配组合会出现诸多问题。若截取一个片段作为非物质文化遗产的代表来研究并传承、传播,可能会对非物质文化遗产的整体意义理解存在误差,甚至更糟。

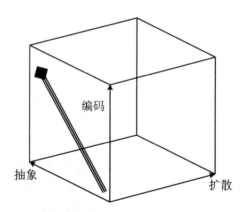

图 2.9　编码语义(B 层问题)在 I-space 空间解决路径

（三）编码效度：多少被接受？

非物质文化遗产编码的 C 层问题——效度问题(有效性)。所谓效度,是指所测量事物结果与事物本身之间的吻合程度。对非物质文化遗产而言,效度是指非遗数字化编码内容"返译"程度——"解码"程度。效度问题是建立在 A 层问题和 B 层问题基础上,只有完成了强编码和真语义的情况下,才能更好地解码和返译——"被接受的意义如何有效地按照意图中的方式影响行为"。这里包含两层意思：一是在多大程度上按照编码的意图理解所接受的信息意义；二是被接受的意义在多大程度上影响了受众的行为。

首先来看第一层面,单从数字技术层面分析,数字编码是结构性的语言,按照线性模式进行传递,从一般意义上来说,解码可把之前的编码数据还原至原始数据状态。但解码的过程并非编码过程的完全逆转。因为经过抽象与编码之后，原始信息会或多或少地被过滤掉一部分内容，被过滤的部分信息在解码中需要重新建构与组合，但不可能呈现出与真实状态一样的效果。若按照霍尔的编码/解码理论的观点，编码所设定的意义与另一端的解码意义存在"不一致"的情况，解码过程存在"相对自主性"（relative autonomy），因为"传播者与接受者之间有结构性的差异"，进而会选择性误读或超读（read past）编码的意图。① 正如霍尔在"编码/解码"所述，编码者通过传播机制将代码构建出来的具有意义的话语传递给解码者，只有解码者接受并认同编码者的意义，才能达到应有的传播效果。作为信息另一端的解码主体，对意义的解码会受到其自身的社会地位、文化结构、价值观念等因素的影响。

其次，"接受的意义多大程度上影响了行为"，这里的影响行为，就是非物质文化遗产的数字信息如何被理解、再现与创新创作——信息"外推型"映射。解码者和解码过程并非像编码者期待的一样，当同样的信息穿越文化的屏障时，"他者"——即外来者的解读过程会与本土人的解读，与原来编码者的意图表达大相径庭，语言文字在修辞句法上的意义可以被接受和理解，但文化层面所折射的意义可能会被遗失，当我们阐释意义时要格外谨慎，要从历史的角度做出自己的判断。正如霍尔的编码解码理论强调：公众可以用不同的方式来阅读与阐释所接收的信息，也可以重新赋予信息不同的文化意义。解码就是一个意义接受和再生产的过程。解码者可能是完全接受编码过程的意义，或者是部分地理解与接受；或者接收者也可以根据所接受的意义进行再生产和再加工，进行新的解读与诠释，形成新的意义模式。这个解码过程在 I-space 空间中体现为非物质文化遗产的信息从市场区向下移动回游至采邑区，即产生新的遗产价值。因此，解决 C 层问题包括三个环节：编码轴向下的解码、再现与创作，扩散轴反向移动，抽象轴向前具象化创造，使之具有个性化特征。抽象轴的高端是解决 C 层问题的起点，在编码轴的高端，表示它是具有可行性与可操作性；而非物质文化遗产能否从市场区顺利地回游至采邑区，完成非遗保护的循环与自我激励，且在维护原生特色的前提下得以升华，则与工具化技术质量密切相关。对工具化技术的质量要求有三个方面：一是高效性，以确保非物质文化遗产信息的顺利"返程"。二是工具化技术最小"失真度"，以保持非物质文化遗产在创新创作方面的文化内涵，而不是曲解原意。三是工具化技术的创新性，以保持非物质文化遗产持续的生命力。图 2.10 所示的编码效度包括由 X 点到 X′点以及由 X′点回到 X 点，X—X′是编码、抽象及扩散程度，以及被社会理解、接受、学习的程度；X′—X 是检验编码、抽象的效度，即数字语言是否能够按照非

---

① 武桂杰. 霍尔与文化研究[M]. 北京：中央编译出版社，2009.

遗事项的文化逻辑正确、有效返程。X—X′也是一种理想状态,在实际操作过程中,也有不同的扩散和返程路径。

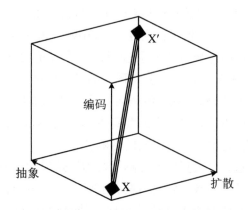

图 2.10　编码效度(C 层问题)在 I-space 空间解决路径

(四) 协同编码:怎样去把关?

关于数字编码,要由多主体协同进行(图 2.11),把不同的非物质文化遗产事项的核心要素和关键环节进行提炼。在编码的技术、语义和效度方面做到构建真实非物质文化遗产信息环境,减少信息解码障碍。

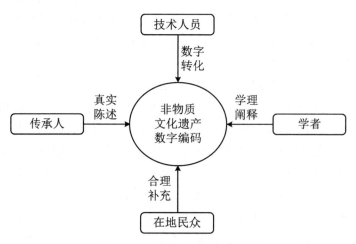

图 2.11　非遗数字编码协同关系

作为非物质文化遗产传承人,能够真实阐释文化遗产信息,最有权利去传播,但从另外一个层面看,他们对文化遗产的解释权和传播权常常被权力机构或学术机构所代言——对文化遗产的阐释语言经过政治过滤、选择或理论术语包装,往往失去文化遗产信息的原真性和完整性。在数字媒介环境中,文化遗产拥有者(传承人)可以借助数字手段记录、传递和传播相对真实的遗产信息,至少会将自己对文化遗产的理解传承下去。

文化研究学者是文化遗产的"他者",但文化学者的议题具有一定的"靶向"性质,为文化遗产的传播提供学术话语资源,通过设置议题扩散到意识形态和文化认同的领域,起到推动传播议题的转化作用。学者对文化遗产的阐释,是基于史料的考证,站在"他者"的位置去审视和研究文化遗产,具有学术的权威性和专业性,但相对来说,忽视了文化遗产的地方性知识。

数字技术人员,作为数字编码关键主体,负责将遗产数据转换为遗产信息(知识),主要从技术层面对遗产进行抽象与编码,但对遗产自身的文化意义把握得不一定准确,需要在文化学者和传承人的共同阐释与文化抽象前提下进行数字转化。

无论是物质或非物质抑或线性遗产都是一种集体记忆。集体记忆是一个长期的、多向面的、持续不断的建构过程,既有从当下到过去的诠释,又有过去对当下的启示,它是由文化遗产所在地的民众共同构建的。当地民众通过横向人际传播和纵向家族内部传递,将遗产知识和信息保存和传承。虽然在地民众的遗产记忆在表达上具有个人化、碎片化的局限,但这些嵌入日常生活的个体记忆具有建立个人与地方场所之间关系的关键作用。虽然这些表述和记忆不具有专业性和权威性,但是作为民众对遗产的认同和理解具有正当性和合理性。当地民众根据自己对文化遗产知识的理解和实践经验,利用自己的闲暇和知识盈余,运用民间叙事的视角,在一定程度上弥补了学者的阐释不足。

二、意义传用:非物质文化遗产数字化发展

非物质文化遗产数字化的意义,不仅是在数字化环境中档案式的保存、虚拟符号的记录,而是如何使用和延续数字档案与符号背后的文化语意与象征系统,也就是非遗数字内容的传承与应用——非遗数字化发展问题。非遗要适应数字技术的逻辑,非遗的生存与生成环境的变化,原有的文化表示要适应数字技术而更新、调整或改进,即非遗数字内容的创新,使得非遗在数字环境中能够持续生存与发展,展示其生命力,呈现其魅力。非物质文化遗产的数字化发展主要遵循两种逻辑:一是公益性服务逻辑。地方性知识的传承、展示、普及与教育,非遗数字化不仅是让文化拥有者保存文化,而且帮助他们把自己的文化在更大范围、更深层面的传递、传承、传播下去,这个层面的发展逻辑主要是非遗信息在 I-space 的采邑区、宗族区和制度区流动。二是产业性应用逻辑。在资本逻辑裹挟之下,传统文化(文化遗产)已然成为一种产业资源,非遗数字内容

更是易于被现代产业所使用,对非遗内容进行创意加值,对文化意义进行再生产。产业应用要考量两个方面问题:一方面非遗数字信息在多大程度上能够被合理、合法地在 I-space 的市场区流通,即哪些遗产内容可以被作为商业符号所使用,并非所有遗产都能被产业开发;另一方面是在资本逻辑下,如何保证非遗数字内容的正确解码与编码,使之符合文化发展规律。

非遗数字化发展主要是指对前期非遗数字内容资源(符号意义)的应用,非遗的文化抽象、数字编码以及数据库建设是数字化发展的前提与基础,可以说,正确的文化抽象、有效的数字编码、良好的数据库建设直接关系非遗数字化的应用效果,如果前期数字化阶段做得比较精细,后期的应用就会减少文化传播与理解的误差。在这里我们假设前期的文化阐释与信息编码都是符合文化规律和文化真实的,本节只讨论非遗数字内容如何被合理使用以及在什么领域使用。本节内容主要阐述非遗数字内容在遵循 2 种逻辑基础上的 4 个面向的应用——传统文化教育学习、地方性知识的传承、公益性数字展示传播和产业性创意加值。按照 I-space 信息理论,根据抽象、编码和扩散程度,非遗数字内容信息分布在采邑区、宗族区、制度区和市场区 4 个区域(图 2.12),只不过根据不同信息属性特征和应用范围,数字内容会被限定在某个区域之内。

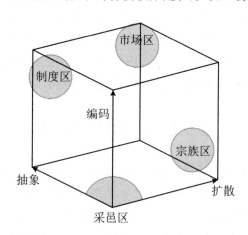

图 2.12　信息空间:采邑-宗族-制度-市场

在采邑区的非遗信息,属于个体化的,多属于传承人个体的精神产物,其所处的环境也是特殊的,具有天然的弱编码性,难以共享,采邑区信息的生存环境相当狭窄,也是非常容易消失。例如,徽州的目连戏等非遗事项,越是接近采邑区的非遗事项,其保护的要求越迫切。只能进行个体化、家庭式、家族式的文化传承。但这个区域的信息也是最具创意性和创新性,然后经过抽象、编码再扩散到 I-space 其他区域。

在宗族区域内的信息可以实现小范围的共享与传播,扩散范围较采邑区相比,明显扩大,是非遗所生存的社区或遗产地或生态区内。此区域内非遗传承人群或部分利益相关者具有共同的文化心理和背景,能够识别本地非遗知识,但由于非遗相关缄默知识,部分非遗信息并不能被编码和自由扩散,可以在文化所属区域内进行传承与教育,甚至个别可以扩散至制度区和市场区,但受到非遗相关约定俗成的规定制约或者相关法理的制约。

在制度层面的非遗信息具备了扩散的条件,但被相关主管部门或特定群体所把控,例如非遗中的传统医药的配方等,需要得到信息授权方能获得相应的非遗信息,文化部门中具体管理非遗的处室掌握着编码程度好、相对抽象的编码信息,若要获得相应的非遗信息知识则需官方的授权与许可。在某种程度上这种管控并非是非遗信息知识扩散的障碍,可能也是对非遗数字信息资源的保护。数字化信息是一种低成本、重复使用、易于变形的信息形态,如果得不到有效的管理,则会出现编码混乱与"非法"利用,进而导致非遗信息资源的损坏。

在市场区内信息不仅具备扩散的条件,任何人都可以对其进行二次加工,从而产生新的价值。当然关于非遗的市场化运营要根据具体情况而定,无论是学界还是产业界,目前争论比较激烈。但不可否认市场区的优势是信息传播速度快,有助于文化的传承与传播,同时市场是不稳定的,不能保证所有的非遗内容都能够合理合法地使用。

若将信息空间简化为平面四个象限(图2.13),地方性知识传承在采邑区和宗族区发生;普及型教育学习则是非遗信息跨越采邑区、宗族区、制度区三个象限;公益性数字展示是非遗信息在宗族区与制度区流通;在制度区和市场区非遗信息可以进行产业性创意增值。

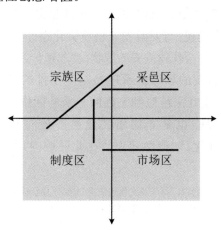

图2.13 采邑-宗族-制度-市场象限图

（一）地方性知识传承

非物质文化遗产作为地方文化的精华与代表，非遗传承就是地方文化的传扬，为全球化增添稀缺性和多样性。《世界文化多样性宣言》阐述："文化是在不同的时代和不同的地方具有各种不同的表现形式"[①]，"各群体和社会借以表现其文化的多样性"[②]，而"多样性"最终落脚在"地方性"上，一个具有文化意义的"地方"丰富了人们的生活，为人们提供了栖息的精神家园，是建立过去与未来的关联，它们是不可替代和弥足珍贵的，因此必须为现在和未来的世代传承，为在地民众保留"原生性"文化的"根"。文化自生成之时便有特定区域的社会与自然的烙印，形成多元的地方文化。非物质文化遗产亦是如此，正是因为每个地方都有自身的文化特色，人文社会生态、自然生态的多样性，导致每个地域都有独特的文化内核。[③] 文化的发展都是自然选择的过程，自古至今，每一种地方文化都处在不断发生、发展、变革、选择与淘汰的过程中，当前地方文化系在文化生态环境中优胜劣汰的结果，相对于已过滤的文化，仅存的地方文化是稀缺的。从另外一个角度看，地方文化处在后现代社会中，而后现代文化异常多元、充满个性、碎片、复杂等，造成纷繁交错状态，相对于此种文化来说，地方传统文化尤其显得具有稀缺性。

随着社会环境的变迁，现存的地方性文化（非物质文化遗产）会日益稀缺，甚至会消亡。故在既有的保护理念和数字技术情况下，尽可能地对非遗进行保护与传承。虽然非遗项目的继承与传承一般在一定的场域之中（通常是在原生场域），例如在家庭内部或者族群内部，但非遗的生存环境和空间可能被压缩，在官方制度安排下开设了多种非遗传习所、传习基地。目前，安徽各省市级非物质文化遗产保护中心都在积极尝试非遗传习所的建设，如2022年，安徽博物院以"文化和自然遗产日"为契机，与安徽省非物质文化遗产保护中心共建"非物质文化遗产实践教学基地"，并合作建立安徽博物院"非遗传习工坊"（图2.14）。

无论是家族内部自发的场域传承还是制度安排的场域，即根据I-space理论，非遗的传承都是限定在采邑区和宗族区。采邑区位于I-space原点部位，非物质文化遗产的发源地，也是非物质文化遗产最完整的、最原始的信息集合——非遗项目的个性化、创造性知识。在此区域内，非遗的信息传递一般是

---

① 2001年11月2日联合国教育、科学及文化组织大会第31届会议通过。
② 引自《保护和促进文化表现形式多样性公约》，2005年10月第33届联合国教科文组织大会上通过。
③ 虽然相邻文化（地方文化）之间具有很大的重叠性（文化之间的渐变性），但每个地方都会有自身的文化核心元素。

弱编码性,通过口传心授、言传身教,扩散范围仅限于家族内部。随着数字技术的介入,非遗事项的表达和呈现方式得到了优化,传承人群可以利用数字化技术对非遗进行数字化加工、处理、再现、解读、保存、共享和传播,可以承接和弥补在采邑区与宗族区的传承不足,在采邑区的肢体语言和特定场景等隐性知识无法有效编码的重要部分,可以通过影像、图片等形式"立象以尽意",辅助非遗知识的传承,不仅能够在当代传承,还能够代际传递下去。非物质文化遗产是一种根植于人们生活的、琐碎的、细微的、貌不惊人的本土文化表达方式。通过数字媒介对非遗项目进行有效的传播与传承,必须将数字媒介进行本地化,赋予地方文化认同的表达,从事有意义的文化再生产。培育掌握传统文化知识和技艺的那一批人积极主动地参与非遗内容的解释和传播,为数字媒介学习提供有效的文化内容。文化意义不是一成不变的,特别是在新的媒介载体上,可能因为载体改变而发生变化,因此对文化意义的理解会因新信息而发生变化。非遗的阐释与传播必须根植于社区的文化传统或文化历史之中,若是对文化表达形式或文化空间的曲解过程,也是使其消亡的过程。① 数字媒介赋予遗产地的民众(包括传承人)更多的表达权利和表达机会,他们可以方便地参与到非遗传承过程中来,提高了他们在非遗保护与传承中的话语权,可以说数字媒介对地方非遗的传承相当重要。

图 2.14　安徽博物院"非遗传习工坊"
(来源安徽博物院网站)

---

① 方李莉.遗产:实践与经验[M].昆明:云南教育出版社,2008.

(二)普及性教育学习

《非遗法》第三十四条:"学校应依照国家教育主管部门的规定,开展非遗教育。"但遗产教育并未纳入主流教育的范畴,是一种被长期忽视的、非常珍贵的教育教学内容资源。将非物质文化遗产纳入教育范畴,有利于新生代对民族精神、智慧及活态文化的认知,也有利于民族文化记忆的挖掘、梳理、整合和延续。教育主管部门或社会教育组织把非遗内容纳入教育体系,构建科学、合理的教育教学机制,从文化教育的角度去研究非遗的保护和发展问题,这也是非遗传承的必然要求和重要途径。遗产教育使新生代能够认知非遗、产生文化认同,并在此基础上推动传统文化的复兴和文化的创新。根据联合国教科文组织的研究,教育产品是目前需求量大的网络信息内容服务产品,教育产品与目前发展得最快的数字化视听技术相结合,是可以完全通过网络实现传播的少数产品之一。而徽州文化遗产资源数字化是实现上述教育发展新机遇的关键。[①] 数字信息技术的发展可在虚拟现实环境中呈现真实的历史地理信息,亦可将之应用于图书馆、博物馆、档案馆,进行数字化展示、文物图像超"链接"、内容交互、个性定制等服务,并辅以不同领域中专家学者的咨询与解说,直接将文化信息供全民分享,增加公众的文化知识,提升公众的文化素养,强化公众的文化认同,进而为社会建构、文化记忆、基因传承与价值传播提供依据。

从教育学习的途径和形式来看,非遗的普及型教育学习主要分为两种。一是学校教育学习,将非物质文化遗产纳入学校教育,特别是乡土教育,把非物质文化遗产相关内容融入课堂与教材,是实现非遗教育传承的有效途径,使非遗生态区的学生能在不同程度上了解本土文化的基本内容,促使其对本土非遗的关怀与认同,并愿意贡献自己的力量来改善非物质文化遗产的生存环境。非物质文化遗产教育,是一种融知识性、情感性、实用性、趣味性于一体的乡土教育,除了让受教育者了解、认识其所居住地方的人、事、物,包括生活环境、历史人物、传统艺术与文化之外,还能激发他们保护、传承和发展非物质文化遗产的意愿及能力,同时也进行了精神教育、生活教育和多元文化教育。从信息空间的角度来看,非遗的本土教育传承与学习主要集中在宗族区,该区域内的信息可以实现小范围的共享、传播与传承。这是在非遗所生存的社区或遗产地或生态区内,非遗的本土教育效果越好,表示该区域非遗有着良好的受众基础,也说明该非遗的生存与保护压力较小。当前,安徽各市都积极开展了"非遗进校园"的

---

① 秦枫.文化遗产资源符号建构与产业融合:以徽州区域为例[J].云南开放大学学报,2016(2):7-10,32.

活动,旨在推动非遗在校园的传播和普及,让新生力量承担起传承非遗的重任,如宣城市郎溪县梅渚镇连续开展"非遗进校园"活动,把具有地方特色的"跳五猖、傩面具、大小锣鼓"等非遗项目引入当地学校课堂。

二是社会化教育学习。随着互联网的普及和数字技术的应用,学校教育已不再是获取知识的唯一渠道。受教育者不仅在学校可以获得相应的知识,还能够在网络空间、数字终端以及各种文化机构(文化馆、博物馆、图书馆等)接受教育(此处重点提及数字化教育学习),这是一种自觉的、自主的、便捷的教育学习模式。数字教育与学习是网络技术、数字技术与教育结合的产物。目前世界各国都在积极将非物质文化遗产数字化,用实际行动来抢占这块文化高地,将非遗数字内容打造成为社会学习的教材,期望既能教育公民,又能传播和渗透本国的传统文化和价值观。非物质文化遗产数字教育形式多元化、内容丰富(与非遗相关的数字内容资源),能够有效满足不同受众(不同文化背景、不同行业、不同文化身份的人)的学习需求,甚至学习者可以根据自己的兴趣与爱好,对学习内容定制化。例如,安徽各市的文化馆不仅经常举办线下文化活动和比赛,还在各大在线平台发布数字化教学内容(图2.15)。

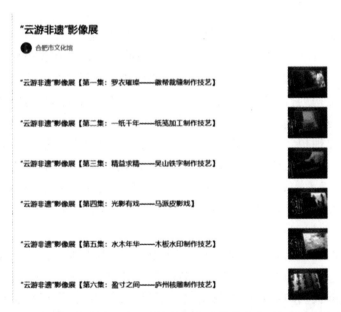

图2.15　合肥市文化馆公众号发布线上非遗教学内容(截图于该公众号)

无论是学校教育还是社会化教育,仅是教育学习的形式和途径不同,其教育与学习的内容与核心是非物质文化遗产知识,如何保障非遗教育内容的有效供给,这是非遗普及教育学习的关键。将非遗数字化成果转化为非遗普及教育的内容,是非遗数字化应用领域之一,欧洲文化遗产在线(European Culture Heritage Online,ECHO)的全民参与内容供给的方法对我们有启发意义。ECHO以"为社会公众和科研人员提供能够欧洲文化遗产数据信息"为目标,ECHO用户通过网络信息技术和终端设备就能浏览这些数字内容资源,并根据权限可以自行添加相关的文化遗产数据,增强了人机交互性。社会公众(特别是在地民众和非遗研究人员)对身边的并与之朝夕相处的非遗更加了解,让在地民众根据使用权限和数字内容规定的类型和格式要求,通过"合作-参与"路径提供相关的非遗数字内容,能丰富和完善非物质文化遗产的内容供给,而且社会公众参与非遗内容提供的过程,也是学习、了解和研究非遗的过程。同时也要拓展非遗普及教育学习的平台,当下数字媒介日新月异,平台多元化,例如微信公众号、各类App应用等,在"寓教于乐"的话语体系下,基于故事化编码开发地方文化资源的教育软件和教育游戏,将非物质文化资源等内容镶嵌在其中,把非遗数字内容发布到更多的教育学习平台,让更多的社会公众参与到文化遗产的传播与保护中来。

（三）公益性数字展示

非物质文化遗产具有教育、凝聚、回忆等功能,通过展示传播,能将此功能放大,并获得更佳的文化传承与传播效果。当前不少地区在积极建设非遗博物馆或传习馆,或者举办非遗节,静态陈设非遗事项的相关物品,或者由非遗传承人定期或不定期进行在地性表演,以期与社会公众产生互动,达成文化展示传播的目的,但这种制度安排下的行为,限于时间、空间与受众的影响,传承与传播的效果并非理想。数字化改变了非物质文化遗产的传统展示方式——利用数字技术(虚拟现实、增强现实等)对非物质文化遗产特别是传统工艺的生产方式、传播与传承方式等进行真实再现,并建立基于数字媒介平台的非遗数字博物馆,将非遗的数据信息整合在一起,最大限度地实现了非遗数字内容的展示、传播、共享与利用。

数字技术通常能够带来前所未有的拟仿能力,数字展示使得文化具有前所未有的特性——互动性、穿越性、浓缩性、沉浸性、仿真性、可视性,所展示与传播的内容根据我们的输入而不断变化,并将现代与传统、真实与虚拟相连并得到即时的反馈。数字化展示是对非遗的丰富意义的体验,促使非遗从地方化走向全球化。非遗公益性数字展示传播可从两个路径考量:一是增强"现实",在实体非遗博物馆基础上,增添数字内容以增强实体博物馆的展示与传播效果;二是虚拟现实,基于数字技术和数字内容,在数字空间建设非遗虚拟博物馆。这里增强现实与虚拟现实并非具体指两种技术,而是两种展示传播的理念。

一是增强"现实"。在当下实体非遗博物馆中,展示基本上是有时空限制的,无法满足公众的参观要求。对文化的阐释静态化和片段化,与文化融合层面略显生硬。非遗知识被压缩为可选择的信息片段。文化变成了"割裂的和局部化的",而不是一个展开的元叙事(meta-narrative)将参观者引至"一个由事实堆积的实体机构",非遗并未通过博物馆而被公众认知和理解。为弥补"现实"的缺憾,利用数字技术对遗产博物馆的功能进行提升——增强博物馆中文化内容的互动性、故事性和脉络性。互动是数字展示的一个主要特点,它们会不停地与公众互动,提供对话、挑战、测试、选择按钮、小工具等,而不是让人们自己参观,通过公众觉得自己有能力参与其中,互动活动在参观者和展示空间之间搭起了沟通的桥梁,似乎形成更好的互动关系,进而提供了展示的教育效果。为加深公众对非遗展示内容的理解,需要对非遗进行故事化编码,运用"阐释"的技巧小心翼翼地创造意义,按照系统化的文化脉络进行设计解读,赋予文化对象和场所以象征性意义和象征性符号,并将其置于当下的社会情境中,在新的时空范围内重新进行定位。数字化展示可以使公众看到现实世界当中永远看不到的文化真实。

二是虚拟现实。"如果参观者不愿来博物馆,博物馆就要走到参观者面前。"[①]借助非遗数字化展示,打破博物馆的时空限制,并提供定制化及自主性的呈现。运用适合的数字展示科技,将非遗博物馆的主题内容有系统、有结构地发挥出来,排除使用者与博物馆间的距离,主动、积极地吸引使用者的注意及兴趣,并使之具有丰富的教育性、具深浅度的研究性。例如,以渐进放大的影像数字技术,让公众了解雕刻作品、器具等不同形状、构造。数字技术摆脱了非遗实体博物馆所必需的建筑、陈列、参观时间等条件的限制,任何人在任何时间、任何地点都能从数字空间便捷地获得需要的知识与信息,使海量存储的非遗数字内容得到最大限度的展示、传播、共享,满足公众的文化需求,成为数字技术条件下适合大众传播的一种新的路径。通过数字展示、传播与传承,可以确保可能丢失或消亡的非遗得以在数字空间存续。

(四)产业性创意加值

非遗数字化不应仅止于专注于静态的数据结构或文化形式的追求,而应把重点放在与文化发展以及与人有关的价值与意义的创造方面,不仅是再现过去,更应创造关怀人的现代文化需求及非遗未来的发展——非遗数字内容产业

---

① 贝拉·迪克斯.被展示的文化:当代"可参观性"的生产[M].冯悦,译.北京:北京大学出版社,2012.

性创意加值。① 利用数字技术,为非遗提供新的文化书写和再现途径,强调文化实践社群和文化传承者对文化知识再生产和创造的过程。非遗的数字化可以将非遗事项进行在线性、嵌入性、融合性地打造关联产业。通过数字技术可以将非物质文化遗产内容以标准化和数字化的形式进行编码存储,建立数字文化遗产资产库,并以其素材数据为基础,以市场需求为导向,在坚持文化遗产内容不被歪曲的原则下,对遗产进行数字化再创造,将其转化为能够在市场上合法合理流通的文化产品,促使非遗在得到有效保护的同时,又能实现相关产业创新与发展创意价值——附加文化价值、增加产业价值。关于安徽非遗产业融合内容在第七章亦有阐述。

从文化创意产业视角看,现代文化产业本质上是"产业族群",建立在规模复制数字技术上,履行最广泛传播的功能,经商业动机的刺激和经济链条的中介,迅速将传统文化遗产资源的原创和保存两个基本环节渗透:将原创变成资源开发,将保存变成展示,并将整个过程建立在现代知识产权之上。非遗数字化,建立非遗数据库,使非遗资源不仅仅停留在宣传、保护、教育等公益服务层面,而是要发挥更大的效用。将文化遗产信息和内容通过数字技术和文化产业的创新思维,在坚持完整性、原真性的原则和基础上进行数字化再创造,即以非遗数据库的文化遗产符号为基础,将文化资源内容通过数字技术和文化产业的新思维,将数字内容与产业的有效桥接,进行数字内容再造路径以数字化技术为工具,以市场需求为导向,创造性地开发各类具有自主知识产权的文化商品,并通过版权授权、联合开发、展览展示、教育培训等方式,实现从原创、设计、制造到推广、营销的产业化运作。非遗可为文化创意产业提供丰富的内容支持,对非物质文化遗产而言,数字化技术可以为其提供强大的工具、方法和技术支撑,并通过文化创意产业独有的创意和展现形式,使非物质文化遗产获得保护、传承和展示的巨大空间,很多文化形态、文化业态可以为其注入更加强大的生命力,尤其是非遗与社会大众的文化需求相结合,有助于探索非遗保护与传承的有效模式。

从文化旅游产业视角看,全球性的旅游业持续发展已经出现与文化内容融合的重大趋势——即以文塑旅,以旅彰文,文旅深度融合发展,网络文化旅游也成为网络经济中"异军"力量。基于数字技术的文化旅游网络业的商机表现在以下两个方面:一方面,继续推动传统意义上的旅游业信息数字化,使出游感觉更加方便、舒适,费用也更加低廉;另一方面,在数字化技术的基础上,全面开发

---

① 秦枫. 文化遗产资源符号建构与产业融合:以徽州区域为例[J]. 云南开放大学学报,2016(2):7-10,32.

文化遗产旅游资源,建立虚拟旅游世界,彻底改变旅游服务模式,从根本上提高旅游活动质量。在这个虚拟旅游空间中,旅客将旅游的对象物以及旅游活动本身与历史事件、文化事项联系起来,形成对旅游吸引物的意义理解。遗产叙事是一种为了旅游目的而被选择的特殊表述方式,换言之,在现代语境中遗产成为旅游中的一个品种、品牌进入大众消费领域。遗产可能会促进各类群体思考他们的文化"根源";遗产可以被旅游化、商品化,但旅游、商品等形式并不是遗产的全部,确切来说,是对某种价值观和传统的代表权。[1] 非遗数字资源的开发利用将为旅游业附加新的内涵和价值。文化旅游其本质上是一种文化体验,而文化体验是非实体的感知,而是对文化遗产内涵物的体验,对实体中的精神内涵的感知。不管体验是通过文化原子化载体,还是比特化载体,都是向公众传达文化内涵,从这个角度来说非遗数字化可以满足公众的文化需求,同时也可以有效避免对实体遗存的破坏。数字化研究的开发内容、服务内容等完全可以满足旅游产业的特点。

从媒介产业视角看,在数字技术的催化下,现代媒介产业成为社会文化生活的重要组成部分。媒介产业与文化遗产资源互为条件,媒介产业为文化遗产资源提供传播介质和渠道,文化遗产资源为媒介产业提供文化内容,二者相得益彰。媒介参与到文化遗产资源数字化保护与产业化运营之中,即创新徽州文化遗产资源公益性文化传播服务与商业应用的并行互惠经营模式。安徽文化遗产资源丰富,以及目前庞大的文化消费市场,各级各类媒体通过文化和科技的融合创新,弘扬安徽优秀传统文化,在文化产品创作、生产、传播、消费的各个层面和关键环节发挥作用。以电视媒介为例,可以按照分众化方式,打造特色文化频道或开辟文化栏目,将文化性、欣赏性、知识性、娱乐性、时尚性等融于电视节目之中,2020年,为纪念徽班进京230周年,中央非物质文化遗产保护专项资金资助项目(徽剧)——《小店春来早》《借靴》两部微电影完成拍摄工作。2022年6月17日,安徽首档大型非遗焕新主题节目《活起来的技艺》在安徽公共频道开播。2023年9月上映的《幸福小马灯》影片在安徽省宣城市郎溪县梅渚镇取景拍摄,以皖南秀美的自然风光为背景,以安徽省非物质文化遗产——定埠小马灯为主线,讲述了民间艺人曲折故事。2024年1月,宣城文旅牵手《王者荣耀:荣耀之章碎月篇》3D动画剧集,开启线上线下场景联动,推动地方历史人文与游戏IP深度融合。2024年3月,安徽电视台农业科教频道《皖美乡村》以"无为剔墨纱灯:灯火里的别样风情"专题节目,深入报道了汤沟中学中华优

---

[1] 贝拉·迪克斯.被展示的文化:当代"可参观性"的生产[M].冯悦,译.北京:北京大学出版社,2012.

秀传统文化非遗教育工作。2024年4月,电视剧《惜花芷》里的糕点是芜湖鸠江区的非遗项目——曹山七传统糕点制作技艺。以上电视节目,依托非遗等历史文化资源,经过数字技术的拍摄包装,所打造的具有本土特色的文化类电视节目,获得很高的收视率,利用非遗资源发展媒介产业将是传统文化创造性转化和创新性发展的重要路径。

从信息内容产业视角看,文化遗产资源的数字化将为信息产业提供附加价值。将非遗数字库中的数字内容作为信息产业的素材库,把非遗数字信息转换为产业的价值主体,安徽文化遗产数据成为信息产业的内容才能焕发生机;同时信息产业拥有优秀的文化内容才能更好地发展。安徽文化遗产资源的开发与利用,是信息产业发展的新空间、新领域、新的增长点,采用数字技术和网络技术,有机整合文化内容生产和信息服务两大部分,建立内容生产、流通和消费的新运作模式,如利用新兴的微信、移动媒体等工具进行信息定制,个性化推送信息。通过安徽文化遗产资源的数字化,以"文化内容"带动信息服务业的发展,以信息服务业有效传播文化遗产信息,二者互为支撑、共同发展。

从数字游戏产业看,以文化遗产为内容的数字游戏,不仅为游戏企业提升游戏的文化品质,以形成新的消费热点和商业盈利点,而且通过游戏环节设置使文化遗产内容被更广和更深的传播。①《黑神话·悟空》中融合多种文化遗产如陕北说书、汉中热面皮、安徽天柱山、安庆白崖寨等。年轻一代是数字游戏产业的主要消费群体,也是承接传统文化复兴的主体。将遗产内容有效编码并正确地嵌入游戏之中,以严谨的文化态度,关注文化遗产信息的真实性和知识深度问题,促使游戏与文化遗产传播有机融合,引导新生代对传统文化的认知、理解与认同。

非遗数字化与文化创意产业、文化旅游产业、信息内容产业、媒介产业、数字游戏产业及其他相关产业具有较高的关联度,将数字化信息与产业有效桥接,使特有的文化遗产资源,转化为优势的产业资源,促进文化遗产数字化保护与利用,同时也能创造更多的经济和社会效益。

---

① 数字化如何助力文化遗产传播[EB/OL].[2015-07-29]. http://epaper.gmw.cn/gmrb/html/2015-07/29/nw.D110000gmrb_20150729_3-10.htm?div=-1.

第三章　宣传报道：传统媒体中安徽非遗传播内容分析

非物质文化遗产包含着丰富的信息、知识和智慧，是人类精神文化的结晶、文化多样性的重要体现，具有连接民族情感、传承民族文化的重要作用和价值。非遗是地方文化的瑰宝，同时也是地方文化自信的重要体现。一个地方的民俗风情、手工技艺等，都是非遗鲜活的呈现载体，同时也是展示地方形象的一张名片。

2011年正式施行的《中华人民共和国非物质文化遗产法》规定"新闻媒体应当开展非物质文化遗产代表性项目的宣传，普及非物质文化遗产知识。"[1]习近平总书记在全国宣传思想工作会议上也曾强调指出："新闻媒体宣传阐释中国特色，要讲清楚中华优秀传统文化是中华民族的突出优势，是我们最深厚的文化软实力。"[2]在弘扬传统文化的时代背景下，新闻媒体如何组织策划非遗报道，提升全社会对非遗的关注度，增强非遗传承人的自豪感，提升文化自觉和文化自信，推动非遗创造性转化和创新性发展，成为摆在新闻工作者面前的一个现实问题。

报纸在传播非遗方面扮演着重要的角色。作为大众传媒之一，报纸具有可以反复阅读的优势，不仅可以通过专栏形式详细地介绍非遗的历史渊源、文化背景以及相关知识，还可以开展系列报道，形成常态化传播，推动非遗的普及和传承。

---

[1] 中国政府网.中华人民共和国非物质文化遗产法[EB/OL].[2011-02-25]. http://www.gov.cn/flfg/2011/02/25/content_1857449.htm.

[2] 中国政府网.习近平强调：努力把宣传思想工作做得更好[EB/OL].[2013-08-20]. http://www.gov.cn/ldhd/2013-08/20/content_2470599.htm.

第一节　安徽非遗报道内容分析

安徽非遗分布具有"大分散小集中"的特点,即非遗项目在全省16个地市均有分布,但不同区域的分布密度差异较大,呈现南多北少的局面。其中,皖南地区的黄山、宣城为非遗分布的第一梯队,皖北诸市次之,相对皖南和皖北,皖中地区总量较少。因此本书选取了安徽省内皖北、皖中、皖南的四份报纸,包括三份党报、一份都市报,这些报纸所属区域分别代表了安徽省内不同文化和特色。

《合肥日报》创刊于2009年11月8日,是中国省会城市中最年轻的日报,也是中共合肥市委新的机关报,共设8个版,采取"导读置顶"的新模式,把当天最精彩的新闻图文并茂地展现在头版的报头之上。报道内容基本覆盖全市,具有较强的影响力;《淮北日报》是中共淮北市委机关报,创刊于1971年5月1日,现为对开8版。《黄山日报》的前身是1953年创刊的《徽州报》,其中一度停刊,1982年复刊,1987年徽州地区改为黄山市,《徽州报》更名为《黄山日报》。这两份报纸分别代表皖北和皖南地区,能够反映这些地区独特的非遗和传统;《新安晚报》作为国内知名的综合性报纸,是安徽日报报业集团主办的省级晚报,1993年1月1日创刊,每天平均64个版块以上。《新安晚报》在安徽省日发行量大,是安徽都市报第一品牌。其读者群体广泛,对非遗的传播有着不可替代的作用。这四份报纸长期关注安徽省内的非遗,积累了大量的报道素材和案例,同时其报道具有较高的专业性和权威性,能够准确、全面地报道非遗项目的传承和发展情况,为读者提供权威的信息和解读方式。

本节分别选取《合肥日报》《淮北日报》《黄山日报》《新安晚报》在2019年1月1日至2023年12月31日期间以非遗为主题的新闻报道作为分析样本,样本以"篇"为单位,每一篇独立成文的报道都作为一个分析单位。根据研究目的和类目建构的穷尽性、互斥性和独立性原则,本节拟定了安徽非遗报道内容分析的编码表,通过详细的类目建构实现对报道文本的"解码"分析。

通过科学的取样和编码分析,本节将从报道数量、报道体裁、报道篇幅、报道议题和报道项目类别等方面对这四份报纸2019年至2023年的非遗报道进行深入分析,探究安徽非遗的报道情况。

一、《合肥日报》非遗报道分析

（一）报道数量：整体下降，缓慢回升

本小节以"非物质文化遗产""非遗"为关键词在《合肥日报》报纸检索平台进行检索，经过判断筛选，最终得到以非遗为主题的报道573篇，按照年份汇总后如图3.1所示。

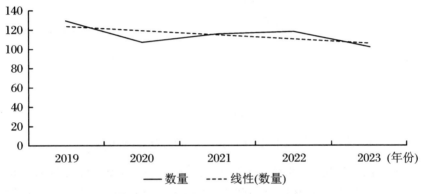

图3.1 《合肥日报》非遗报道年度数量分析（2019—2023年）

从图3.1可以看出，2019—2023年，《合肥日报》每年的非遗报道数量波动幅度较小，整体上呈现下降的趋势，这一点从报道数量的线性持续下降走势就可以看出。一方面，受疫情影响，报道版面被大幅缩减。另一方面，随文化数字化战略的提出，《合肥日报》非遗报道呈现明显回升，在非遗调研、传承普及、文化遗产日活动开展等方面都作了相关报道。与之前相比，《合肥日报》对非遗的关注度从2020年至2022年逐年回升，2020年作为一个重要拐点，此前非遗报道数量呈现递增趋势，相较于2019年，2020年报道数量锐减，此后又呈现回温状态。2021年4月，为进一步加强我省非物质文化遗产代表性项目名录建设，根据《中华人民共和国非物质文化遗产法》和《安徽省非物质文化遗产条例》有关规定，省文化和旅游厅将开展第六批省级非物质文化遗产代表性项目推荐申报工作。非遗名录和非遗代表性传承人名录的不断发布，新闻媒体不断跟进，为非遗保护工作的开展赢得大量关注。

（二）报道体裁：体裁多元，消息为主

在《合肥日报》非遗报道体裁构成方面，从图3.2可以看出，消息占比超过6

成,是《合肥日报》在非遗报道中占比最多的一种体裁,消息能够快速地将非遗相关新闻信息传达给受众,与消息相比,深度报道能够将事件的来龙去脉、前因后果等读者需要的信息加以整合,详细、生动地将非遗新闻报道出来。①

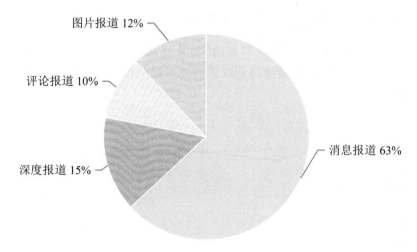

图 3.2 《合肥日报》非遗报道体裁构成(2019—2023 年)

与文字报道相比,在非遗这一活态文化的呈现上,新闻图片带来的直观感受和视觉冲击更强。2019 年至 2023 年期间,《合肥日报》以非遗为主题的图片新闻报道共有 69 篇,多以普及传承为主。例如,2021 年 4 月 13 日的图片新闻《巧手剪纸妙"绘"党史》,2022 年 2 月 17 日的图片新闻《非遗文化进社区》,都通过极具现场感的新闻图片将人们学习传承非遗的精彩过程展现出来。

作为一种重要的新闻体裁,新闻评论是传达社会意见、构建新闻议程、彰显媒体力量的重要方式。在评论方面,《合肥日报》针对非遗的新闻评论占比 10%,5 年间有 57 篇评论,且刊发时间多集中在与非遗相关的节日期间,如 2019 年 6 月 20 日的《文化惠民　春风化雨百姓心》,2023 年 6 月 10 日的《弘扬传统文化　绽放非遗魅力》等评论报道都是在"文化遗产日"前后一段时间内发表的。

(三)报道议题:设置相对均衡,注重宣传普及

1. 议题构成分析

在报道议题方面,《合肥日报》非遗报道的议题分布比较均衡,涉及非遗活动展演比赛、普及传承、非遗产业化、非遗数字化、申报评定、传承人故事和会议与领导调研等多个方面,如图 3.3 所示。普及传承和展演比赛的相关报道最

---

① 刘明华,徐泓,张征.新闻写作教程[M].北京:中国人民大学出版社,2019:317.

多,共占比58%,其中普及传承180篇,展演比赛152篇。非遗报道普及传承的议题主要是指针对非遗的普及介绍和传承活动。展演比赛是普通民众认识非遗、了解非遗的一个重要窗口,也是《合肥日报》非遗报道的重要组成部分。例如,2023年1月18日《这场超有年味的新春嘉年华,尽在"蓝领朋友圈"》和2023年2月23日《传承多彩非遗 共享文化魅力——"合肥之春"2023非遗传承·戏曲歌舞晚会昨晚精彩上演》就介绍了新春嘉年华、戏曲歌舞晚会等娱乐活动在向公众输出多彩文娱节目的同时,潜在地普及了非遗的相关知识。

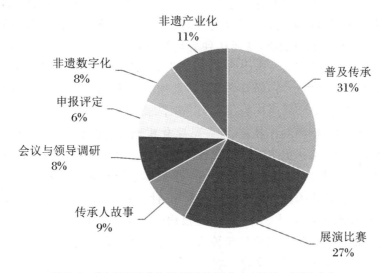

图 3.3 《合肥日报》非遗报道议题分布(2019—2023年)

作为非遗的传承主体,非遗传承人一直是非遗保护的核心要素。人物是新闻报道的灵魂,新闻之所以重要,就是因为写人。① 从选取的5年样本来看,《合肥日报》对非遗传承人的报道不够重视,选取的573篇报道中以非遗传承人为主题的报道仅有52篇,占比为9%。通过报道样本可以看出,被报道的非遗传承人典型性强,社会影响力大,不仅有痴迷于非遗技艺的匠人,还有用非遗造福社会的企业家。例如,2019年2月1日的文章《方继凡:猴魁传人的追梦人生》就报道了茶业知名企业家、致富带头人方继凡传承太平猴魁制茶技艺,带领乡亲在发展茶产业中共同致富的动人故事。

以"会议与领导调研"和"申报评定"为议题的相关报道占比分别为8%、6%,这两类议题的报道主要是政策解读、传达信息,消息来源多以官方机构为主。例如,2020年1月6日刊发的报道《西藏措美基层文化交流团来合肥交

---

① 斯隆,等.普利策新闻奖最佳作品集[M].丁利国,译.北京:中国新闻出版社,1987:18.

流》,西藏自治区山南市措美县基层文化交流团来合肥开展基层文化交流活动,在展现雪域高原的文化魅力和民族友好的和谐氛围的同时,也促进了安徽和西藏自治区人民的交流、交往、交融。2022年12月1日,《合肥日报》转发《安徽日报》的《安徽四大名茶入选"人类非遗"——合肥做好"茶文章"弘扬传承茶文化》一文,从政策视角切入,分析如何借助安徽茶叶入选非遗这一契机,立足合肥本地,更好地传承茶文化。

以"非遗产业化"和"非遗数字化"为议题的相关报道总占比为19%,其中"非遗产业化"有61篇,"非遗数字化"有44篇。其中,"非遗产业化"是指将非遗转变为一个经济产业,按照产业的规则和规律来运作,主要包括市场化经济的运作,提高非遗的附加值,从而达到盈利的目的。例如,2020年7月31日刊发的报道《上演文旅好戏 突出"夜间经济"》,记者发现"文旅产业+非遗"的组合不仅能够带动消费经济,而且能够促进非遗的普及传承。2020年10月15日刊发的报道《餐饮老字号迈向数字化》讲述了部分餐饮老字号通过挖掘传统文化新内涵、传承和创新制作技艺、抓住数字化机遇,搭建完整的数字化平台,从而打破地域局限,触达更多新的消费者。"非遗数字化"则主要是指非遗领域的数字技术应用与推广,主要包括运用数字多媒体手段对非遗代表性传承人进行记录,并逐步推动优秀记录成果的研究利用、社会共享,以及非遗数字化展示和传播。例如,2021年1月27日刊发的报道《"云端"好戏连台 一样给你"好看"》,通过视频直播和短视频参与等方式,在"云端"给网友送上具有合肥地域特色、彰显节日文化内涵的文化大餐。

2. 议题变化分析

从《合肥日报》非遗报道议题变化(表3.1)可以看出,从2019年至2023年,《合肥日报》对非遗普及传承和展演比赛的报道比较重视,每年都用大量的篇幅进行报道。随着各类非遗活动的增多,关于非遗展演比赛议题方面的报道也呈现出多元化的趋势。值得注意的是,在"传承人故事"和"非遗产业化"方面,议题逐渐呈现出强化的趋势。总体来讲,《合肥日报》非遗报道在2019年至2023年,议题逐渐在向"非遗"这一主体回归,对非遗项目和非遗传承人的关注度有所增加。

表3.1 《合肥日报》非遗报道议题变化(2019—2023年)

议题	2019	2020	2021	2022	2023	总计
展演比赛	44	33	27	29	19	152
普及传承	42	33	38	44	23	180
传承人故事	10	9	11	8	14	52

续表

议题	2019	2020	2021	2022	2023	总计
申报评定	6	5	7	9	9	36
会议与领导调研	8	9	13	12	6	48
非遗产业化	8	12	11	9	21	61
非遗数字化	12	6	9	7	10	44
总计	130	107	116	118	102	573

（四）报道项目：冷热不均，美术、技艺为主

如图3.4所示，《合肥日报》非遗报道的项目类别分布广泛，其中"传统美术"类别的非遗报道累计108篇，占比18.84%，主要项目是蛋雕、根雕和面塑。"传统技艺"类别的非遗报道累计101篇，占比17.63%，代表性项目有歙砚制作技艺、徽墨制作技艺、万安罗盘和祁门红茶制作技艺等。"传统戏剧"类别的非遗报道占比12.22%，其中庐剧是被报道的主要项目。"传统医药"类的非遗报道累计34篇，占比最低。"民俗"类非遗项目共被报道61次，这61篇报道主要围绕安徽省合肥市各种民俗非遗展开生动叙述。"传统舞蹈""传统音乐""传统曲艺""传统杂技""民间文学"的占比相对较为均衡，分别为7.33%、6.81%、7.68%、6.81%、6.11%。

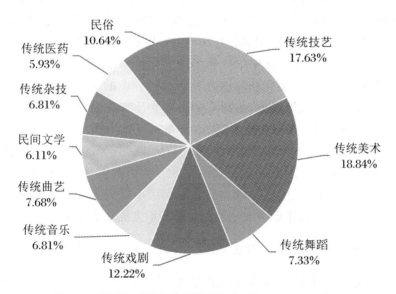

图3.4 《合肥日报》非遗报道项目占比(2019—2023年)

二、《淮北日报》非遗报道分析

(一)报道数量:整体稳增,但有波动

本小节以"非物质文化遗产"为关键词在《淮北日报》报纸检索平台进行检索,经过判断筛选,最终得到以非遗为主题的报道1048篇,按照年份汇总后如图3.5所示。

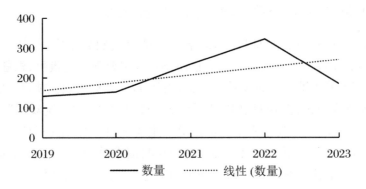

图3.5 《淮北日报》非遗报道年度数量分析(2019—2023年)

从图3.5可以看出,2019年至2023年,虽然《淮北日报》每年的非遗报道数量波动较大,但整体上呈现稳步增长的趋势。2020年至2022年,《淮北日报》非遗报道数量线性增长,增幅明显。2020年11月8日,《淮北日报》刊发报道《五铺中心学校入选全国中小学中华优秀传统文化传承学校》,充分展现了学校这一载体在中华优秀传统文化和非遗普及传承过程中的桥梁纽带作用。与此同时,淮北市深刻把握政策形势,紧跟安徽省非物质文化遗产代表性项目名录建设。2021年11月11日刊发报道《我市公布第三批市级非遗项目代表性传承人》,切实推动了淮北地区非遗传承人申报与认定工作。2022年,《淮北日报》刊发报道《濉溪古城入选国家级非遗旅游街区》,从消费主义视角阐释了"非遗+文旅"深度融合发展,入选国家级非遗旅游街区不仅大大提振了濉溪本地的非遗传承士气,更从侧面体现了淮北市在非遗传承方面做出的努力。

(二)报道体裁:消息为主,图片次之

在《淮北日报》非遗报道体裁构成方面,从图3.6可以看出,消息报道和图片新闻的占比超过8成,其中消息报道608篇,图片新闻304篇。消息报道是《淮北日报》在非遗报道中占比最多的一种体裁,消息能够快速地将非遗相关新

闻信息传达给受众,与消息相比,新闻图片则给受众带来更加直观的感受和视觉冲击。如2019年刊发的消息报道《"踩街"迎新春 古镇年味浓》通过特殊民俗"踩街"和非遗表演活动让公众身临其境,切实感受非遗的文化底蕴。《一段泗州戏唱出浓浓夫妻情》这则消息通过介绍传统戏剧——泗州戏,由戏及人,引出一段夫妻情深的佳话,戏因情更加动人。2020年5月27日,《淮北日报》刊发消息报道——《感受剪纸非遗魅力 营造校园传统文化氛围》,介绍了濉溪经济开发区中心小学小记者站的剪纸活动,剪纸传承人韩学敏为该校小记者们亲临授课,让孩子们感受剪纸非遗的文化魅力,激发学生弘扬和传承中华优秀传统文化的兴趣,营造了浓郁的校园传统文化氛围。2020年6月5日刊发图片报道《感受非遗魅力 体验古法造纸》,学生们现场体验古法造纸和花草纸非遗手工技艺,用图片集中展示了孩子们制作"花草纸灯"的过程,透过孩子们脸上的笑容,也能感受到传统文化的魅力。2020年10月26日,《淮北日报》刊发的图片报道《书法传承 进校园》介绍了袁庄实验小学的学生在老师的指导下练习软笔书法,组织学生书法活动队、开展书法展览、书法作品评比等活动,增强中小学生审美意识,促进素质的全面提高。

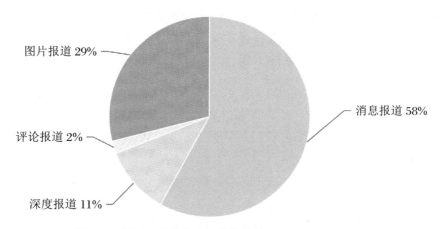

图3.6 《淮北日报》非遗报道体裁构成(2019—2023年)

2019—2023年,《淮北日报》以非遗为主题的深度报道共有115篇,多以"普及传承""传承人故事"为主。例如,2019年2月14日的深度报道《"丑婆"的高跷人生》,2020年1月16日的《唢呐嘹亮,吹响在幸福里》,2020年7月17日的《矿工李景龙的剪纸情》都通过极具现场感的描写和细节性的白描手法展现非遗传承人的坚持、坚守和初心。

在评论方面,《淮北日报》针对非遗的新闻评论略显不足,评论报道仅占比2%(图3.6),近5年间只有21篇评论,多以"非遗产业化"为主,且刊发时间多集中在与非遗相关的节日期间。例如,2022年6月16日刊发的评论报道《连接现代生活 让文化遗产"活"起来——2022年文化和自然遗产日安徽省主场活动在淮北市成功举办》,2022年7月30日的《擦亮美食名片让"淮北味道"传得更远》《探究乡村振兴下的乡村文化遗产保护与发展》等评论报道都是在"文化遗产日"前后一段时间刊发的。

(三)报道议题:普及展演超六成,非遗数字化较少

1. 议题构成分析

在报道议题方面,如图3.7所示,《淮北日报》非遗报道的议题设置涉及普及传承、展演比赛、非遗产业化、传承人故事、申报评定、会议与领导调研、非遗数字化等多个方面的非遗报道。其中普及传承的相关报道最多,占比33.78%。例如,2020年8月3日《淮北日报》刊发的《暑期里的"非遗课堂"》,开展"非遗课堂"活动,学生们走进濉溪老街淮北泥塑非遗传承基地,学习了解淮北泥塑文化历史,泥塑非遗传承人李建东为学生们讲解泥塑作品知识。学生们动手体验泥塑制作技艺。展演比赛的相关报道,一共330篇,占比31.49%。如2020年10月15日刊发的《我市两项非遗美食项目"火"到黄山》、2020年10月29日的《"非遗"戏剧 走进百善孝文化广场》和2020年11月20日刊发的《大型古装淮北梆子戏〈颛孙子张〉公演》等展演比赛活动通过实践让人们切身感受非遗。

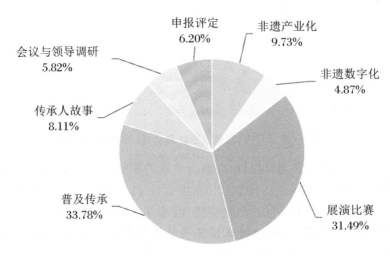

图3.7 《淮北日报》非遗报道议题分布(2019—2023年)

作为普通民众认识、了解非遗的重要窗口,普及传承和展演比赛是《淮北日

报》非遗报道的主要组成部分。但是报道议题分布呈现两极分化的倾向,普及传承和展演比赛共占比超过6成,从选取的近5年样本来看,《淮北日报》对非遗传承人的报道重视程度不够,选取的1048篇报道中以"传承人故事"为主题的报道仅有85篇,占比为8.11%。以"会议与领导调研"和"申报评定"为议题的相关报道分别占比5.82%和6.20%。值得注意的是,《淮北日报》近5年以"非遗产业化"为议题的相关报道数量总体上呈现上升趋势,"非遗产业化"的相关报道占比仅次于"展演比赛"和"普及传承"。

2. 议题变化分析

从《淮北日报》非遗报道议题变化(表3.2)可以看出,从2019年至2023年,《淮北日报》热衷于综合报道,即涉及的报道议题不是单一的某一种,而是具有交叉融合性。随着各类非遗活动的增多,在非遗普及传承议题方面的报道也呈现出变中有增的趋势。值得注意的是,在"非遗数字化"方面,相较其他议题,呈现出明显弱化的趋势,近5年仅有51篇报道提及了非遗数字化,存在明显不足。

表3.2 《淮北日报》非遗报道议题变化(2019—2023年)

议题	2019	2020	2021	2022	2023	总计
展演比赛	25	42	112	106	45	330
普及传承	73	52	49	96	84	354
传承人故事	4	13	22	34	12	85
申报评定	6	9	17	25	8	65
会议与领导调研	13	5	19	17	7	61
非遗产业化	13	7	21	42	19	102
非遗数字化	5	25	6	10	5	51
总计	139	153	246	330	180	1048

(四)报道项目:均有涉猎、分化明显

如图3.8所示,《淮北日报》非遗报道的项目类别分布广泛,其中"民俗"占比33.21%,例如,2021年1月7日刊发的报道《五沟镇村级民俗文化馆激发脱贫攻坚内生动力》、2021年2月26日刊发的《烈山区古饶镇猜灯谜说民俗》、2021年3月10日刊发的《祥龙瑞狮闹元宵 童心巧指传非遗》等报道集中展现了淮北市的各色民俗文化,并且积极寻求民俗文化激发脱贫攻坚内生动力的有效路径。

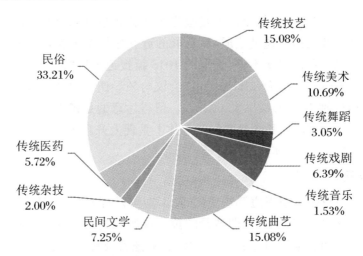

图 3.8 《淮北日报》非遗报道项目占比(2019—2023 年)

"传统技艺"类别的非遗报道累计 158 篇,占比 15.08%。如 2021 年 1 月 7 日《民间艺人朱大礼 义务传授面塑技艺》、2021 年 11 月 10 日刊发的报道《让老手艺焕发新光彩》、2022 年 7 月 14 日刊发的报道《传承百年技艺 续写美味经典——记濉溪县临涣营家马蹄烧饼制作技艺非遗传承人营光明》等主要介绍了面塑、烧饼的制作技艺。

"传统曲艺"类别占比 15.08%,如 2021 年 3 月 25 日刊发的《学京东大鼓 体验"非遗"》、2022 年 6 月 23 日刊发的《淮北大鼓:弘扬传统文化 唱出非遗魅力》等主要介绍了淮南大鼓书这一典型传统曲艺,并与人们的日常生活相联系,以达到弘扬传统文化、体验非遗活动的目的。

"传统美术"类别的非遗项目占比为 10.69%,如 2020 年 7 月 6 日刊发的《翰墨飘香润成长 书画名家进校园》、2020 年 10 月 28 日刊发的《打造墨香校园 弘扬传统文化》和 2021 年 1 月 28 日刊发的《传承非遗文化 剪纸喜迎新春》等报道充分展示了安徽"传统美术类"非遗并不是被束之高阁的艺术,而是下沉到校园、社区的通俗文化形式。值得注意的是,"传统医药"类别的非遗项目共被报道 60 次,占比 5.72%。

三、《黄山日报》非遗报道分析

(一)报道数量:波动明显,总体回落

本小节以"非物质文化遗产"为关键词,在《黄山日报》报纸检索平台进行检索,经过判断筛选,最终得到以非遗为主题的报道 372 篇,按照年份汇总后如图

3.9 所示。

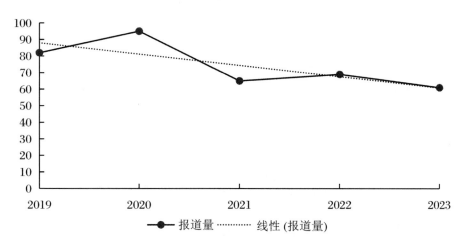

图 3.9 《黄山日报》非遗报道年度数量分析(2019—2023 年)

从图 3.9 可以看出,2019 年至 2023 年,《黄山日报》2020 年和 2021 年的非遗报道数量波动较大,整体上呈现下降趋势,这一点从报道数量的线性持续下跌走势就可以看出。一方面,2020 年是一个峰值,2019 年 5 月,国务院公布"第一批国家级非遗名录",黄山市徽州目连戏等 5 项非遗入选。另一方面,黄山市积极筹备安徽省非遗项目的申报工作,在非遗调研、传承普及、文化遗产日活动开展等方面都做了相关报道。与之前相比,《黄山日报》对非遗的关注度从 2019 年开始提高。新冠疫情后,《黄山日报》报纸版面大量报道疫情相关信息,其他版面和篇幅缩水,非遗报道数量亦下降。

(二)报道体裁:体裁分布极化,评论不足

在《黄山日报》非遗报道体裁构成方面,从图 3.10 可以看出,消息报道的占比接近一半,一共有 182 篇消息报道,与另外两份日报一样,消息报道是在《黄山日报》非遗报道中占比最多的一种体裁。2019 年至 2023 年,《黄山日报》以非遗为主题的图片新闻报道共有 108 篇,多以非遗展演比赛为主。例如,2022 年 2 月 24 日的图片新闻《"非遗"大展上学技艺》,2022 年 11 月 9 日的图片新闻《载歌载舞庆盛会》,都通过极具现场感的新闻图片将非遗展演的精彩盛况展现出来。近 5 年的《黄山日报》以非遗为主题的深度报道共有 74 篇,占比 20%。在评论报道方面,《黄山日报》针对非遗的新闻评论仅有 8 篇,占比 2%,且刊发时间多集中在与非遗相关的节日期间,如 2019 年 6 月 17 日的《"遗产日"过去了,厚重价值留下来》、2020 年 6 月 13 日的《文化遗产保护要重视养"活鱼"》等评论报道都是在"文化遗产日"前后一段时间。

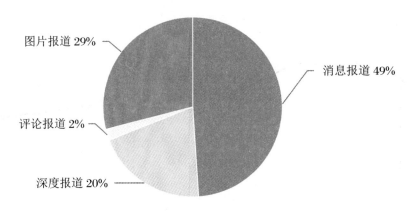

图 3.10 《黄山日报》非遗报道体裁构成(2019—2023 年)

(三)报道议题:普及传承类议题独大

1. 议题构成分析

在报道议题方面,《黄山日报》非遗报道的议题分布较不均衡,普及传承的相关报道最多,一共 158 篇,占比 42.47%,如图 3.11 所示。例如,2019 年 1 月 19 日《黄山日报》刊发的报道《非遗进课堂 文化有传承》介绍了开设具体的非遗实践课程,传承"非遗"技艺一事。2019 年 6 月 5 日刊发的《戏曲进校园 经典永传承》介绍了黄山学院文学院师生深入祁门县箬坑乡栗木村,就傩舞文化遗产保护开展调研。"非遗产业化"在《黄山日报》中占比较低,这是《黄山日报》非遗报道较之其他报纸有所缺失的地方。

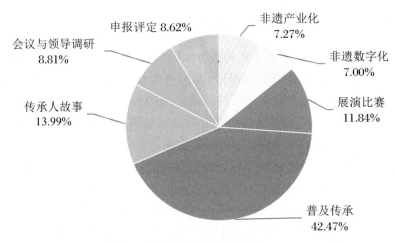

图 3.11 《黄山日报》非遗报道议题分布(2019—2023 年)

从选取的近5年样本来看,《黄山日报》对非遗传承人的报道明显超过另外两份日报,选取的372篇报道中以非遗传承人为主题的报道有57篇,占比为13.99%。通过报道样本可以看出,被报道的非遗传承人典型性强,社会影响力大,不仅有精益求精的非遗技艺匠人,还有热衷于活态传承老技艺的年轻一代非遗传承人。2020年11月20日,《吴笑梅》就报道了徽州剪纸艺术传承人吴笑梅一手抓企业管理、一手做慈善的动人故事。2020年11月20日,《余贤兵》介绍了宣纸制品加工技艺传承人余贤兵为我国古老的传统加工纸工艺得以延续、发展作出的伟大贡献。

以"会议与领导调研"和"申报评定"为议题的相关报道的占比分别为8.81%和8.62%。如2020年11月20日刊发的报道《2020首届中国非物质文化遗产论坛大会在我市开幕》,文章中提到黄山市是徽州文化的发源地和主要遗存地,非遗资源丰富。

2. 议题变化分析

从《黄山日报》非遗报道议题变化(表3.3)可以看出,从2019年至2023年间,《黄山日报》对非遗普及传承的报道比较重视,每年都用大量篇幅进行报道。随着各类非遗活动的增多,关于非遗展演比赛议题方面的报道也呈现出变中有增的趋势。值得注意的是,在"会议与领导调研"方面,议题逐渐呈现出弱化的趋势。总体来讲,《黄山日报》非遗报道在2019年至2023年,对非遗项目和非遗传承人关注的议题有所增加。

表3.3 《黄山日报》非遗报道议题变化(2019—2023年)

议题	2019	2020	2021	2022	2023	总计
展演比赛	9	3	6	5	21	44
普及传承	50	53	26	6	23	158
传承人故事	5	8	17	16	6	52
申报评定	4	5	3	17	3	32
会议与领导调研	8	7	5	9	4	33
非遗产业化	3	8	6	7	3	27
非遗数字化	3	11	2	9	1	26
总计	82	95	65	69	61	372

(四)报道项目:技艺为主,美术、医药为辅

如图3.12所示,《黄山日报》非遗报道的项目类别分布广泛,其中传统技艺

占比40.05%,占据非遗项目类别的4成,代表性项目有歙砚制作技艺、徽墨制作技艺、万安罗盘和祁门红茶制作技艺。传统美术类别的非遗报道累计56篇,占比15.05%,主要项目是徽州三雕和徽州竹刻。在传统戏剧类别的非遗项目中,徽州目连戏和徽剧是被报道的主要对象。虽然民俗类非遗项目报道占比并不算高,但涉及的项目很多,24篇报道中提到了8个民俗项目,主要有轩辕车会、婆溪河灯、上九庙会、抬阁(隆阜抬阁)等,但很多项目仅仅是在消息中被简单提及。值得注意的是,传统音乐类非遗项目共被报道16次,这16篇报道中超过13篇都是围绕徽州民歌这一非遗项目展开的。《黄山日报》中"传统医药"类别的非遗项目被报道了42次,占比11.29%,相较于其他三份报纸占比最高,这与疫情期间中医回归有一定关联。

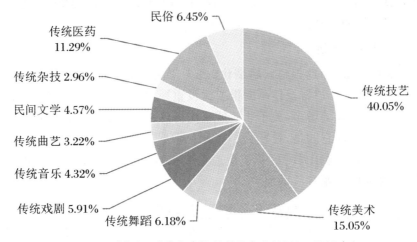

图3.12 《黄山日报》非遗报道项目占比(2019—2023年)

四、《新安晚报》非遗报道分析

(一)报道数量:整体上升,增幅明显

本小节以"非物质文化遗产"为关键词,在《新安晚报》报纸检索平台进行检索,经过判断筛选,最终得到以非遗为主题的报道367篇,按照年份汇总后如图3.13所示。

从图3.13可以看出,2019—2023年,《新安晚报》的非遗报道数量整体上升,呈现稳步增长态势。作为省级媒体,《新安晚报》对全省的非遗申报、调研、传承普及、文化遗产日活动开展等方面都作了相关报道。随着安徽国家级和省级非遗名录和非遗代表性传承人名录的不断增加,宣传报道也不断跟进,为安徽的非遗保护传承和传播实践做了大量的工作。

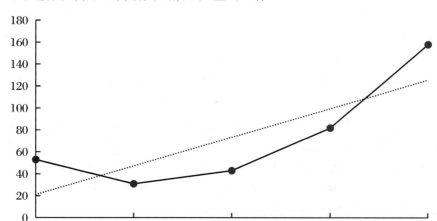

图 3.13 《新安晚报》非遗报道年度数量分析(2019—2023 年)

(二)报道体裁:体裁多元,消息为主

在《新安晚报》非遗报道体裁构成方面,从图 3.14 可以看出,消息报道和图片报道的占比超过 7 成,其中消息报道有 173 篇。消息报道是《新安晚报》在非遗报道中占比最多的一种体裁,消息能够快速地将非遗相关新闻信息传达给受众,与消息相比,图片报道可以更加直观形象地向受众传递讯息。2019—2023 年,《新安晚报》以非遗为主题的图片报道共有 99 篇,多以非遗展演比赛为主。《新安晚报》以非遗为主题的深度报道共有 78 篇,多以非遗的普及和传承为主。

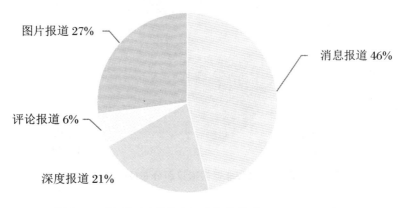

图 3.14 《新安晚报》非遗报道体裁构成(2019—2023 年)

作为一种重要的新闻体裁,新闻评论是传达社会意见、构建新闻议程、彰显媒体力量的重要方式。在评论方面,《新安晚报》与前面三份报纸存在相同的问题,即针对非遗的新闻评论略显不足,5年间仅有17篇评论,且刊发时间较为分散,没有形成连续性报道。

《新安晚报》作为都市报,还有副刊版面,主要包含散文、杂文、小品、诗歌、小说、剧本、报告文学等,副刊注重反映时代面貌和精神追求,重视本土题材和本土化表述。[①] 新鲜、独家、深度、原创性的副刊稿件能够留住读者,突出地方特色,彰显一座城市的文化和灵魂。《新安晚报》的副刊版面在非遗报道上呈现出贴近性、地方性的特点,如2020年7月4日的《徽剧艺人余银顺》,2022年6月7日的《老谢和他的茶史馆》,都是以散文化的手法、贴近性的视角记录黄山非遗,对以官方视角为主的非遗报道做了很好的补充。

(三)报道议题:普及、展演为主,传承人、产业化为辅

1. 议题构成分析

在报道议题方面,《新安晚报》非遗报道的议题分布比较均衡,涉及非遗活动展演、普及传承、传承人故事等多个方面,如图3.15所示。普及传承的相关报道最多,一共112篇,占比30.57%,普及传承是普通民众认识非遗、了解非遗的重要途径,也是《新安晚报》非遗报道的重要组成部分。

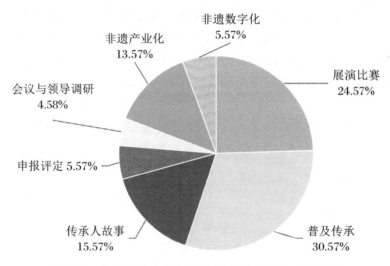

图3.15 《新安晚报》非遗报道议题分布(2019—2023年)

---

① 魏剑美.报纸副刊学[M].长沙:湖南师范大学出版社,2007:200.

非遗报道展演比赛的相关报道占比为24.57%,如2019年刊发的《合肥城隍庙上演非遗专场秀》《设文博会分会场包公园唱响包公戏》《53所职校代表云集歙县迎"非遗大赛"》等报道表现了非遗展演比赛的多样性。

从选取的近5年样本来看,《新安晚报》十分重视对非遗传承人的报道,选取的367篇报道中以非遗传承人为主题的报道有57篇,占比为15.57%。通过报道样本可以看出,被报道的非遗传承人典型性强,社会影响力大,且呈现出年轻化的倾向。例如,2019年刊发的报道《庐州大鼓收高徒省级非遗得传承》,2020年刊发的《小小葫芦大千世界》和《静下心来,一辈子就做一件事》等报道凸显了非遗的传承和坚守,传承人不再仅仅聚焦于大师,新一代青年非遗传承人也受到关注。

以"会议与领导调研"和"申报评定"为议题的相关报道占比分别为4.58%和5.57%。这两类议题的报道主要是非遗工作总结,一共38篇。例如,2019年刊发的报道《肥西三河羽毛扇传承人丁政权入选第六批省级非物质文化遗产传承人》,2021年刊发的报道《徽菜烹饪技艺成国家级非遗》和2022年刊发的报道《"中国茶"申遗成功"安徽茶"榜上有名》等。

2. 议题变化分析

从《新安晚报》非遗报道议题变化(表3.4)可以看出,从2019年至2023年,《新安晚报》对非遗普及传承和展演比赛的报道比较重视,每年都用大量篇幅进行报道。随着各类非遗传承主体的增多,在"非遗传承人"议题方面的报道也呈现出变中有增的趋势。值得注意的是,对"非遗产业化"和"非遗数字化"的讨论声量与日俱增。总体来讲,《新安晚报》非遗报道在2019年至2023年间,议题逐渐在向"非遗"这一主体回归,对非遗项目和非遗传承人的关注度有所增加。

表3.4 《新安晚报》非遗报道议题变化(2019—2023年)

议题	2019	2020	2021	2022	2023	总计
展演比赛	14	9	10	21	36	90
普及传承	16	9	13	25	49	112
传承人故事	8	5	7	12	25	57
申报评定	3	2	2	5	9	21
会议与领导调研	2	1	2	4	8	17
非遗产业化	7	4	6	11	22	50
非遗数字化	3	1	3	4	9	20
总计	53	31	43	82	158	367

(四)报道项目:技艺、戏剧为主,美术、民俗为辅

如图3.16所示,《新安晚报》非遗报道的项目类别分布广泛,其中"传统技艺"类别非遗报道项目占比22.20%,"传统戏剧"类别的非遗报道累计59篇,占比16.20%。"传统美术"类别的非遗项目占比12.20%,报道累计45篇。"民俗"类别非遗项目报道占比9.30%,虽占比不是特别高,但涉及的项目却很多。不过仅仅是在消息中被简单提及,并没有展开加以详细论述。例如,2019年刊发的报道《非遗民俗"上街"迎新春》以及2023年刊发的《安徽农民春晚呈现农村蝶变》《民俗与潮流碰撞,大象哆街区喊你来打卡!》《来安徽吧 千场"文化大餐"等您打卡》等报道都提到了民俗,但是没有用具体的笔墨去描摹,仅仅是蜻蜓点水。

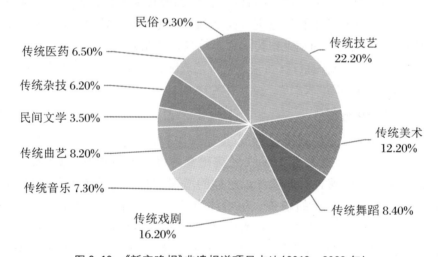

图3.16 《新安晚报》非遗报道项目占比(2019—2023年)

第二节 安徽非遗宣传报道特征

一、安徽非遗报道特点

(一)报道数量稳增,注重宣传引领

报道数量是报道重视程度的直观体现之一,结合四份报纸2019年至2023

年的非遗报道情况,总结下来有两大特点:一是数量多,二是增长稳。2019 年至 2023 年总计 2360 篇报道,尤其是《淮北日报》,可以说给予了相当多的议题配置空间。从四份报纸的非遗报道数量年度变化来看,虽然每年的报道量有些许波动,但是整体变化趋势是稳中有增的,由此可见安徽省对非遗报道的重视程度是不断增加的。

非遗承载着人类社会的文明演进,是全人类宝贵的文化资源。非遗传承是一个地方文化自信的重要体现,作为徽文化的发源地,安徽省历来重视文化传承和保护工作,积极开展各类展演比赛活动。

"新闻媒体对于社会的主要作用在于,它日复一日地成为文化领域的行动者,扮演着意义、符号与信息的生产者或信使的角色。"[①]非遗保护的核心是大众参与,让"非遗"这一陌生的词汇走进公众视野,为普通民众所熟知,离不开新闻媒体的宣传,尤其是覆盖面广、说服力强的党媒。《合肥日报》《淮北日报》《黄山日报》从普及介绍、活动报道、精神传达等各个方面致力于非遗传承和保护的宣传工作。《新安晚报》作为安徽省的一份大众生活都市报,更是不遗余力地宣传和推介安徽非遗项目。

通过整理 2360 篇报道文本,本节借助 Nvivo 12 软件进行分析。在剔除副词、量词、虚词、介词、助词、代词等无效的词性词语后对文本进行词频查询,出现频率最高的前 20 个词如表 3.5 所示。频率最高的五个词汇分别是传承、保护、传统技艺、发展和工艺,这在一定程度上可以看出安徽非遗报道强化宣传引领、注重传承保护的特点。

表 3.5　安徽非遗报道词频统计

词汇	长度	计数	加权百分比
传承	2	868	77%
保护	2	809	71%
传统技艺	4	737	0.65
发展	2	414	37%
工艺	2	299	0.26
活动展示	4	265	23%
遗传	2	233	21%
旅游	2	230	20%

① 迈克尔·舒德森. 新闻社会学[M]. 徐桂权,译. 北京:华夏出版社,2010:29.

续表

词汇	长度	计数	加权百分比
作品	2	224	20%
民间	2	218	19%
民俗	2	196	17%
歙砚	2	190	17%
雕刻	2	189	17%
徽墨	2	187	17%
历史	2	183	16%
产业	2	181	16%
建设	2	168	15%
生产	2	167	15%
生态	2	153	14%
特色	2	147	13%

这四份报纸始终坚持党报的办报方向，牢牢把握正确的舆论导向，充分发挥党的喉舌作用，在非遗工作的思想宣传、经济促进、社会组合、文化娱乐等方面的发展起到了很好的推动作用。非遗保护体系的建立需要新闻媒体发挥自身优势，加大对非遗保护工作宣传报道的力度，加强舆论引导，统一思想，凝聚共识，调动多方力量，形成全社会保护非遗的良好氛围。

（二）报道篇幅短小，强化信息传达

根据对样本报道的内容分析可知，安徽非遗报道在形式上主要表现为篇幅短小、以文字报道为主，体现在以下三个方面：

一是短篇报道为主，从2360篇样本报道字数分布的情况来看，500字以下的短篇幅报道一共1227篇，大约占据了全部报道样本数量的52%。501~1000字篇幅的报道一共873篇，大约占比37%。1000字以上（不包括1000字）篇幅的报道一共260篇，约占11%，如图3.17所示。

二是体裁以消息为主，根据四份报纸非遗报道体裁构成情况可以看出，篇幅分布和体裁构成情况基本是相对应的。在2360篇样本报道中，消息类共有1463篇，占比超过6成。短消息符合新闻快速简短的要求，能够迅速将新闻事实展现出来，有利于读者快速了解信息，是非遗报道中用得最多的一种体裁。安徽非遗消息类报道主要涉及非遗申报评定、展演比赛和领导调研等议题，这类报道只要将基本事实传达给受众即可，不需要深入挖掘新闻背后的故事，因此整体上来看采用率非常高。

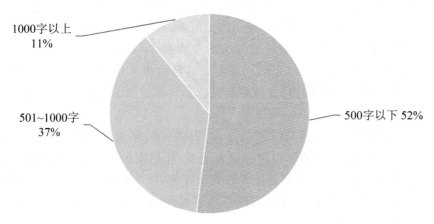

图 3.17　安徽非遗报道篇幅占比(2019—2023 年)

三是图片使用率较低,根据报道样本统计的情况来看,未使用新闻图片的报道一共 1511 篇,约占总样本报道量的 64%,图片新闻在配图的使用上基本上以 1~2 张为主。虽然这样的安排能在最大程度上节省版面空间,让报纸承载更多的其他信息,但在一定程度上也降低了报道的视觉临场感。

(三) 版面布局多元,突出文化特色

版面的选择体现着编辑部的立场和态度,安徽非遗报道的版面布局以头版和综合新闻版为主,两个版面的报道量占总报道量的 77%,从中可以看出四份报纸对非遗报道的重视。

如果说头版和综合新闻版的相关报道是在大众传播层面为非遗唤醒大众参与,在其他版面上的报道则更多地从人际传播的层面对非遗进行报道和宣传。与头版和综合新闻版不同的是,《新安晚报》的副刊版面是一个变动的版面,也可以说是安徽各地文化特色的荟萃版。其内容以读者来稿为主,集中展现安徽文化特色。例如,《黄山日报》2020 年 11 月 20 日刊发的报道《方敏》介绍了新安医学百年寿康第三代传人在秉承家学基础上,创新进取,以通督畅焦术服务社会的事迹。

方敏医师出生于新安医学世家,自幼浸染岐黄之术,在秉承家学基础上,创新进取,以通督畅焦术服务社会。通督畅焦术主要是通过对督脉的干预来提升人体的三焦气化功能,被广泛运用于各科临床以及疑难杂症的诊治,屡有奇效,特别适合于旅游开发与养生保健。

——黄山日报《方敏》

新闻记者一般从新闻角度进行报道,但是对非遗的专业解读如果没有长时间的积累很难达到,因此《黄山日报》的文化版面涉及各个角度的专业解读与头版的新闻报道互为补充。每周六推出的旅游版,在聚焦黄山本地文化旅游发展的同时,也积极传达各地非遗信息。2023年4月12日刊发的报道《甘肃甘南:用文字留住"藏族好声音"》,介绍了甘南藏族自治州文化部门通过牵头举办民间歌会,搜集原始资料,编撰《甘南藏族民歌集》,保护散落在各地的甘南藏族民歌的案例。

通过文化版呈现各地的非遗动态,为安徽省的非遗保护提供了更多的借鉴。这些版面的报道更多从非遗传承人故事、非遗发展分析、各地非遗工作等角度展开报道,报道来源主要是读者和其他媒体,以一种贴近性视角解读非遗,拉近了非遗与普通民众的距离,不仅打造了媒体的文化品牌,还推动了非遗在人际层面的下沉式传播。

此外,在非遗节庆活动期间,这四份报纸并非一成不变,它们会改变以往短平快的单一报道模式,派出多路记者,加大报道力度,打造非遗专版,对非遗进行全方位、多角度展示。例如,2019年第四届中国非遗传统技艺大展期间,《黄山日报》从赛前预热、赛中报道到赛后回顾,采用专版报道的形式,不仅在形式上引人注目,而且内容丰富,取得了很好的宣传效果。

(四)议题设置广泛,注重人物报道

根据对样本报道的议题统计情况来看,这四份报纸非遗报道的议题分布广泛,涉及申报评定、活动展演、普及传承、传承人故事、会议调研等多个方面,且议题分布较为均衡。

在政治宣传方面,安徽非遗报道把握了良好的政治导向。安徽省贯彻中央关于非遗保护、传承、发展、文化建设的相关政策,及时传达相关文件精神,在申报评定和会议调研等方面的报道上体现了正确的政治导向。2019年"文化遗产日"期间,安徽省各地市级报纸及时将文化遗产工作的相关精神传达给民众,陆续刊发了《"中国非物质文化遗产"标识揭晓》《百位专家在京热议非物质文化遗产保护》《加强遗产保护 弘扬徽州文化》《北京启动首次"老字号非物质文化遗产资源展示活动"》等报道,为非遗保护工作的顺利推行营造了良好的氛围。

安徽非遗报道多元议题的设置,不仅加大了非遗的传播力度,同时不断拓宽非遗的传播广度。一般情况下,受众能够感知到的信息在很大程度上受到媒体议题设置的影响,为了获取自己感兴趣的信息,就会主动关注与该议题相关的媒体内容,媒体的关注度就会大大提升。安徽非遗报道在议题设置上就主动契合申报评定、展演比赛等社会热点,聚焦公众最关注的信息,进行信息传达和

解读。2019年11月,第四届中国非遗传统技艺大展期间,《黄山日报》从9月底就开始进行活动预热。从会议调研、展演倒计时、现场报道等多个维度对非遗大展进行报道,陆续刊发了《第四届中国非遗大展筹委会第一次会议召开》《把非遗大展打造成黄山开放发展的又一名片》《非遗大展公交专线来了》《八方非遗传承人 共聚黄山亮绝活》等报道,满足了公众了解、走进非遗的心理诉求,同时也为非遗的传承与保护工作赢得了社会关注和广泛认同。

安徽非遗报道在议题设置上另外的一个显著特点就是注重人物报道,注重讲述非遗传承人故事。如果说变动是新闻之母,那么人就是新闻的灵魂。同时,人也是非遗保护的核心,是非遗传承的内核。安徽非遗人物报道主要包含人物消息、人物通讯和人物专访,非遗人物报道数量占总样本量的1/6。非遗人物报道关注人、报道人,用人物的鲜活经历反映传统技艺的发展,注重传达非遗传承人的思想和精神,能够拉近与读者的距离。与很多冷冰冰的技艺相比,非遗传承人的故事更富有看点,更能引起读者的注意,用人的情感和经历为非遗的发展唤起社会关注。同时,也不应忽视新技术发展对安徽非遗报道议题的影响,在设置非遗产业化和非遗数字化议题之初,课题组在抽样考察了安徽省委机关报《安徽日报》近5年的报道样本进行预编码的过程中发现,安徽非遗报道呈现出产业化和数字化的倾向,并且这一态势将继续发展。

二、安徽非遗报道不足

安徽非遗报道始终坚持正确的舆论导向,立足本省实际,讲好非遗故事,传播非遗声音,在非遗的报道、呈现、解读上独具特色,在非遗的传承和保护上彰显了地方党报的责任与担当。但根据报道实际情况来看,安徽非遗报道也存在以下几个问题。

(一)议题常态机制缺失

"尽管传播媒介不可能告诉人们想什么,却可以引起公众想到些什么。"[①]新闻媒体通过议程设置的方式让特定的报道内容成为公众的日常议题,不断提升议题的社会关注度,敦促各部门推动问题的解决,创造性地履行社会责任。从对报道样本的分析来看,虽然安徽非遗报道议题内容丰富,但是在议题时间设置上是不均衡的,缺少常态化的报道机制。

安徽非遗报道议题设置缺少常态机制,首先体现在报道时间分布上,虽然

---

① 巴格迪次.传播媒介的垄断[M].林珊,等译.北京:新华出版社,1986:5.

从整体趋势上来看,安徽非遗报道的年度数量不断增加,但是相邻年份之间存在不同程度的波动。从报道的具体内容来看,当年非遗赛事数量往往决定着报道量。以《新安晚报》为例,如图3.13所示,近五年非遗报道数量同比增长都非常快。《黄山日报》的赛事日程与其报道数量对应明显。2012年11月,黄山市召开了首届中国(黄山)非遗传统技艺大展,从赛前预热到赛中报道,《黄山日报》刊发了《非遗大展筹备工作紧锣密鼓》《超200个非遗项目将亮相非遗大展》《展千家传统技艺 传百年精妙绝活》等10余篇报道,这一次大赛的报道量就基本占了全年非遗报道量的1/3,也是当年非遗报道数量猛增的主要原因。2015—2017年黄山市又相继召开了第二届、第三届中国(黄山)非遗传统技艺大展,大展期间的报道量较平时都有所增加。因而,在2019年第四届中国(黄山)非遗传统技艺大展期间,《黄山日报》非遗报道数量依然居高不下。其次,每年6月份、9月份和11月份的非遗报道比较集中,这是因为每年的6月份有"文化遗产日"相关活动,9月份有"中国成都国际非物质文化遗产节",11月份有"非遗传统技艺大展",每逢非遗或者其他文化遗产相关活动,《黄山日报》对非遗的报道数量就会有所增加,但是在没有赛事活动的其他月份,报道数量和关注度就会明显下降。以上现象都反映出安徽非遗报道常态化机制缺失的问题,报道时间设置不均,在一定程度上弱化了非遗传播效果。

(二)报道内容不平衡

1. 报道类别不平衡,民俗类非遗被边缘化

传统技艺、传统美术、传统舞蹈等非遗项目在传承过程中并不需要太多的人员和场地,项目构成简单,因此比较容易融入现代生活,获得更多的关注。从安徽非遗报道项目类别统计情况来看,传统技艺和传统美术类别的报道占总报道量的71%,而传统民俗类报道只有10篇,仅占总报道量的6%,对许多民俗活动也仅仅是简单提及。例如,2022年2月3日刊发的报道《上九庙会春潮涌》,全文仅270字,仅以宏观视角对庙会的情况和由来进行了一个简单的介绍,并没有像介绍其他非遗项目一样进行深入细致的分析。

民俗类非遗项目构成复杂,一个项目往往需要多人完成,是一种群体性传承的文化活动,集多种民俗文化于一身,是传统文化在社会经济发展的多重作用下演化而来的产物,具有很高的文化和社会价值。但由于构成复杂,接近性较弱,目前传统民俗在新闻报道中被边缘化已经成了普遍现象。

2. 非遗项目级别报道不平衡,县市级项目关注度低

2005年,我国开始了第一次非遗全国性普查,随后不断建立起来的国家、省、市、县四级名录体系为非遗保护工作的平稳有序推进打下了基础。从安徽非遗报道项目级别的统计情况来看,省级非遗项目报道较为丰富,市县级较少。从具体项目上来看,在2360篇报道样本中,省级及以上非遗的相关报道从普及介绍、展演比赛再到讲述传承人故事,消息、通讯、图片新闻等多种体裁呈现,几乎每隔一段时间就会刊登相关报道。而在一些市县区级项目上,报道数量就会大打折扣,报道形式也比较单一。

虽然从新闻价值的角度来讲,国家级项目因其"显著性"具有较高的新闻价值,理应成为报道的主要对象,但从实际的非遗保护工作来看,文化并无优劣等级之分。虽然目前出现了全民关注非遗的热潮,但并不代表所有非遗项目都能得到关注。新闻媒体在选题策划上如果主要以项目级别考量新闻价值,在非遗报道上等级化对待,对国家级非遗项目实时跟进、事事跟进,而很多省级、市县级非遗项目却无人问津。这样的报道设置无形之中会弱化公众对非遗整体的认知效果,放大非遗项目和非遗传承人之间的差距,挫伤非遗传承人的积极性,甚至改变非遗传承人之间的人际关系生态。

3. 传承人报道不平衡,普通手艺人缺少话语权

非遗传承人是非遗重要的传承主体,"人"即非遗的承载者、实践者、传承者,传承人通过非遗连接成为社会共同体。但是,在非遗实际的保护过程中,得到重视和保护的往往是那些掌握丰富知识的"专家式"个体传承人,而对普通非遗传承人来说,受重视和保护的程度却没有那么高,在安徽非遗报道中,也反映出这个问题。从安徽报道的非遗传承人社会身份来看,被多次报道的非遗传承人的身份主要有董事长、总经理、区政协委员、文化站站长等,他们不仅在专业技能上获得认可,在相关领域有所建树,而且积极投身社会公益事业,拥有较多的社会资源,因此也成了新闻报道的关注对象。但是对一些知名度相对较低的非遗传承人来说,新闻报道的关注度大大降低,甚至在媒体关注上有所缺失。

徽州目连戏作为一项省级非遗,在黄山市各种类型的活动当中都备受关注。《黄山日报》曾多次刊发《戏剧奇葩目连戏》《目连戏复活记》《黄山学院师生为抢救目连戏做实事》《栗木村目连戏进城表演受欢迎》等与目连戏相关的展演信息,但对目连戏的国家级传承人王长松的人物报道只有《目连古戏的守望者——记祁门目连戏传承人王长松》1篇。王长松常年在外地打工,有演出的时候就会回家组织戏班子。很多在务工和种地之余传承非遗技艺的民间艺人,缺少发声渠道,很难获得足够的媒体关注。

"新闻报道是公共话语的一种重要的形式,这一公共话语不仅提供了关于社会事件的社会、政治、文化和经济认知模式的大致框架,还提供了证明这些框架正确有理的无处不在而又占主导地位的知识和态度结构。"①新闻媒体掌握着非遗报道的"话语权",而对社会知名度较低的一些非遗传承人来说,却处于一种"失语"状态。以"人"为本是非遗保护的共识,同时"人"也是新闻报道的灵魂,新闻媒体要承担起传递社会遗产的功能,要注重讲述非遗传承人故事,在对人的选取和呈现上不应该存在等级差异的狭隘观念。

(三) 反映问题不足

新闻媒介是社会的瞭望哨,负有守望社会、及时预警的重要责任。但是从安徽非遗报道的实际情况来看,在监督报道和反映问题方面的表现并不理想,主要体现在两个方面:一是在报道倾向性方面,安徽非遗报道中95%都是正面报道,能够反映非遗问题的监督报道几乎是缺失的;二是在评论方面,5年间仅有107篇评论,仅占总报道量的4.53%,且刊发时间集中在与非遗相关的节日前后,《文化遗产保护要重视养"活鱼"》《"遗产日"过去了,厚重价值留下来》等评论仅仅是从正面角度对黄山非遗工作进行总结,缺少对于问题的反思。从这两个方面来看,安徽非遗报道在反映问题、舆论监督方面的工作还需改进。

"坚持正面宣传为主的方针,并不是不要批评报道。重视和改进批评报道,同样是新闻事业的社会主义性质和党性原则决定的。"②非遗保护工作是一项系统性工程,在推进过程中难免会出现一些问题。如果新闻媒体在报道过程中,不提问题,一些潜在问题得不到重视,只会给非遗的传承和保护埋下隐患。

(四) 视觉呈现方式较弱

新闻图片有着记录历史、直观反映现场的功能。利用形象直观的视觉效果向读者传播信息,是新闻图片区别于文字所独有的魅力。③ 但是从安徽非遗报道图片使用的情况来看,新闻图片使用率并不是很高。在2360篇报道样本当中,图片新闻只有542篇,未使用新闻配图的报道1818篇,约占总报道量的77%。如此低的图片使用率,主要有两方面原因。一是报道内容的限制,从非遗报道议题分析可知,安徽非遗报道议题主要有非遗活动展演、普及传承、传承人故事、申报评定、非遗产业化、非遗数字化、会议与领导调研这六个方面,内容多以短平快的消息为主。二是报纸的版面有限,平时基本以4个版为主,在有

---

① 梵·迪克.作为话语的新闻[M].曾庆香,译.北京:华夏出版社,2005:187.
② 蒙南生.新闻传播社会学[M].北京:中国传媒大学出版社,2007:165.
③ 刘浩.优化报纸版面中新闻图片的视觉呈现效果[J].新闻前哨,2019(10):24-25.

限的版面内为了承载更多信息,在新闻图片的使用上就会更加慎重。但从非遗展演比赛的相关报道来看,安徽非遗报道的图片使用率仍然较低,在视觉呈现上较弱。

非遗作为一种活态文化,最显著的特征之一就是鲜活性。使用文字能够在有限的篇幅内快速交代非遗的历史和发展情况,但是由于文字传播的局限性,无法生动直观地再现非遗的样貌。尤其在进入全民读图时代以后,大段文字已经很难激起读者的阅读兴趣。

(五) 人物报道模式化

传统媒体报道的优势主要体现在对新闻事件的采访、解读和引导能力,与其他形式的文体相比,传统媒体的报道更加注重信息的准确性,但在表达形式上容易陷入呆板老套的境地。消息类报道囿于篇幅的限制和新闻快速准确的要求,在表达上创新的空间很小。"与一般的社会新闻相比,人物报道中的故事更加生动,往往包含着社会的丰富内涵,更能体现一定时期的社会特征和人们的心理特点。"①

从安徽非遗传承人人物报道的分析情况来看,其报道主要有以下两个方面的问题。

1. 报道同质化,内容重复率高

安徽非遗报道人物选择冷热不均,在这种报道模式下,社会名望较高的非遗人物被频繁报道,导致报道内容重复率较高。这种同质化的报道不仅体现在标题上,而且在叙事方式、情节选取和细节把握上都出现很多重复。

以《黄山日报》为例,2020—2022年刊发了3篇关于万安罗盘制作技艺传承人吴水森的人物报道,如表3.6所示,仅从标题《小罗盘 大经纬——记"万安罗盘"传承人吴水森》《万安罗盘制作技艺传承人吴水森 继承创新名"经纬"》《罗盘虽小经天纬地 文化遗产薪火相传》来看,《黄山日报》在标题拟定上就有很高的相似性。

表3.6 《黄山日报》2020—2022年吴水森人物报道汇总

报道标题	报道时间
小罗盘 大经纬—记"万安罗盘"传承人吴水森	2020年6月16日
万安罗盘制作技艺传承人吴水森继承创新名"经纬"	2022年7月13日
罗盘虽小经天纬地 文化遗产薪火相传	2022年8月21日

---

① 盛芳.媒介社会学视野下的人物报道转型研究[M].北京:中国社会科学出版社,2016:1.

从报道具体内容来看，相同的故事情节和写作内容也频繁出现。如在对吴水森的心愿和制作缕悬式罗盘过程这两个片段的报道当中，三篇报道采用了几乎相同的报道内容。

片段1：

在多年的罗盘制作中，吴水森始终有一个心愿：将北宋科学家沈括描述的缕悬式罗盘再现世人面前，使万安罗盘更为完整。

——2020年6月26日《小罗盘　大经纬——记"万安罗盘"传承人吴水森》

从事多年罗盘制作研究的吴水森介绍说，"我心中始终有一个心愿，就想将北宋科学家沈括描述的缕悬式罗盘再现世人面前，使万安罗盘更为完整。"

——2022年07月13日《万安罗盘制作技艺传承人吴水森继承创新名"经纬"》

片段2：

但为了完成自己的心愿，他一边查找资料，一边潜心研究，终于在2004年制作出一台具有定方位和旅游观赏等多种功能的缕悬式罗盘，其精确度经科学测试，与水罗盘相差无几，且有独到之处。

——2020年6月26日《小罗盘　大经纬——记"万安罗盘"传承人吴水森》

但为了实现自己的心愿，他一边查找资料，一边潜心研究，终于在2004年创制出一台具有定方位和旅游观赏等多种功能的缕悬式罗盘，其精确度经科学测试，与水罗盘相差无几。

——2022年07月13日《万安罗盘制作技艺传承人吴水森继承创新名"经纬"》

以上几篇报道在标题和内容上都有很高的相似性，而且几篇报道的间隔时间很短，重复的报道内容缺乏看点，容易导致读者审美疲劳，甚至对报道人物产生心理上的厌倦和排斥，传播效果大打折扣。人物报道承载着重要的舆论宣传和价值导向功能，只有不断创新人物报道的写作风格和传播方式，才能获得更大的宣传价值。

2. 报道模式单一，偏重塑造完美形象

通过对比安徽非遗传承人人物报道，不难发现安徽非遗报道在塑造非遗传承人形象时往往遵循"树典型"和"高大全"这一固定的报道模式，从少年时期艰苦求艺、守护非遗不断创新到事业有成回报社会，忘我工作、用生命守护非遗、舍小家为大家……一些非遗传承人身上的品质被过度放大。在这样的报道理念下，新闻报道塑造出的人物形象框架化、脸谱化，同时会引发两个方面的问题：一是过分强调典型性却忽视了新闻性。《吴笑梅：德艺双馨的爱心妈妈》《吴林水：方寸之间展人生》《曹小明　竹刻人生留清雅》《汪鸿养：甘为徽戏付平生》，这些典型的人物报道都侧重对人物生平背景的介绍，缺少对现状的关注，带着预设立场进行报道，最后就成了表达传播者意志的工具。二是过分强调完美性而忽视了真实性，为了取得既定的传播效果，报道当中有选择地呈现高大上的一面，甚至在一些事情回顾上进行"合理想象"，忽视了非遗传承人作为普通人的欲望和诉求，导致很多非遗人物报道越来越偏离"人"这一主体。

企业发展了，效益提高了，吴笑梅心里想的不是享受，而是怎样回报社会。

吴笑梅把有限的工资收入和休息时间全部用于传承徽州剪纸文化事业和公益事业，她用自己的人格魅力和艺术魅力赢得了社会认可和人们的尊重，是一名当之无愧德艺双馨的爱心妈妈。

——2023年11月23日《吴笑梅》

作为地方党报，《合肥日报》《淮北日报》《黄山日报》在人物报道上并没有摆脱"宣传典型"的窠臼，在报道中偏重选取典型非遗项目和典型非遗传承人。虽然这种模式化的生产目的明确，便于内涵的把握，但在传播方式和受众审美逐渐多样化的今天，要想取得鼓舞人心、引领思想的积极作用，就要从受众需求出发，改变以往高大全的正面宣传方式，挖掘出群众喜闻乐见的更多新闻。作为都市报，《新安晚报》在人物报道上更加贴近生活实际，挖掘当下非遗传承的青年群体。

第三节　安徽非遗宣传报道优化

一、从意识到规范，完善非遗报道机制

（一）增强保护意识，非遗报道常态化

非遗依托于人而存在，通过口耳相传得以延续，但非遗的活态性也决定了其脆弱性的特点。人类社会在不断发展的同时，要不断加深对非遗保护重要性和紧迫性的认识。保护和发展好非遗，离不开新闻媒体的宣传报道。新闻媒体并不仅仅是传播信息，在推动非遗发展方面的作用也是多样的。新闻媒体对众多文化活动的报道和阐释，有利于促进非遗的普及，同时能够催生更多的文化

活动和文化现象,在多个方面凝聚社会共识,在全社会营造良好的非遗保护氛围。新闻媒体增强非遗保护的意识,不断深化非遗宣传报道,不仅有助于社会公众了解非遗的深厚内涵和潜在价值,同时还能够帮助非遗传承人了解行业信息,提升文化理论素养,更好地提升非遗技艺和艺术修养。

因此,新闻媒体要在增强非遗保护和报道意识的基础上,不断完善非遗宣传报道体系,让非遗报道工作常态化。节庆性明显,报道时间分布不均衡,从《黄山日报》非遗报道反映出的这两个问题,并不是个别现象,可以说是目前许多新闻媒体在非遗报道上普遍存在的问题。要解决这个问题,可以从以下两个方面着手。

首先,各类报刊可以考虑在文化版设置固定的非遗专栏,形成非遗常态报道机制。每周定时刊发非遗相关报道,让读者形成阅读习惯,保持对非遗长期的关注。在内容设置上,可以以本地非遗信息为主,同时兼顾国内外非遗传承和保护工作的经典案例,比如开设"非遗展演""非遗传人""理论前沿"等栏目,同时结合互联网在连接沟通上的优势,打造一个富有地方特色的非遗传播网络专区,让非遗声音既能引进来也能传出去,既能为普通群众所接受也能兼顾理论层次,不断提升黄山地区非遗传播力和影响力。

其次,在议程的时间设置上要进行均匀配置。每年的6月和9月,在文化遗产日和中国成都国际非物质文化遗产节期间,可以借助节日热度和现场活动,重点报道非遗展演期间活动现场的情况,致力于非遗现场化的呈现,以此形成宣传合力。在非节日活动期间,可以聚焦一些社会知名度不高的非遗项目进行有针对性的宣传报道,将媒体资源分散配置,发挥好新闻媒体传播引领的作用,让冷门项目也能得到展示的机会,更好地走进公众视野,为实现非遗整体性发掘和保护提供有益借鉴。

(二)淡化级别概念,扩大宣传覆盖面

这四份报刊在非遗报道过程中,报道的重点集中在国家级和部分省级非遗项目上,但从报道项目的覆盖面上来看,是非常不均衡的。与此同时,在非遗传承人的报道上,偏重社会名望较高的非遗传承人,一些社会名望不高的非遗传承人则缺少话语权。非遗保护是一项长期推行的系统性工程,为了保证非遗保护工作有序开展,有关部门才实行了非遗逐级认定的制度。文化本身是没有级别优劣之分的,但在实际工作当中,社会各界对非遗的级别化区分已经是一个不可忽视的问题。尤其是在新闻媒体有选择地凸显下,非遗项目之间、非遗传承人之间的差距越拉越大。

新闻媒体对众多社会文化现象的解读和报道,尤其是社会出现的新文化形式,不仅有普及推广的作用,还能引导公众认知。大众传播具有传承社会遗产的巨大作用,作为凸显社会议题的重要手段,新闻媒体理应搭建一个公正平等的传播平台,让每一个非遗项目和非遗传承人都有发声的机会。在具体的新闻传播实践当中,要注意以下几个方面:

从新闻从业者角度来讲,要淡化非遗项目级别。美国传播学者麦库姆斯和唐纳德肖认为公众对社会公共事务中重要问题的认识与传播媒介的报道活动之间存在着高度对应的关系,传播媒介给予的强调越多,公众对该问题的重视程度越高。[①] 一些国家级非遗项目,自身就有较高的普及度和知名度,在申报之初就备受关注,在各种比赛活动中也都是关注的焦点。因此在新闻采编过程当中,就应该适当减少这些热门项目的报道篇幅,将媒体资源尽量分给其他非热门非遗项目。对一些传统技艺类的非遗项目的报道,则可以围绕产品进行推广,围绕事件进行解读,在日常的报道活动当中建立起品牌形象,让一些冷门非遗项目在生产中能够得到传承。仲富兰在《民俗传播学》一书中指出"传播是促进民俗变革的弹性机制,民俗传承不是一个被动凝固的实体,而是一个充满变化和发展的过程。"[②]作为一种传承性极强的文化,非遗也是在传承活动当中不断借鉴优秀文化实现自身发展的,因此在新闻媒体参与非遗传播的过程当中,要以积极姿态融入,努力传达在非遗发展过程中的各方诉求,扫清非遗传承过程中的障碍,为非遗的保护和发展提供动力。

(三) 突出问题意识,强化舆论监督

监督报道既是媒体固有的职能,也是党的新闻事业的优良传统。毛泽东同志曾指出:"我们党所办的报纸,我们党所进行的一切宣传工作,都应当是生动的,鲜明的,尖锐的,毫不吞吞吐吐。"[③]新闻媒体及时反映非遗保护工作中存在的问题,不仅彰显媒体的态度和责任,同时还能够帮助公众及时了解社会公共事务,推动问题的解决。作为一项浩大的文化保护工程,非遗保护工作历时长、涉及面广,虽然在总体上是不断进步的,但我们不能忽视其中存在的问题。建立健全非遗报道体系,媒体的舆论监督不能缺失,发现和解决问题才是推进非遗保护工作的关键所在。在今后的非遗报道工作中,各级报刊可以从以下几个方面开展监督报道。

首先要转变报道视角,加大对非遗传承人现状的关注力度。非遗保护是一

---

① 麦库姆斯.议程设置:大众媒介与舆论[M].郭镇之,徐培喜,译.北京:北京大学出版社,2020:115.
② 仲富兰.民俗传播学[M].上海:上海文化出版社,2007:21.
③ 毛泽东选集:第四卷[M].北京:人民出版社,1991:1322.

项自上而下的社会运动,政府角色是一直存在的,尤其是在早期的非遗保护工作当中,很多事项是由政府主导进行的。这在《合肥日报》早期的非遗报道当中有比较明显的体现,官方视角的报道居多,在报道倾向上基本都是正面报道,反映问题的能力较弱。发挥好新闻媒体的守望者作用,就要在非遗报道中转变报道思路,坚持问题导向,改变以往"只谈成效,不谈问题"的官方报道视角。从非遗传承人的实际需要出发,强化问题意识,提高非遗报道在非遗保护工作中的实际功效。非遗传承人作为非遗传承的主体,是最清楚非遗发展过程中问题的一个群体,新闻媒体要深入到非遗传承人的生活当中去,充分反映他们的意愿和诉求,协调好政府、企业和其他参与非遗保护的社会力量之间的关系。

新闻媒体同时要注意倾听多方声音。多收集普通民众对非遗开发的愿望和诉求,多报道文化学者、高校专家等专业人士的建议和意见。专家往往掌握着专业领域的广博知识,能及时发现非遗保护进程中存在的问题。新闻媒体要做好传达"反对"声音的工作,在报纸固定版面开设专门的非遗问政栏目,通过新闻评论和公开答疑等形式,定期传达公众在非遗保护工作当中的疑问。扮演好非遗保护进程中发声者和协调者的角色,增强非遗保护的共同体观念,提高各方力量参与非遗保护通力合作的能力,为非遗保护提供新思路和新方法。

二、从故事到情感,丰富非遗表达方式

(一)增加新闻图像使用,做好全媒体报道

"任何一种新兴媒介都对人类事务的尺度、进度和标准产生影响,从而强有力地改变人类感觉的比例和感知的图式。"①根据《新安晚报》非遗报道形式的统计情况来看,报纸多采取以文字为主的方式进行呈现,报道图片也多是在采访时拍摄的现场图片。短消息报道的方式能够对非遗进行快速地普及介绍,在大众传播方面产生很好的认知效果,但在信息方式传播多样化的今天,这样的新闻报道容易淹没在海量的信息当中。为优化非遗报道的呈现方式,提升非遗报道的传播效果,本书提出以下几点建议。

在纸质版的报道上,《新安晚报》要适当增加新闻配图、优化排版布局,不断提升非遗报道的视觉审美。在非遗的常规报道当中,要适当选取一些富有

---

① 马歇尔·麦克卢汉.理解媒介:论人的延伸[M].南京:译林出版社,2019:33.

美感,能够体现非遗项目特色的图片,适时推出一些精品的非遗专题图片报道,丰富非遗的呈现方式,让读者在报纸上就能够更加直观地感受到非遗的魅力。

在全民进入读图时代的今天,做好非遗的报道和普及工作,仅仅依靠报纸上有限的版面进行非遗报道是远远不够的,因此报刊在进行非遗报道时可以借助自家的融媒体平台——微信公众号、数字网站和移动客户端等,对非遗报道相关的音频、视频产品进行全方位、多样化的呈现。报纸选题和新媒体选题一次采集、多元生成,在做好基本的报纸供稿任务之后,可以变换报纸稿件的语言风格,将新闻图片和视频以符合网络传播规律的方式在网络端进行呈现,同时在报纸相关报道版面添加网络端报道链接的二维码,方便读者对特定内容直接扫码观看,最大限度地提高新闻采编内容的利用率。

作为一种地方文化,非遗相关报道容易淹没在大量的网络信息当中,因此在网络端和移动端的建设上,还可以开设专门的"徽文化"或"非遗文化"专栏,根据类别将报道内容进行分类,不断更新专栏内容,及时传达非遗保护和传承工作的新政策、新动态。建立专门化的报道版块,一方面能够借助互联网的巨大流量凸显非遗议题的重要性,让更多人了解、关注非遗;另一方面能够方便读者定向阅读和查找非遗相关信息,在网络端形成一个非遗数据库,为非遗的数字化建设和保存工作提供历史资料。

从非遗传承人的角度来看,新闻媒体可以适当引导非遗传承人建立自媒体宣传体系,不断提升非遗传承人媒介素养。新闻媒体作为一种公共资源,在数量上毕竟有限,因此非遗传承人可以适当地发展一些自媒体作为补充,借助互联网对非遗项目进行宣传。地方政府也应重视对非遗传承人媒介素养的教育问题,将非遗传承人的媒介素养教育纳入非遗保护的常规工作中来。一些冷门的非遗项目传播度低、区域性强,缺乏良好的开发机制和发展空间,容易陷入发展的死循环。借助自媒体平台,一些关注度不高的非遗传承人也能具备发声渠道,可以打破一些非遗项目在空间上发展的限制,与传统媒体的宣传报道形成有益的补充。但要注意的是,非遗保护是一项长期推进的系统性工程,非遗知名度的建立也是一个了解和培育的过程,但在商业利益的驱使下,很多非遗项目被过度开发,甚至为了获得一时的宣传效应做出很多博人眼球的营销行为,这样短期内取得成效的报道行为只会破坏非遗的声誉,冲击非遗的原生态属性。

此外报刊要掌握内容生产优势,利用优质内容稳定核心读者群体。找准传统媒体和互联网传播的契合点,在非遗新闻采编之前做好全媒体报道策划,积极实现报网联动,打造符合互联网生产和传播规律的优质内容,不断吸引年轻读者,形成以传统媒体为宣传阵地,新兴媒体不断扩大影响力,社交媒体再传播的非遗报道矩阵,扩大《合肥日报》《淮北日报》《新安晚报》《黄山日报》作为地方党报的影响力和引导力。

(二)回归新闻本位,采用风格化叙事

非遗人物报道在非遗的宣传普及、政策解读和弘扬传统文化方面有着重要的作用。从整理的报道文本来看,非遗人物报道没有突破以往典型人物宣传报道模式的窠臼,在报道方式上,缺乏新意。在新的传播形势下,非遗人物报道如何兼顾新闻性和审美性,塑造出一批有价值、有看点的人物形象,又能通过人这一主体反映当前非遗工作过程中的问题,本书从以下几个方面给出建议。

首先,在人物选取上,要回归新闻本位,注重人物自身的新闻价值。从非遗人物报道样本来看,人物报道的宣传性强、新闻性弱,很多非遗传承人的相关报道反复出现,从报道内容上来看并没有很强的新闻性。在非遗报道的人物选取上,要扩大人物的选择范围,不能把目光局限于那些社会知名度较高的非遗传承人身上。在新闻选题时,一般会把公众人物作为报道典型。但如果找准了角度,普通人身上也有新闻价值,同样也能成为典型代表。非遗的传承和保护是一个系统工程,一些为非遗保护工作默默付出的普通劳动者同样需要媒体的关注。同时,还要结合非遗的最新发展,在新形势下反映出新问题。选取平凡又有向上力量的人物,挖掘普通人身上的闪光点,运用平民化视角讲好"草根英雄"的故事,普通人物的报道也能弘扬社会主旋律。

其次,在报道呈现上,增加风格化和故事化的叙事方式来丰富报道内容。"把某个原始事件呈现为新闻事件的过程中,在保证真实性、不损害事实性的前提下进行个性化和差异化的表达。"[①]结合来看,选取的四份报纸的非遗报道中涉及的人物社会知名度都比较高,因此在对这些人物进行报道的过程当中,总是会遵循从童年写到少年、从少年写到成年的固定模式,这样的模式化报道很难出彩。因此,在非遗人物的报道上要有所侧重,不能照本宣科。既要关注共性,又要突出非遗人物身上的个性,体现变动性和人情味,激发读者的阅读兴趣。要善于利用人物故事,在故事中讲新闻。通过饱和式采访积累大量的新闻素材,在保证新闻真实性的基础上,对非遗的新闻报道文体进行有益的尝试,比如让一些具有较高文学功底的记者采写一些"新新闻主义"的报道,从人物的真实经历中挖掘富有变化的情节,通过戏剧化的编排手段来突出故事效果。在把

---

① 齐爱军.关于新闻叙事学理论框架的思考[J].现代传播,2019(4):142-144.

握好非遗人物报道宏观框架的基础上,不断丰富非遗人物报道的细节,通过细节提升人物报道的表现力和感染力。有力的细节能够生动传神地刻画人物性格,展现人物形象,使报道有血有肉。在具体的新闻采编上可以借鉴主流媒体人物报道的经验,例如《中国新闻周刊》在人物报道上就比较注重选取人物对话细节对人物的性格进行呈现。这样的报道方式,一方面能够增加报道的看点,增强作品的吸引力;另一方面也有利于形成媒体的叙事风格,增强受众黏性,不断提升非遗人物报道的社会影响力。

(三)秉承以人为本理念,增强报道亲和力

"以人为本"的报道理念,是我们党新闻思想的核心要义,也是"以人为本"科学发展观在新闻传播领域的具体体现,促进了新闻理念从"传者为本"到"受众为本"的转变。在新闻报道中融入人文关怀,不仅有利于转变报道风格,拉近与受众的距离,促进媒体自身的发展,同时能够构建稳定和谐的社会关系,发挥稳定社会的作用。

"以人为本"的报道理念要求在新闻报道中要突出"人"的主体地位,融入人文关怀理念,增强报道亲和力。在充分尊重新闻传播规律的基础上,应该从以下几个方面加以改进。

在新闻工作者层面,首先应该增强记者的人文素养。非遗作为一种悠久的历史文化,与普通民众的现实生活存在一定的距离。如何让非遗飞入寻常百姓家,就需要新闻记者不断提升人文素养,加深对要报道内容的了解,才能在非遗报道工作中厚积薄发;要让自己通晓非遗,成为非遗的行家,才能成为一名合格的非遗传播者,讲好非遗故事。新闻记者不仅要了解非遗的历史渊源,还要不断"贴近实际、贴近生活、贴近群众",深入基层了解非遗的发展现状,以平等平视的视角了解非遗传承人的困难和诉求,找到与读者的情感共鸣点。在选题上要从小切口寻找大主题,不断丰富和完善报道的细节,只有经过这样的深入采访跑出来的新闻才能充满关怀和温情,真正体现非遗的鲜活性、文化性。需要注意的是,新闻记者在非遗采访报道时,不能仅关注非遗的经济发展层面,不能用数字增长掩盖非遗发展中存在的问题。尤其是近年来各地开展的各种形式的非遗文旅开发活动,虽然为非遗的多样化传承和发展提供了新思路、新方法,但是无形之中也破坏了非遗的原生态性。新闻媒介作为社会的瞭望者,不仅要关注非遗的经济效应,还要关注非遗传承人的生活和发展,要始终把尊重人的价值和人的发展放在第一位。

在报道方式上面,要创新报道方法,优化报道内容,不断增强报道的亲和力,要争做非遗的宣传者和政策的解读者。过去,地方党报拥有官媒上传下达的优越性,伴随着互联网多样化传播方式的兴起,这种优势早已不复存在。创新非遗的报道方法,首先就要转变思路,践行受众为本的理念,将注意力转移到群众身上,将镜头对准非遗,从读者视角出发,采写让群众喜闻乐见的非遗报道。新闻报道的贴近性、鲜活性越强,受众对非遗的感知就越强,社会各界对非遗的关注度也就会越高。

新闻媒体要搭建好非遗和人民群众之间的桥梁,还要不断增强和读者的互动,畅通交流渠道,建立起科学有效的评价和反馈机制。全媒体时代,读者不仅是信息的接收者,同时还是信息的反馈者和发出者,很多新闻事件,最初都是通过民众的爆料才走进媒体的视野当中。地方党报的受众群体多是机关企事业的职工和中老年人,因此在增加受传互动上要充分考虑这一核心受众群体,不仅要维护好读者来信和热线电话等传统反馈方式,还要利用移动互联技术建立起快速有效的读者反馈体系,如在微信公众号上建立反馈平台,方便读者及时提供报道反馈。新闻媒体要善于倾听民意,通过公开讨论和对话的形式拉近与受众的距离,让读者在参与新闻传播的过程中提升对非遗的认识和了解。

三、从文本到视频,创新非遗数字呈现

时至今日,数字技术的飞速发展极大地冲击了新闻业态,报纸的黄金时代已经过去,上述四份报纸也积极拥抱数字时代。以《黄山日报》为例,2010年12月30日,黄山日报数字报正式开通,标志着《黄山日报》正式迈入数字化时代。2011年7月1日,黄山日报社与黄山移动公司联合创办的黄山手机报正式开通,进一步推动了《黄山日报》的数字化进程。2012年9月,《黄山日报》黄山新闻手机客户端正式上线,为读者提供了更加便捷的移动阅读选择。同年12月,《黄山日报》微信公众号正式上线,实现了报纸与社交媒体的有效融合。截至2024年3月,《黄山日报》微信公众号共发表1659篇原创内容,设置了♯大黄山、♯山水村夜、♯新农人、周一见、♯体悟实训、♯这个夏天,去趟黄山六个话题标签,发布与非遗相关的推文244篇,视频号作品25部。《黄山日报》也积极入驻抖音平台,全网粉丝15.6万,获赞338.8万,共发布1135个视频作品,其中与非遗相关的视频有10个。《合肥日报》微信公众号已发表原创内容1117篇,发布与非遗相关的推文247篇,视频号作品7部,但是未入驻抖音平台。《淮北日报》微信公众号发布与非遗相关的推文96篇,在抖音平台获赞39.4万,粉丝2.1万,共发布854个视频作品,但是未涉及非遗。《新安晚报》微信公众号名为大皖新闻,截至目前共发表原创内容1310篇,其中与非遗相关的推文

78篇,其抖音号也为大皖新闻,全网粉丝416.9万,获赞9309.8万,共发布3.7万个视频作品。遗憾的是,与非遗相关的视频作品仅有1个。

总体来说,四份报纸都积极进行了数字化转型与实践,综合来看,《黄山日报》对非遗的重视程度明显高于其他三份报纸,《新安晚报》的大皖新闻相较于其他三份报纸,其数字化转型成效较好,但是对非遗的关注度较低。

第四章 数字展示：安徽非遗网络信息呈现

习近平总书记指出，中华文化积淀着中华民族最深沉的精神追求，代表着中华民族独特的精神，传承中华文化要以古人之规矩开自己之生面，重点做好创造性转化和创新性发展。习近平总书记的论述为非物质文化遗产的保护、传承和传播提出了要求，指明了方向。

非物质文化遗产是我国灿烂文明的重要组成部分，传承非物质文化遗产既需要保护好继承好那些凝聚了先辈智慧的传统技艺，又需要不断拓宽、创新传播渠道。本章希望通过对安徽省地级市非物质文化遗产的相关官方网站和公众号进行数据收集和定量统计，勾勒出其基本建设情况，分析其传播特点及存在的问题，并对其未来的发展进行展望。

第一节 安徽各地市非遗相关网站及公众号概览

课题组于2024年1月13日至25日对安徽省16个地级市的非物质文化遗产相关官方网站和公众号建设情况进行调查，调查各网站和公众号的时间区间为网站/公众号初建时间至2023年12月31日。调查对象分为三类：首先是安徽非物质文化遗产直接相关的各市级非物质文化遗产网站和公众号，这类网站和公众号的内容均围绕安徽非物质文化遗产展开；其次是各市级文化馆网站和公众号，这类网站和公众号包含安徽非物质文化遗产和其他相关文化内容；最后是各市级文化和旅游局网站和公众号，这类网站和公众号内容较为零散，且涉及范围广泛，安徽非物质文化遗产的相关信息仅占其中的一小部分。故本调查对安徽省地市级非物质文化遗产相关官方网站/公众号的选取依据是：首选各市级非物质文化遗产网站/公众号；若无独立设立，则选取各市级文化馆网站/公众号；若仍无设立，则选取各市级文化和旅游局网站/公众号。

对安徽省地市级非物质文化遗产相关官方网站的选取步骤是：首先在安徽省非物质文化遗产网首页底部的相关链接中，获取"黄山、马鞍山、亳州、芜湖"4

个市级非物质文化遗产网站,但根据逐一检索,这4个市级非物质文化遗产网站均已关停。通过百度检索其余12个市级非物质文化遗产网站,发现仅有蚌埠市有独立设立的非物质文化遗产官方网站(蚌埠市非遗特色库)。后在安徽省文化馆网站首页获取到各市级文化馆名称,并进行逐一检索,获取到"合肥、六安、铜陵、安庆、亳州、滁州、宿州、阜阳"8个市级文化馆网站。其余7市因既无市级非物质文化遗产网站,又无市级文化馆网站,故通过网站检索,选取7市的文化和旅游局网站作为调研对象。

对安徽省地市级非物质文化遗产相关官方公众号的选取步骤是:首先在公众号检索栏依次检索各市级非物质文化遗产官方公众号,发现仅有黄山市和阜阳市设立了独立的非物质文化遗产公众号。接着在公众号检索栏依次检索文化馆公众号,获取了其余14个市的文化馆公众号。

最终通过检索获得,网站部分共获取1个市的非物质文化遗产网站、8个市的文化馆的网站和7个市的文化和旅游局网站(具体详情见表4.1);公众号部分共获取2个市的非物质文化遗产公众号和14个市的文化馆公众号(具体详情见表4.2),并对表4.1中的16个网站和表4.2中的16个公众号上有关"非遗"的信息进行采集。

表4.1 安徽省地级市非物质文化遗产相关网站建设情况一览表

地级市	网站	网址名称	栏目	备注
合肥市	http://www.hfswhg.org.cn/index.php/index.html	合肥市文化馆	网站首页、关于我们、本馆快报、数字文化、党建专栏、场馆预约、非物质文化遗产	有非遗专栏
六安市	http://www.luanwhg.cn/Cloud/Module/Index/index.html	六安市文化馆	网站首页、通知公告、活动预告、文化资讯、文化超市、文化地图、文化场馆、志愿之星、数字资源、文化直播、非遗保护、社团风采、机构简介	有非遗专栏
铜陵市	http://www.tlswhg.cn/	铜陵市文化馆	首页、关于本馆、新闻中心、文化活动、服务指南、艺术培训、非物质文化遗产、艺术欣赏、咨询指导、联系我们	有非遗专栏
安庆市	http://www.aqswhg.com/	安庆市文化馆	首页、党建工作、文化资讯、网上服务、非遗保护、数字资源、联系交流	有非遗专栏
亳州市	https://bzwhg.bzbwg.com/	亳州市文化馆	首页、馆务公开、资讯动态、文化活动、文艺展示、数字资源	

续表

地级市	网站	网址名称	栏目	备注
滁州市	http://www.czswhg.com/	滁州市文化馆	首页、单位概况、信息公开、文化资讯、公共服务、非物质文化遗产保护	有非遗专栏
宿州市	https://suzhou-szwhg.chaoxing.com/	宿州市文化馆	首页、信息发布、文化活动、宿州春晚、艺术欣赏、文化慕课、文化培训、文化点单、场馆预约、更多	
阜阳市	http://www.fyswhy.com/Cloud/Module/Index/index.html	阜阳市公共文化云	网站首页、党建工作、汇资讯、订场馆、享活动、学才艺、总分馆、看直播、乡村文化、特色非遗、云上展览、志愿者	有非遗专栏
芜湖市	https://ct.wuhu.gov.cn/	芜湖市文化和旅游局	首页、机构概况、走进芜湖、新闻中心、政府信息公开、网上办事、互动交流	
马鞍山市	https://wlj.mas.gov.cn/index.html	马鞍山市文化和旅游局	网站首页、新闻资讯、政府信息公开、解读回应、网上服务、互动交流、政策文件、文化服务	
黄山市	https://wlj.huangshan.gov.cn/	黄山市文化和旅游局	首页、资讯中心、政府信息公开、政务服务、互动交流、专题专栏	
淮南市	https://wlj.huainan.gov.cn/	淮南市文化与旅游局	首页、机构设置、新闻资讯、信息公开、网上服务、政民互动、走进淮南	
宣城市	https://wlj.xuancheng.gov.cn/	宣城市文化和旅游局	网站首页、单位概况、资讯中心、政务公开、政务服务、互动交流	
淮北市	https://wlt.huaibei.gov.cn/	淮北市文化旅游体育局	首页、文旅体资讯、政府信息公开、网上办事、互动交流、全民健身、县区风采、专题专栏	
池州市	https://whhlyj.chizhou.gov.cn/	池州市文化和旅游局	网站首页、新闻中心、政府信息公开、民生工程、红黑榜、文旅资源展示、法治政府建设、办事大厅	
蚌埠市	http://www.bbszwhy.com/Rms/heritage/Index/index.html	蚌埠市非遗特色库	首页、学术资源、非遗名录、示范基地、非遗传承人、县际交流、非遗资讯	有非遗专栏

表 4.2　安徽省地级市非物质文化遗产相关公众号建设情况一览表

地级市	公众号名称	栏　目　设　置	备　注
合肥市	合肥市文化馆	云平台：先锋有声书、合肥非遗故事、非遗故事短视频、文化慕课、艺术云展厅 文化专题：群文论坛第二期、群文论坛第一期、云游非遗、艺同前行、2023新春音乐会 云服务：预约参观、预约流程	有视频号 有非遗专栏
芜湖市	芜湖市文化馆	云官网：视频点播、新闻资讯、首页 享活动：活动预约 志愿者：志愿者招募	有视频号
蚌埠市	蚌埠市文化馆	活动专栏：云上学好课、走进非遗、线上摄影展、核心价值观、党史知识100问 直通场馆：蚌埠文化云、安徽公共文化云、安徽文化云 报名入口：剪纸窗花征集	有非遗专栏
淮南市	淮南市文化馆	微资源大厅 学习二十大：二十大学习、建设总要求、中国式现代化、三项工作、推进现代化 问卷调查	
马鞍山市	马鞍山文化馆	无	
黄山市	黄山市非物质文化遗产保护中心	法律法规 特别策划：非遗故事、徽州民谣 云赏非遗	有非遗专栏
亳州市	亳州市文化馆	数字资源：城市阅读空间、时夕乐学网、百科讲堂 活动预约：人人有艺 关于亳文：安徽文化云	有视频号
安庆市	安庆市文化馆	关于我们：地图导航、官方网址、本馆简介 数字资源 掌上文化：业务平台、文化艺汇	有视频号
滁州市	滁州市文化馆	文化资讯：群文动态、支部园地 公共服务：文化大讲堂、数字资源 非遗保护：项目简介、非遗图典电子版	有非遗专栏
铜陵市	铜陵市文化馆	菜单入口：文化云平台（官网）、全景云参观、满意度市馆、满意度铜都馆、影像里的中国主题展 群文百科：文化大讲堂、时夕乐听网、2023秋季成人课表	有视频号

续表

地级市	公众号名称	栏目设置	备注
宿州市	宿州市文化馆	微文化:宝宝智库、商业管理数据库、文化大讲堂 文化讲堂:欢乐少儿、文化普及、疫情防控知识库、文雅慕课 微服务:微服务、精彩回顾、商业百科、经典艺术博览库	有视频号
阜阳市	阜阳市非物质文化遗产保护中心	阜阳非遗	有非遗专栏
六安市	六安市文化馆	云课堂:文化讲、堂乐学、乐听 文化云 有奖问答	有视频号
宣城市	宣城市文化馆	文化资讯:服务大厅、专家库、全景展示、文化资讯、免费开放成人报名登记表 文化服务:意见反馈、非遗保护、文化展览、文化线上学习平台、活动报名 文化微网:安徽文化云、微官网、场馆预约、往期回顾、活动预约	有非遗专栏
池州市	池州市文化馆	文化微站:微服务大厅、文化导航、官方网站、服务项目、历史消息 非遗展示:视频赏析、傩戏会场、传承人、非遗项目、知识竞答 公告服务:随手拍投票、电子资源、问卷调查、联系我们、本馆简介	有非遗专栏
淮北市	淮北市文化馆	走进本馆:文化云、少儿绘本、科普宣传、VR场景 数字文化:艺术欣赏、广场舞展演、文化馆知识平台、文化大讲堂、党建数据 群文活动:灯谜活动、文化直播、微服务、名师讲坛、共享视频	有视频号

第二节 安徽各地市非遗相关平台网络呈现现状

本节主要是基于网络统计和内容分析进行数据分析,以普通用户身份对这些网站和公众号进行搜索、浏览、阅读,对网站和公众号上发布的信息数量、浏览量、图片、视频等数据进行统计。通过对收集的信息进行归纳、整理和分析，显示了安徽省各地市级非遗相关平台网络化传播呈现情况。本次研究数据统计来源仅限网站和公众号中有关"非遗资讯"的栏目或非遗相关的信息，不包括网站和公众号上发布的其他信息。因网站和公众号在功能上存在差异，在网站数据采集时，优先采集"非遗资讯"相关栏目下的非遗信息，若无相关栏目，则在整个网站进行非遗信息检索。在公众号数据采集时，因"非遗资讯"相关栏目下的信息有限，故优先在整个公众号内进行非遗信息检索。

一、非遗网站呈现情况

（一）网站形式呈现情况

1. 栏目设置

栏目设置是页面布局和信息分类的一种方式，是网站形式呈现的重要组成部分。栏目设置可以帮助用户快速找到他们感兴趣的内容，也可以帮助平台方更好地组织和管理网站的信息。

本节对表 4.1 上的 16 个网站的首页栏目进行整理，共获取栏目 128 个，经过分析，去除与非遗无关的栏目，整理后发现仅有 7 个网站在首页设立了非遗专栏，分别是合肥市文化馆、六安市文化馆、铜陵市文化馆、安庆市文化馆、滁州市文化馆、阜阳市公共文化云和蚌埠市非遗特色库。对这 7 个专栏的子栏目进一步统计，从中共获取 22 个非遗栏目。其中，占非遗栏目总数最多的是蚌埠市非遗特色库，数量为 6，安庆市文化馆排名第二位，数量为 5，滁州市文化馆排名第三位，数量为 4。

在网站总体的栏目设置方面，16 个网站中在首页设置"非遗资讯""文化资讯""新闻资讯"等信息发布类栏目有 11 个；"联系我们""互动交流"等互动栏目的有 8 个；"数字资源""数字文化""学术资源"等数字资源类栏目有 6 个；"信息公开""馆务公开"等政务公开类栏目有 9 个；设立"文化地图"相关栏目的仅有六安市文化馆。

从数据来看，网站中设置独立的非遗专栏较少，且栏目设置同质化严重，形式单一。从具体的栏目设置来看，互动类栏目、数字资源类、数字地图类栏目均较少，丰富的安徽非遗资源并没有被充分利用和展示。

2. 呈现方式

对 16 个地级市非遗相关网站的非遗信息进行整理分析后发现，其内容呈现方式除了发布文字信息之外,还包括图片、音频、视频以及其他融媒体技术(如直播、h5、动画等)。

总体来看,除文字外,图片是使用频率最多的呈现方式,16个网站均发布过图片信息。这些发布的非遗信息中,使用图片数量最多的是黄山市文化和旅游局,共计917张,其次是蚌埠市非遗特色库,共计845张,第三位的是六安市文化馆,共计634张,第四位的是滁州市文化馆,共计599张,其余12个市的图片发布量都在400张以下,其中发布图片数量最少的是铜陵市文化馆和阜阳市公共文化云,均为50张(图4.1)。此外,在非遗信息发布时,使用音视频的网站仅有合肥市文化馆、六安市文化馆、马鞍山市文化和旅游局、宣城市文化和旅游局和池州市文化和旅游局,其余11个市均未使用音视频辅以信息发布。对其他融媒体技术的使用频率更少,仅有宿州市文化馆和马鞍山市文化和旅游局在发布非遗信息时使用过其他融媒体技术。

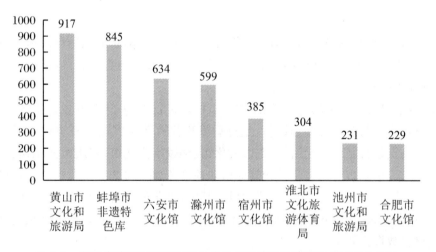

图4.1 安徽省地级市非物质文化遗产相关网站非遗资讯使用图片数量

丰富的信息呈现形式能够更好地展示非遗的魅力和特色,吸引更多的受众关注与参与。从数据来看,虽然网络中的信息呈现方式多元,但非遗相关网站的呈现方式仍主要以图文为主,缺乏其他形式的多样化呈现。

(二)网站内容呈现情况

1. 内容议题

内容议题是根据对16个网站中所有发布的与非遗相关的内容进行分析之后,总结出的不同类别的非遗相关话题,以第三章对报纸的内容议题分类方式为基础,对网站的内容议题进行分类。参考第三章的分类方式,将网站的非遗相关内容分为以下8个议题：展演比赛、普及传承、传承人故事、申报评定、会议与领导调研、非遗产业化、非遗数字化、其他。因网站相较于传统媒体而言，其议题分类会更为模糊和零碎，故设置了"其他"分类，指除其他七个议题外，涉及少量非遗信息的内容类别。

截至统计日期，合肥市文化馆、马鞍山市文化和旅游局和池州市文化和旅游局三个地级市非遗网站发布的内容覆盖了8个种类的内容议题。安庆市文化馆、滁州市文化馆、黄山市文化和旅游局、宣城市文化和旅游局、淮北市文化旅游体育局和蚌埠市非遗特色库等六个地级市非遗网站发布的内容共计覆盖了其中的7个内容议题。六安市文化馆和铜陵市文化馆发布内容覆盖的内容议题数量最少，仅有4个。从总体议题数量来看，上述8个内容议题中，包含文章数量排名第一的是普及传承，共791篇；包含文章数量排名第二的是展演比赛，共555篇；包含文章数量排名第三的是会议与领导调研，共181篇。

从上述数据来看，大部分非遗相关网站的内容议题涵盖范围广泛，有利于吸引不同层次的受众。但对具体的议题而言，非遗网站集中于对非遗活动和非遗项目的记录与展示，议题内容较为模式化。

2. 网站活跃度

网站活跃度是指在特定平台或频道上，所呈现的内容在一段时间内的更新频率和用户互动程度。网站活跃度高意味着该网站内容更新频繁、吸引力强，能够持续吸引用户并促进用户参与和互动。网站活跃度反映了该网站的受欢迎程度和影响力，对用户留存和平台流量起着重要作用。可通过内容发布量、内容发布时间、互动评论数量等指标来衡量网站活跃度。因大部分网站数据中没有互动评论功能的设置，故网站的活跃度主要以内容发布时间的方式展现。

截至统计日期，7个设立了非遗专栏的网站中有4个网站的栏目仍在保持更新，分别是合肥市文化馆、滁州市文化馆、阜阳市公共文化云和蚌埠市非遗特色库。停止更新的3个网站分别是六安市文化馆、铜陵市文化馆和安庆市文化馆。其中，六安市文化馆虽设有"非遗保护"专栏，但栏目内容仅有非遗目录介绍，并未有持续的非遗信息更新，在网站的"文化资讯"栏目下检索非遗信息发现，其在2023年仅更新2篇非遗相关信息。铜陵市文化馆的非遗信息栏目于2018年更新了3篇非遗信息后就停止了更新，安庆市文化馆的非遗资讯栏目于2022年更新了1篇非遗信息后也停止了更新。其余9个网站虽然没有设立非遗专栏，但仍然在持续更新关于非遗的信息，且更新频率较高，其中黄山市文化和旅游局在2023年更新的非遗信息量最多，其在2023年共发布86篇有关非遗的信息。

不论是非遗相关网站还是网站下设的非遗专栏,都存在停止更新的情况,这种情况可能是资源和人力的限制导致的,也可能是由网站这一形式的滞后性和受众流失所致。在快速发展的数字时代,网站的运营和内容更新需要不断跟进和适应新的技术和趋势。

3. 信息数量

网站信息数量可以反映出网站的内容丰富程度和更新频率,也可以影响用户对网站的访问和留存。截至统计日期,在16个市级非遗相关网站中收集的信息,经过筛选,剔除与非遗无关的信息后,共获取文章2119篇,照片4846张,其中13张照片无法显示。

前文提到非遗相关网站分为3种,由于不同类型的网站有不同的定位,因此对非遗信息的关注程度也有所不同。故对信息数量的统计应根据这三种类型的网站进行区分。其中,文化馆类网站发布非遗信息最多的是滁州市文化馆,共发布非遗相关信息297篇,第二是合肥市文化馆,发布信息112篇,第三是安庆市文化馆,共发布95篇,其余5个文化馆类网站发布非遗信息都在80篇以下。此外,文旅局类网站发布非遗信息最多的是池州市文化和旅游局,共发布非遗相关信息357篇,其次是黄山市文化和旅游局,共发布非遗相关信息305篇,其余5个文旅局类网站发布非遗信息都在200篇以下。独立的市级非物质文化遗产网站仅有蚌埠市非遗特色库,其共发布非遗相关信息172篇(图4.2)。

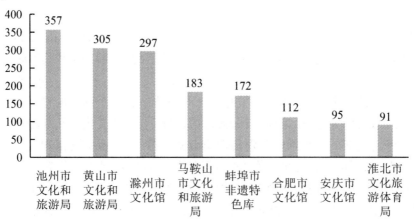

图4.2 安徽省地级市非物质文化遗产相关网站历年非遗资讯信息数量

从上述数据中可知,除个别非遗相关网站的非遗信息发布数量较多外,大部分网站的信息发布比较有限。而非遗信息是各地市级非遗网络化传播的重要载体,有限的非遗信息可能会导致非遗在网络空间的曝光度不高,传播范围受限。

(三)网站反馈呈现情况

浏览量是指用户每次访问网站中的一个页面或者多个页面的次数,是衡量网站流量和用户活跃度的一个重要指标,可以反映用户对网站内容的兴趣程度,本节以网站文章浏览量的方式来反映网站反馈呈现情况。因网站浏览量的实时变动较大,故本节中所统计的网站浏览量数据可能存在误差。

在16个非遗网站中,有14个网站的非遗资讯详情中具有浏览量数据。截至统计日期,这14个网站内非遗资讯的总浏览量达到1921080次。其中,浏览量最多的是滁州市文化馆,高达383552次,第二是池州市文化和旅游局,达318573次,排名第三的是安庆市文化馆,达296135次。总浏览量达10万以上的还有合肥市文化馆(295401次)、黄山市文化和旅游局(188736次)、淮北市文化旅游体育局(117327次)(图4.3)。总浏览量在1万以上的有宣城市文化和旅游局(71631次)、马鞍山市文化和旅游局(64592次)、蚌埠市非遗特色库(64163次)、淮南市文化与旅游局(53449次)、芜湖市文化和旅游局(51906次)、宿州市文化馆(13933次)。六安市文化馆(1384次)、阜阳市公共文化云(298次)总浏览量都低于1万。

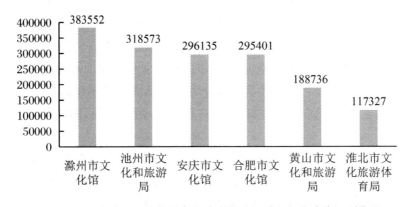

图4.3 安徽省地级市非物质文化遗产相关网站历年非遗资讯浏览量

虽然网站的浏览量总体来看仍较高,但呈现逐年减少的趋势。与公众号相比,网站的互动反馈呈现较为单一,仅有浏览量这一项数据指标,其他互动形式较少。

二、非遗公众号呈现情况

(一)公众号形式呈现情况

1. 栏目设置

公众号栏目设置的形式和功能与网站基本相同,本节对表 4.2 上的 16 个公众号的首页栏目进行整理,共获取栏目 139 个(一级栏目因其本身并无内容,故不计数。但若仅有一级栏目,且其直接跳转至内容,则计数)。经过分析,去除与非遗无关的以及重复的栏目,整理后发现仅有 7 个公众号在首页设立了非遗专栏,分别是合肥市文化馆、池州市文化馆、宣城市文化馆、滁州市文化馆、蚌埠市文化馆、阜阳市非物质文化遗产保护中心和黄山市非物质文化遗产保护中心。对这 7 个专栏的子栏目进一步统计,从中共获取 17 个非遗栏目。其中,占非遗栏目总数最多的是池州市文化馆,数量为 5,合肥市文化馆和黄山市非物质文化遗产保护中心排名第二位,数量为 3。此外,有 9 个公众号开通了视频号功能,分别是合肥市文化馆、芜湖市文化馆、淮北市文化馆、宿州市文化馆、六安市文化馆、宣城市文化馆、安庆市文化馆、亳州市文化馆和铜陵市文化馆,其中 8 个视频号发布了非遗相关的信息。

在公众号总体的栏目设置方面,16 个公众号中在首页设立"非遗故事""非遗展示""非遗保护"等非遗项目介绍的栏目有 10 个;设立"云平台""云官网""掌上文化"等相关云服务的栏目有 26 个;设立"文化慕课""群文论坛""百科讲堂"等课程类栏目 21 个;设立"问卷调查""意见反馈""联系我们"等互动栏目 6 个;单独设立"传承人"栏目和"知识竞答"非遗互动游戏栏目的仅有池州市文化馆公众号。

公众号在栏目设置的问题上与网站存在一定的相似性,都面临栏目同质化、互动性较差等问题,但不同的是,公众号在栏目形式上要更加多元,其数字化应用虽然存在局限,但其呈现方式相对灵活多样。

2. 呈现方式

对 16 个地级市非遗相关公众号进行整理分析后发现,公众号的非遗信息呈现规律与网站存在相似性,除文字外,图片仍是使用频率最高的呈现方式,不同的是,公众号对音频、视频以及其他融媒体技术的使用频率明显高于网站。在这些发布的非遗信息中,使用图片数量最多的是马鞍山市文化馆,共计 1998 张;其次是亳州市文化馆,共计 1866 张;第三位的是合肥市文化馆,共计 1745

张;其余13个市的图片发布量都在1500张以下,其中发布图片数量最少的阜阳市非物质文化遗产保护中心,仅使用114张图片(图4.4)。除了视频号外,其他公众号在发布非遗信息时也使用了视频这一呈现方式,其中六安市文化馆的视频使用量最多,共计83个,而阜阳市非物质文化遗产保护中心的视频使用量最少,共计2个。此外,仅有5个公众号使用了音频这一呈现方式,分别是宿州市文化馆、六安市文化馆、马鞍山市文化馆、亳州市文化馆和铜陵市文化馆,其中六安市文化馆使用音频数量最多,共计27个。对其他融媒体技术的使用频率仍是所有呈现方式中最低的一种,共有10个公众号使用了其他融媒体技术,六安市文化馆共发布20条,发布数量最多,其次是合肥市文化馆,发布了13条,第三名是滁州市文化馆,发布了6条。

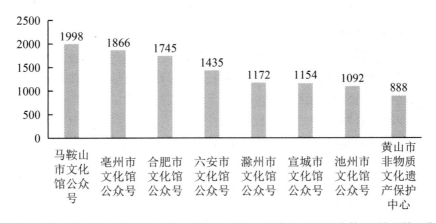

图4.4 安徽省地级市非物质文化遗产相关公众号非遗资讯使用图片数量(排名前八位)

(二)公众号内容呈现情况

1. 内容议题

与前文设置非遗网站内容议题分类相同,为了更准确地描述非遗相关公众号中与非遗相关的内容,综合对16个公众号的发布内容进行统计分析,发现其与报纸、网站的内容议题存在一定的相似性,故参考对报纸和网站的分类方式,将公众号的非遗相关内容分为以下8个议题:展演比赛、普及传承、传承人故事、申报评定、会议与领导调研、非遗产业化、非遗数字化、其他。这样能够与报纸和网站的分类方式保持一致,便于读者更好地理解非遗相关的议题内容。

截至统计日期,其中,淮北市文化馆、池州市文化馆、马鞍山市文化馆和亳州市文化馆四个非遗公众号发布的内容覆盖了8个种类的内容议题。其次是合肥市文化馆、六安市文化馆、安庆市文化馆、滁州市文化馆4个地级市非遗公众号发布的内容覆盖了其中的 7 种内容议题。黄山市非物质文化遗产保护中心、蚌埠市文化馆、铜陵市文化馆和芜湖市文化馆发布的内容覆盖了 6 种内容议题。宿州市文化馆、宣城市文化馆发布的内容覆盖议题种类较少,共有 5 种。淮南市文化馆和淮南市文化馆发布内容覆盖的内容议题数量最少,仅有 4 种。

从总体议题数量来看,在上述 8 个内容议题中,文章数量排名第一的是展演比赛,共 753 篇;文章数量排名第二的是普及传承,共 726 篇;文章数量排名第三的是其他类别,共 218 篇。

从上述数据来看,仍有少数公众号的内容议题覆盖面较窄,这意味着这些公众号在内容选择和呈现上可能存在一定的局限性,缺乏多样性和综合性。非遗相关公众号与非遗相关网站在具体议题的侧重上较为类似,都集中于对非遗活动和非遗项目的记录与展示,对其他方面的议题关注度较低。

2. 公众号活跃度

公众号活跃度的表现形式和功能与网站基本相同,包括公众号本身的活跃度和所开设视频号的活跃度。因大部分公众号和视频号数据中没有开放互动评论的功能,故公众号活跃度仍以其内容发布时间展现。

截至统计日期,7 个非遗专栏的 17 个非遗子栏目基本都处于长期未更新的状态。与网站的非遗专栏活跃度情况相比,公众号中的非遗专栏更多是一种阶段性、集中式的更新方式。通常情况下,公众号的非遗专栏是在某一具体的选题策划下产生的,因此,公众号在更新非遗专栏时可能会出现间歇性的情况,而非像网站那样保持持续地更新。

从总体数据来看,16 个公众号都在持续更新非遗信息,其中合肥市文化馆在 2023 年更新量最多,发布了 109 篇非遗信息;蚌埠市文化馆在 2023 年的更新量排第二,发布了 57 篇非遗信息;亳州市文化馆在 2023 年的更新量排第三,发布了 55 篇非遗信息。其余 13 个公众号中,有两个公众号在 2023 年的发布量均少于 10 篇。淮南市文化馆在 2023 年的非遗信息更新量最少,仅发布了 6 篇;其次是安庆市文化馆,其在 2023 年仅发布 8 篇非遗信息。

对公众号本身而言,其开设的视频号的更新频率整体相对较低。截至统计日期,9 个视频号中仅有淮北市文化馆视频号长期没有更新。其中合肥市文化馆在 2023 年发布的非遗视频最多,共计 58 篇;其次是芜湖市文化馆,共计 41 篇;安庆市文化馆更新量排第三,共计 32 篇。此外,宣城市文化馆 2023 年的非遗视频更新量最少,仅发布了 1 篇;其次是宿州市文化馆,其在 2023 年仅发布 3 篇非遗视频。

总体来看,虽然 16 个非遗相关公众号都仍在持续更新非遗信息,但大部分公众号及其下设的视频号的更新频率不高,且更新时间不稳定,这可能会影响到用户的参与度和持续关注度。

3. 信息数量

截至统计日期,在16个市级非遗相关公众号中,经过筛选,剔除与非遗无关的信息后,共获取推文1997篇,照片14520张,音频40个,视频518个。在9个视频号中,共获取207条非遗视频。

前文提到非遗相关公众号分为2种:一是市级文化馆公众号,二是市级非物质文化遗产保护中心公众号。由于不同类型的网站有不同的定位,因此对非遗信息的关注程度也有所不同。故对信息数量的统计应根据这2种类型的网站进行区分。其中,文化馆类网站发布非遗信息最多的是马鞍山市文化馆,发布信息329篇;合肥市文化馆、亳州市文化馆和滁州市文化馆三个公众号的发文数量相近,分别是199条、198条和197条;其余10个文化馆公众号的发文量均在170条以下。独立的非物质文化遗产公众号分别是阜阳市非物质文化遗产保护中心和黄山市非物质文化遗产保护中心,虽然二者都是专门针对非遗设立的公众号,但发文量相差较大,黄山市非物质文化遗产保护中心共发布124条非遗信息,而阜阳市非物质文化遗产保护中心仅发布了18条非遗信息(图4.5)。此外9个开设视频号的均为文化馆公众号,其中合肥市文化馆发布的非遗视频最多,共计75条;芜湖市文化馆发布的非遗视频量排第二,共计41条;安庆市文化馆发布的非遗视频量排第三,共计32条。

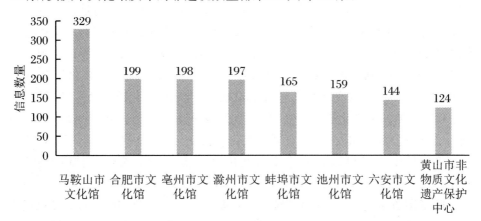

图 4.5 安徽省地级市非物质文化遗产相关公众号历年非遗资讯信息数量

总体来看,除个别公众号外,大部分公众号的非遗信息发布数量较为均衡。此外,有超过半数的公众号开设了视频号这一附加功能。视频在当下的媒介环境中具有很强的吸引力和传播力,能够更生动形象地展示非遗项目,提升用户体验感和内容吸引力。但当前的9个视频号中的视频质量参差不齐,有些视频可能存在画面模糊、声音质量不佳等问题。

(三) 公众号反馈呈现情况

与前文非遗相关网站的反馈呈现不同的是,公众号文章除了浏览量之外,还有点赞量以及"在看"量能够体现公众号的互动反馈情况,此外公众号下设的视频号有点赞量、"喜欢"量和转发量也可以体现。故本节以非遗相关公众号文章的浏览量、点赞量以及"在看"量来反映公众号的反馈呈现情况,以视频号的点赞量、"喜欢"量和转发量来反映视频号的反馈呈现情况。因公众号及视频号的各反馈数据的实时变动较大,故本节中所统计的公众号及视频号的各反馈数据可能存在误差。

与非遗相关网站相比,非遗相关公众号中的文章除了浏览量之外,还有点赞量以及"在看"量。点赞是读者为文章内容进行点赞操作,从而产生的统计数据;"在看"功能,是微信提供的一种社交阅读功能。该功能允许用户将自己的阅读行为分享给好友,当用户在阅读公众号文章时,可以通过点击文章下方的"在看"按钮来表达自己的态度和情感,并与好友进行互动。这两个统计量均可表示某篇文章的受欢迎程度,所以本节选取了浏览量、点赞量和"在看"量作为公众号反馈呈现情况的衡量标准。截至统计日期,这16个公众号内非遗资讯的总浏览量达到357686次。其中,浏览量最多的是六安市文化馆公众号,高达62815次,其次是亳州市文化馆公众号,达57754次,排名第三的是合肥市文化馆公众号,达48981次。总浏览量在1万次以上的还有黄山市非物质文化遗产保护中心公众号(38463次)、池州市文化馆公众号(29102次)、蚌埠市文化馆公众号(23000次)、铜陵市文化馆公众号(20534次)、马鞍山市文化馆公众号(18950次)、滁州市文化馆公众号(14290次)和淮北市文化馆公众号(10784次)(图4.6)。芜湖市文化馆公众号(8806次)、安庆市文化馆公众号(8206次)、宿州市文化馆公众号(8028次)、宣城市文化馆公众号(5540次)、阜阳市非物质文化遗产保护中心(1446次)和淮南市文化馆公众号(987次)总浏览量都低于1万。

除了浏览量之外,公众号还统计了点赞量和"在看"量,16个公众号总点赞量达5785次,总"在看"量达1823次,其中点赞量排前三位的公众号是蚌埠市文化馆公众号,总计1266次;亳州市文化馆公众号,总计814次;六安市文化馆公众号,共计692次(图4.7)。"在看"量排前三位的公众号是六安市文化馆公众号,共计383次;亳州市文化馆公众号,总计377次;黄山市非物质文化遗产保护中心,总计270次(图4.8)。

第四章 数字展示:安徽非遗网络信息呈现

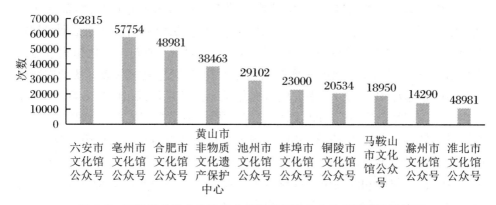

图 4.6 安徽省地级市非物质文化遗产相关公众号非遗资讯浏览量

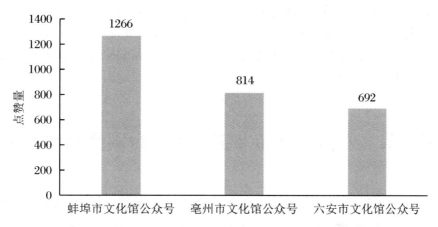

图 4.7 安徽省地级市非物质文化遗产相关公众号非遗资讯点赞量

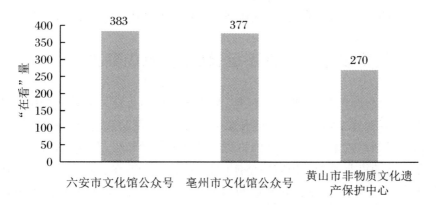

图 4.8 安徽省地级市非物质文化遗产相关公众号非遗资讯"在看"量

在创设的9个视频号中,因淮北市文化馆视频号未发布过信息,故共统计到8个视频号的点赞量、"喜欢"量和转发量。8个视频号的点赞量总计11470次,其中安庆市文化馆视频号点赞量最高,达9041次;芜湖市文化馆视频号点赞量第二,达841次;合肥市文化馆视频号点赞量第三,达672次。8个视频号的"喜欢"量总计4857次,其中安庆市文化馆"喜欢"量最高,达2618次;六安市文化馆"喜欢"量第二,达1093次;合肥市文化馆"喜欢"量第三,达685次。8个视频号的转发量总计4469次,其中安庆市文化馆转发量最高,达2537次;合肥市文化馆转发量第二,达624次;六安市文化馆转发量第三,达600次。可以看出,安庆市、合肥市和六安市对视频号中非遗信息运营效果的表现较为突出,充分利用和展示了这些非遗资源的魅力和特色。

总体来看,公众号的反馈呈现情况显示出公众对非遗信息的关注度逐渐提升,互动反馈也更加频繁。越来越多的人通过点赞、转发等方式参与到非遗信息的传播中,呈现出对文化遗产保护和传承的积极态度,但因公众号未开放评论区,公众无法直接在公众号上进行评论互动,导致与公众之间的互动和反馈受到一定程度的限制。

第三节 安徽各地市非遗相关平台网络呈现不足

从调查数据来看,非遗网站与非遗公众号在平台建设方面存在很多相似的问题,包括内容呈现创新性不足、更新不及时、交互性不强、用户体验不佳等。这些问题可能导致用户对非遗网站和公众号的兴趣降低,并且可能影响非遗传承和传播推介的效果。本节将逐一探讨这些问题的具体内容和可能产生的影响。

一、栏目设置创新性不足,缺乏信息内聚力

根据前文所述,在功能和内容上,大部分网站和公众号的数字化服务功能较为类似,平台建设缺乏特色功能和服务。在16个网站和公众号的栏目中,虽然总体栏目数量较多,但与非遗相关的栏目设置数量较少,且缺乏创新性,同质化严重。这使得非遗相关内容在整体信息中占比较低,在公众号和网站上的曝光度不高。具体来说,独立的非遗网站和公众号的栏目设置通常更加全面,这些独立媒体更加专注于非遗相关内容的传播,因此在栏目设置上通常更加全面和多样化。其次是文化馆类网站和公众号,它们一般会更加注重当地的文化传

承和保护,因此在栏目设置上也会涵盖一定的非遗内容。而文旅局类网站均未设置独立的非遗栏目,该网站通常是为了宣传和推广本地的文化旅游资源而设立的,涉及的内容十分广泛,非遗信息占比较小。

在具体的非遗栏目设置呈现中,"非遗资讯""非遗目录""联系我们"这些栏目在大部分网站和公众号中都有类似设置,并且内容成分高度相似。比如"非遗目录"相关栏目均是当地的非遗项目汇总,其中6个网站的类似栏目都是以最传统的文字配图片形式进行信息呈现,而非遗项目往往具有丰富的历史背景、制作过程、文化内涵等,传统的文字配图片形式可能无法完整地展示这些内容,限制了用户对非遗项目的全面理解和体验。在非遗项目分类上,有部分网站是按非遗项目级别进行分类,有部分网站是按非遗项目种类进行分类,这种单一的分类方式在一定程度上会造成信息的分散和重复,使用户难以找到想要了解的非遗项目。仅有阜阳市公共文化云网站对于非遗项目的分类更为全面和细致,其对非遗项目的检索方式结合了非遗项目类型、级别、批次和属地等多种分类方式,这样使用户能够更好地获取所需的信息,提高了检索的准确性和针对性(图 4.9)。在公众号设置的"非遗目录"相关栏目中,展示方式较为多样化,包括图文推文、数字地图、跳转网页等。然而,仍有较多的公众号仍以图文传统形式展示非遗项目,并且与网站相比,公众号的非遗项目展示栏目普遍缺乏检索功能。目前,只有黄山市非物质文化遗产保护中心的"云享非遗"栏目运用了数字地图和非遗项目分类相结合的展示方式(图 4.10)。这种创新的展示方式通过数字地图的集成,使得用户能够快速定位并获取感兴趣的非遗项目信息,提高了用户的浏览效率和便利性。

图 4.9　阜阳市公共文化云网站非遗栏目

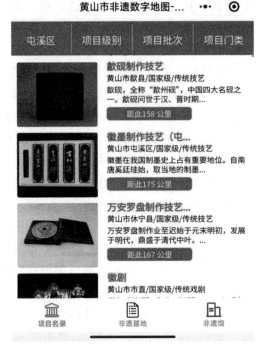

图4.10 黄山市非物质文化遗产保护中心非遗栏目

二、数字化应用形式单一,缺乏多元化动态表达

　　市级各类非遗网站上对非遗的展示主要集中于文字、照片、图文扫描、影像资料等传统形式,对三维扫描、动作捕捉等创新应用的使用较少。在传统形式中,文字和图片得到了较多的应用,视频和音频的运用仍然相对缺乏。相比于网站,市级各类非遗公众号在应用图片、音频和视频方面较多,但多元的数字化形式的使用仍然有限。这限制了数字化技术在保存和传播传统音乐、传统舞蹈、传统戏剧等活态文化遗产中发挥作用。因此,我们需要进一步拓宽非遗数字化应用的形式和方式,借助科技手段更加全面地呈现和传承非遗的活力和魅力。

　　非物质文化遗产的活态化传承应当包括两个层面:一是非物质文化内涵,二是非物质文化遗产所附着的物质体现。数字化技术可以赋能非遗活态化传承,全方位立体式地保存和传播非遗。而当前不论是非遗网站还是非遗公众号,二者在数字化技术的应用形式上还较为单一,缺乏多元化的表达和创新。对非遗数字化还停留在静态保存阶段,大部分非遗网站和非遗公众号主要以文字、图片和视频等静态内容为主,缺乏更多动态互动和数字化的形式。在物质层面上,二维的静态化传承方式无法很好地展示非遗项目的实体性和物质传承,如特定的非遗项目成果和器具,受众只能通过描述和图像来理解非遗项目的物质特征,无法调动更多的感官来体验;在非物质层面上,这种传承方式也无法全面地塑造和还原非遗的原生场域空间,如传统的剧场、庙宇、村落等,进而导致非遗项目的文化内涵和价值观念在传递中受到了限制。非遗数字化的思维应该由静转动,以更注重互动性、多模态表达的方式来呈现给受众。

三、平台互动方式有限,缺乏有效反馈渠道

"促进参与的一个关键特征是社交存在。"[1]非遗传播的最终目的是更好地促进公众对非遗的传承和参与。这种传承过程并不是单向度的内容输出,而是双向度的交流互动。故将现实社交概念引入非遗平台的建设中,从而调动受众的参与性和互动性,这对非遗的保护和传播是至关重要的。

在16个网站的首页栏目设置中,有"联系我们""互动交流"等交流互动栏目的仅8个,在16个公众号的栏目设置中,此类栏目仅有6个,并且公众号评论区也未公开评论内容。可见,不论是非遗网站还是非遗公众号,均未向用户提供全面有效的信息交流方式。而在这些交流互动栏目中,大多数采用的是在线咨询的方式与受众进行互动,以此来了解受众需求,并且内容通常不予公开。虽然不公开互动内容可以保护受众隐私,但在一定程度上也会限制公众对互动交流参与度和对相关机构的监督力度。在封闭式的问答咨询下,公众无法获取其他人的意见和观点,只能与平台方建立单向度的连接。平台自身应该为受众建立一个开放、透明的交流环境,促进不同观点的碰撞和交流。此外,单一的在线咨询方式效率较低,周期较长,有时可能无法及时回复所有的问题和意见,造成信息的滞后和不完整。平台作为数字展示的媒介,需要重视受众需求和期望,提高受众互动效率,及时通过受众反馈,有针对性地进行内容展示和互动设计的调整。平台方可以考虑采用多样化的互动方式,除了在线咨询,还可以引入其他形式的互动交流,比如在线讨论、问答社区、直播互动等。这些方式可以更快速地回应受众的问题和意见,并能够促进更多人参与和分享。

四、内容议题模式化,缺乏受众感召力

各市建立各类非遗相关网站或公众号的重要目的就是探索非遗传播的新

---

[1] Erik M C. Cultural engagement in virtual heritage environments with inbuilt interactive evaluation mechanisms[C]. Proceedings of the 5th Annual International Workshop Presence, 2002: 117-128.

途径,让公众参与到非遗和技艺的保护中来。而从调查的情况来看,安徽各市级非遗网站及公众号的内容呈现基本是从文化资源管理角度出发建立的,很少从公众角度和以受众需求为中心来建设平台。

由前文的调查数据显示,不论是非遗网站还是非遗公众号,其内容议题覆盖范围有限,且议题过于模式化,缺乏多样性。从各类议题的总体数量来看,除其他不定议题外,展演比赛、普及传承、会议与领导调研三种议题数量较多。展演比赛与普及传承多是非遗相关活动的图文报道,内容同质化,表现形式单一。而平台更新较快的栏目也是与非遗相关的政务信息、法规政策、活动动态等内容,对本市及各县的非遗本体风貌的展示,更多的是依靠简单的文字和图片介绍。目前非遗平台所提供的信息内容与公众需求之间存在一定的距离。现有的平台往往依赖简单的图文介绍和音视频介绍,未能满足公众对非遗项目的深入了解和互动体验的需求。这种情况很难吸引公众的兴趣,也难以激发他们对非遗的热情。

吸引公众对非物质文化遗产网站和公众号的关注,是实现非遗传播的重要一步。非遗资源的种类以及数量,在一定程度上也决定了网站和公众号的吸引力和关注度。前文曾提及,目前非遗相关网站的建设主要分为三种类型:各市级独立非遗网站、各市级文化馆网站、各市级文化和旅游局网站;非遗相关公众号的建设主要分为两种类型:各市级文化馆公众号和各市级非物质文化遗产保护中心公众号。其中,独立的非遗平台数量较少,然而这些平台能够提供更加丰富和集中的非遗资源信息。与此相比,其他类型的平台由于功能定位的限制,往往只能提供零散和单一的非遗资源。整体来看,目前安徽各地市级仅有少数市建立了单独的非遗平台,更多的是将非遗信息内嵌在其他文化类网站中,所以非遗信息往往会和内嵌网站的定位相关,这在一定程度上限制了非遗资源的种类、数量以及呈现方式。

以上这些问题也反映了当前的非遗平台的内容建设仍过于传统,过度依赖官方活动和展示性活动,而缺乏对非遗项目本身的深入解读和挖掘,同时,也未充分利用平台本身的媒介技术特性,将非遗以更富创意和多样化的方式呈现给公众。为增强受众的参与感,平台需要从受众需求的角度出发,提供多样化的内容议题,并立足平台本身的特性和优势,对非遗进行创新展示和传播推广。

五、平台设计布局简单,缺乏视效感染力

在当前视觉化社会中,平台的设计布局不仅涉及对内容本身,还包括整体布局的设计。伴随着现代媒体和互联网技术的迅猛发展,人们注意力的视觉转向日

益明显,图像作为一种传播符号,是视觉文化的基本构成单元,其传播价值逐渐得到提升,甚至超越文本成为传播过程中的主要载体和重要手段。图像主要包括图画、影像和景象三种基本类型。图像能够引起我们视觉和听觉的全方位认知,调动我们的感官。通过图像,我们能够更直观地感知和理解信息,加深对内容的记忆和理解。此外,图像还能够激发人们丰富的联想能力和创造性思维。[①]

从平台的内容设计来看,不论是网站中的非遗资讯,还是公众号中的内容性推文,其文案、美工及内容深度都有待提高。在平台的信息内容中,对安徽非遗的宣传往往只停留在介绍"是什么"的阶段,文本大多只是概念解释,缺乏主体意识,忽略了本土文化特色。在宣传和介绍安徽非遗时,未从更多面、更深入的角度来展示安徽非遗的魅力。并且这些文案风格通常过于直白,平铺直叙的内容以及单调的文本让受众读起来缺乏美感和视觉吸引力。除文本外,非遗平台中展示的静态图像和动态影像信息都过于简单传统,缺乏创意和艺术感。如蚌埠市非遗特色库网站的学术资源栏目(图4.11),其中包括研究成果和影像资料两个子栏目,研究成果中的14篇信息资源,都是扫描版的《蚌埠记忆》书稿;影像资料中有16篇信息资源,视频质量、长度、画质参差不齐。该栏目所包含的信息内容与整个非遗资源相比十分有限,并不能真正满足公众对非遗学术资源的需求。而各地级市非遗公众号中的视频号在影像内容的呈现方面存在更为明显的问题。这些视频的制作往往较为随意,忽视了画面构图和拍摄角度的美感,更多像是简单的活动记录。

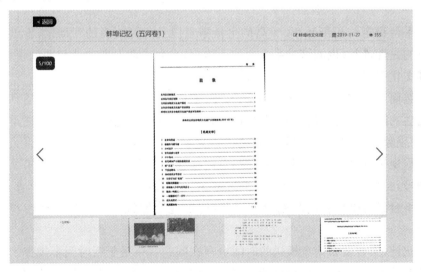

图4.11 蚌埠市非遗特色库网站的学术资源栏目

---

① 程立涛.图像的价值传播功能三题[J].高校马克思主义理论研究,2019,5(4):89-95.

从平台的整体布局来看,页面结构、色彩构建、排版形式都是不容忽视的视觉呈现要素,它们直接影响用户对平台的第一印象和整体体验。平台的页面结构应该简洁明了、易于导航和操作。合理的布局可以有效地引导用户的视觉流动,使其对平台的内容有清晰的认知。但当前各地级市的非遗平台大多建立时间较早,页面结构较为传统,存在栏目多层嵌套、导航不够直观等问题。色彩是视觉传达的重要元素,能够传递情感和引起受众的注意。平台应合理运用色彩搭配来突出重要元素、表达信息识别度,并在整体中保持和谐的视觉效果。然而,当前部分非遗相关网站的页面设计和排版布局较为传统,配色单调,没有统一的视效风格,不利于提升用户的阅读体验。虽然非遗相关公众号的页面设置相对较简单,对页面色彩构建的创作空间有限,但随着公众号页面功能的开发,已有更丰富的页面显示方式可供选择,然而大部分公众号仍然沿用传统的布局和排版方式,没有充分利用这些新功能。排版形式也需要仔细考虑和设计。适宜的字体、字号和行距、清晰的标题层级等都可以使文本内容更易读、易理解,并提升整体的美感。然而,目前非遗平台的内容排版质量并不高,有些平台虽然有大量的图片和影像资料,但在排版上未考虑到整体页面的观感。通过精心设计页面结构、色彩构建和排版形式,可以创造一个视觉上吸引人、舒适易用的平台,提升用户的体验感和参与度。

六、内容更新频率较低,缺乏文化引领力

平台稳定的更新频率、较高的更新数量以及与订阅者的互动量,能够增强用户的黏性,同时也能够维系平台的话语权,平台主动设置非遗相关的议题,增强其文化引领力。

然而,根据前文提供的数据显示,许多非遗平台都有内容更新滞后和缺乏计划性的问题。无论是非遗网站还是非遗公众号,都普遍存在"重开通不重运营"的现象,其中视频号中关于非遗相关动态更新的问题尤为明显,许多公众号并不重视视频号的开发,发布非遗相关的信息更是少之又少。如淮北市文化馆视频号,自账号开通以来,仅在 2022 年发过一条视频,且其内容与非遗无关。许多平台经常出现长时间断更的现象,这可能会导致用户流失和平台声誉的下降。

此外,平台发布信息推送的时间也存在问题。一是更新时间不规律。不管是长期的发布时间,还是每日的发布时间,都过于随机,限制了用户获取感兴趣内容的及时性,让用户难以形成时间预设,建立媒介使用习惯。二是更新时间未考虑传播效果。大部分平台的日常信息推送的时间与用户实际的活跃时间

不符,影响了信息的传达效果。平台应该根据受众的活跃时间段和习惯,进行信息发布时间的灵活调整。

除了平台上非遗信息内容更新时间的问题外,还存在着对平台上已有但过时的信息资源未及时更换的情况。这样的问题会导致用户在浏览平台时收到不准确或过时的信息,从而降低了平台的可信度和用户体验。例如,一些非遗等级的变化、历史溯源的拓展等信息的更新。同时,在大力推动非遗创造性转化和创新性发展下,非遗作为一种活态的、流动的文化,其自身及其表现形式都发生了许多显著的变化。平台应该建立起定期检查及更新的机制,定期对平台上的信息资源进行审核,剔除已过时或不准确的内容,并及时更新信息。

第四节 安徽各地市非遗相关网络平台建设展望

安徽各地市非物质文化遗产网站和公众号的建设对实现安徽非物质文化遗产的保护传承与传播普及,促进安徽经济文化发展具有重要意义。通过对安徽省地级市非遗网站和公众号建设现状的调查和分析,总结出上述问题,并以此为基础提出了针对性建议,旨在促进安徽省非物质文化遗产得以更好地传播与传承。

一、创新非遗栏目类型,开发相关辅助功能

安徽各地市非物质文化遗产网站栏目和公众号栏目的设置应当更具人性化,既要具有实用性,又要具有趣味性和知识性,尽量将相关网站和公众号打造成为一个以非物质文化遗产为主要内容的网络平台。在栏目设置上,可以增设具有互动性的栏目,通过合理设计,进一步丰富平台内容。

非遗相关网站除了设计与非遗相关的图片展示、视频展示、文字介绍等形式来吸引受众的注意,还应该增加网站的数字化应用,如将传统的网站检索方式转变为 AI 智能问答方式,在实现检索功能的同时,增强网站的互动性;此外在非遗项目展示部分,应将传统的二维静态画面转变为三维立体式画面,让用户可以通过点击等方式全方位欣赏非遗。非遗相关公众号可以开发一些非遗游戏小程序,并将其内嵌到栏目或文章中,通过这些游戏来宣传安徽的非遗知识,同时公众号要注意与网站之间的联动,彼此互相"引流",增强用户关注度。

此外,在注重视觉类功能开发的同时,也不能忽视听觉类的辅助功能。可

以在非遗相关平台中添加语音播报等功能来增强网站的实用性。当前语音播报功能多是 AI 语音播报,在实际的运行中该功能的利用率并不高,缺乏声音的"亲近感"。要想充分发挥语音播报功能的作用,需要管理者具备较强的网络技术能力和服务意识。因此,非物质文化遗产平台可以配备专业的技术人员对语音播报功能进行设计、开发和维护。在非物质文化遗产平台的栏目页面中设置语音播报功能,可以让受众更方便地获取安徽非物质文化遗产信息。当然,为了提升语音播报功能的使用效果,在开发语音播报功能时要注重语音语调、情感表达、叙事节奏以及配音配乐等多方面元素。

二、优化非遗建档程序,加快数字技术应用

非物质文化遗产的建档工作是建立在对非遗项目全面、系统调查的基础上的,是对非物质文化遗产项目在保护过程中存在的各种信息进行记录、收集、整理、建档等工作。安徽非物质文化遗产网站建设需要在广泛调查和了解的基础上,对非物质文化遗产进行分类建档,并通过数字化技术进行信息呈现。

对于网站和公众号建设来说,要针对非遗资源的特点,一方面要对平台内容进行规划,设置专题页面,便于网民快速检索;另一方面要注重网页和手机页面设计,界面清晰简洁,方便浏览。可以将安徽非遗分为历史文化、地域风情、民俗风情、特色产品四大类。在界面设计方面,可以采用传统与现代相结合、静态与动态相结合的方式,充分利用数字化技术优势,合理设计网页布局,使网站结构清晰、布局合理、重点突出。

网站和公众号建设要注重对非遗项目的数字化呈现。数字技术是对传统文化进行传承和发展的有效手段,利用数字技术对非物质文化遗产进行数字化呈现可以使非遗得到更好的保护和传承。首先可以通过数字化技术对非遗项目进行收集整理,其次对非遗项目进行数字化存储,最后可以通过网络技术将这些非遗项目呈现在受众面前。利用数字化技术对非遗项目进行处理后,网站和公众号上可以保存非遗相关信息,为了更好地传承非物质文化遗产,需要对其进行数字化处理。比如在徽州剪纸的数字化处理中,可以采用图像采集系统,对相关剪纸成品进行图像采集;在皖南地区民间手工技艺的数字化处理中,可以采用动画技术,将相关技艺过程以动态形式展示出来;在民间传统体育项目的数字化处理中,可以采用三维建模技术,将其相关的人物、场地、道具等内容展示出来。

随着社会的发展和科技的进步,数字化技术在非遗领域的应用正逐渐受到重视。然而,事实上,目前数字化技术在安徽非物质文化遗产方面的运用确实还处于初级阶段,在数字化技术领域,安徽非遗项目仍面临一些挑战和问题。

三、结合当代受众需求,优化非遗传播措施

安徽非物质文化遗产网站和公众号的建设必须与当代受众需求相结合,结合安徽的地域特点和当地的历史文化,优化非遗宣传措施,提升非遗宣传效果。具体来说,可以从以下几个方面来优化传播措施。

第一,整合资源,建立完善的非遗数据库。非物质文化遗产网站应该建立完善的非遗数据库,包括各类非物质文化遗产项目名录、代表性传承人信息、传承人成就事迹等。网站和公众号应该在充分利用各种渠道和手段收集信息资源的基础上,将数据进行分类整理,建立完善的数据库系统。数据库系统应该对各种数据进行深入挖掘,以获取最有价值的信息资源。并且定期更新数据信息,及时将数据整理归档,做好非遗相关知识管理工作,以便于读者对网站进行浏览和检索。

第二,重视审美体验,优化网站和公众号内容设计。非物质文化遗产网站和公众号应该在注重视觉效果的同时加强内容设计的美学品位。首先,非物质文化遗产网站和公众号建设应该积极融入现代审美元素,吸引更多的受众,提升其在网络上的传播效果。其次,网站和公众号内容设计应符合传统文化和历史背景要求,在其基础上进行设计,更容易被接受,消弭距离感,内容设计部分应该注重信息传递的质量和效果,具有较高的可读性和吸引力。

第三,结合其他创新形式进行传播。非物质文化遗产网站和公众号大多利用图片、文字、声音等形式进行宣传,但视频发布较少,其他新媒体传播方式更是微乎其微。在非物质文化遗产网站和公众号建设中,可以尝试采用新媒体技术来对非遗进行传播与展示,如采用VR(虚拟现实)技术、AR(增强现实)技术以及3D建模等来实现对非遗的展示与交流。安徽非物质文化遗产有着悠久的历史,许多具有地方特色的非遗项目,如芜湖的铁画、淮北的高跷、安庆的黄梅戏、寿县的淮南皮影戏等都是在历史长河中沉淀下来的。它们具有很高的艺术价值,但由于缺乏现代化制作手段和传播手段,许多珍贵的非遗项目没有被更多的人了解和认识。然而不同媒介有各自优势,可以根据非遗项目特性设计不同的宣传方式。

四、及时引入用户视角,重视文化内容输出

非物质文化遗产的价值不仅体现在其本身,它更大的价值在于其所蕴含的文化内涵。要想建设好非遗网站和公众号,必须重视用户对非遗的文化内容需

求,可以从以下几个方面进行考虑。

第一,引导用户参与,发挥用户在网站和公众号建设中的重要作用。非物质文化遗产是以人为载体存在于现实社会中的,对其进行保护和传承也要以人为本,以满足人类对物质文化和精神文化的需求为出发点和归宿。因此,网站建设应注重对用户需求的关注。网站和公众号建设可以借鉴电影制作中的"首尾效应"原理来进行设计,即在网站和公众号设计之初就应该考虑到整个平台是否会给用户留下良好而深刻的印象。

第二,积极探索"人工智能+"下非遗传播方式,满足用户多元需求。当前非遗网站和公众号建设在内容上大都是静态的、文字化的、枯燥乏味的,如果能够将非遗与现代传播技术结合起来,那么就可以使非遗从静态走向动态、从枯燥走向活泼、从乏味走向有趣、从单一走向丰富,从而充分满足用户对非遗的多元需求。

第三,安徽省地级市非遗网站和公众号应该结合用户需求,对各类议题都有所覆盖,有针对性地丰富内容。一是宣传类,主要介绍安徽非物质文化遗产项目的概况和特色;二是传承类,主要介绍安徽非物质文化遗产项目的历史文化价值和现实意义,同时还应包括安徽非物质文化遗产项目代表性传承人的相关情况;三是服务类,可以发布一些有关安徽非物质文化遗产项目保护和传承方面的活动和政策信息。减少同质化内容,缓解用户阅读倦怠,优化用户体验。

五、提供多样互动方式,建立有效反馈机制

安徽非物质文化遗产网站和公众号的设计应该考虑到网站的易用性,注重用户在使用平台时的体验,为此可以增加留言板功能,以增强其互动性。留言板能够为用户提供一个反馈意见的平台,通过与用户之间的交流,了解用户的需求。安徽非物质文化遗产网站和公众号可以在主页面设置留言板,将用户对平台的建议或意见进行记录和整理,并以一定的格式在平台上公布。留言板上可以根据内容分为几个版块,如:热门话题、网友讨论、投票调查、专家观点等。通过这些版块的设置,可以让用户对平台有更多的了解和参与,增强平台与受众之间的互动性。除了静态的留言机制,平台还可以提供一些实时的交流方式,如在线聊天、在线问答等,通过实时的交流方式,用户可以更方便地与平台进行互动,及时解决问题和获取信息。

针对用户的反馈信息,要定期进行整理和归纳,并将整理后的信息在平台上进行公开展示。在公开的信息中应当标注相应问题的解决进度,让用户知晓他们的反馈得到了关注和处理。同时,还可以设立用户反馈奖励机制,鼓励用

户积极提供反馈信息和建议,让用户感受自己在平台发展中的重要性和价值,提升用户满意度和参与度。

随着信息技术的发展和互联网的普及,人们获取信息的渠道越来越广泛、便捷,传统文化的传承方式正在发生变化,以网络为载体的传播方式对传承非物质文化遗产具有重要意义。在数字化时代带来的新的传播方式下,安徽省地级市非遗网站和公众号应该根据自身特点,以满足受众需求为中心,充分利用网络优势,打破时空限制,以受众喜闻乐见的形式开展非遗宣传活动。同时,要重视内容策划,要结合地域特色,挖掘非遗资源中蕴含的思想观念、人文精神和道德规范。

第五章 互动传播:新兴媒介平台安徽非遗数字化表达

盛世修文,斯文在兹。一个时代的进步,总是以文化的繁荣为鲜明标识;一个民族的复兴,总是以文化的兴盛为强大支撑。文化连接着一个民族的过去、现在和未来。安徽是中华文明的重要发祥地之一,拥有众多珍贵的非物质文化遗产。这些非物质文化遗产具有深厚的群众基础,构成安徽特有的文化魅力,是安徽人民宝贵的精神财富和智慧结晶,也是中华文明的瑰宝。随着信息技术的飞速发展,新兴媒介平台逐渐成为推动文化数字化、非遗的保护传承与创新发展的关键力量,也是中华优秀传统文化"活起来""火起来"的重要载体。各文化主体借助新兴媒体平台,创新传播和积极推介安徽非遗,是贯彻落实习近平文化思想的具体体现,是提升安徽文化吸引力和软实力的重要举措。

第一节 嵌入的非遗:数字媒体平台的传统文化

随着互联网技术的不断发展,数字媒体普及应用已经成为时代发展的必然趋势。数字媒体平台不仅是文化争奇斗艳、碰撞交融的舞台,其本身也是文化汇集的产物。作为科技发展的重要成果,数字媒体在社会中发挥着重要作用,中国传统文化也在数字技术的推动下焕发出新的生机。

数字媒体平台的崛起不仅是技术的进步,还是一场信息传播的革命。数字媒体平台提供了多样化的信息呈现方式,包括文字、图像、音频和视频等,使用户能够以更为直观丰富的方式参与信息交流。相较于传统媒体,数字媒体展现出显著的优势,数字媒体的即时性、互动性以及个性化定制的特点,为用户提供了更灵活自主的信息获取体验。在数字媒体平台上,用户不再被动地消费信息,而是能够选择感兴趣的内容、参与讨论,分享自己的创作经验。这种用户参与的模式使得文化传播不再是单向的传递,而是变得更为开放和多元。数字媒体平台通过打破传统媒体的信息壁垒,构建了一个更加包容和互通的文化传播网络。

同时，数字媒体平台的全球性和跨文化性质，使得文化信息能够跨越地域和语言的限制，实现全球范围内的文化交流。这为不同文化之间的对话提供了更为广阔的空间，促进了多元文化的交流、互鉴和创新发展。

然而，随着数字媒体平台的普及，我们也面临着信息过载、虚假信息传播等问题。因此，我们需要在充分利用数字媒体平台便利性的同时，注重信息的质量和可信度，引导公众形成理性的文化参与态度，以推动数字媒体平台在文化传播中发挥更为积极的作用。数字媒体作为文化传播的重要载体，呼唤我们深刻思考如何更好地利用这一平台，促进文化的传承与创新，构建更加丰富、多元的文化生态。

一、数字媒体平台中传统文化的传播特征

数字媒体平台的崛起对传统文化的传播产生了深远的影响，为传统文化的传承与创新提供了新的工具和媒介可能性。在数字媒体平台上，传统文化的传播呈现出一系列独有的特征，这些特征既反映了数字时代的特殊性，也凸显了传统文化的魅力与活力。

（一）传播效率高

数字媒体平台通过互联网技术，突破了传统媒体的时空限制，极大地提高了信息传递的速度和效率。传统文化的内容得以在全球范围内以更为迅捷的方式传播，使得公众可以在任何时间、任何地点获取文化的信息。这种高效的传输特性为传统文化的全球传播提供了有力支持，让人们能够更加便捷地了解、分享和传播文化。

传播效率的提高不仅是信息传递速度的加快，还体现在数字媒体平台对多媒体表达形式的广泛支持。通过高清视频、音频、图像等多媒体形式，传统文化得以更为生动、直观的方式展现在公众面前。这种多媒体的表达形式使得传统文化能够以更具吸引力的形态呈现，让公众更容易沉浸其中，提高了传统文化的传播效果。无论是传统舞蹈、音乐演奏，还是传统工艺的制作过程，数字媒体平台的多媒体功能为这些文化元素注入了新的生命，使其更具表现力和感染力。

数字媒体平台通过数据分析和用户画像，可以精准地推送符合公众兴趣和需求的文化内容，在实现了个性化文化传播的同时，提高传播的有效性和触达性。公众可以根据自己的兴趣和需求，选择和定制自己想要接收的文化内容，实现了从被动接收到主动选择的转变。这种个性化的文化传播，不仅满足了公众的个性化需求，还使得文化传播更具有针对性和效果。

（二）促进互动体验

与传统的单向传播方式相比，数字媒体平台为公众提供了更广泛、更直接的参与机会，使得传统文化传播过程更加仪式化、交互化及动态化。

首先，数字媒体平台通过社交媒体（如微博、抖音等）创造了一个开放的交流空间，公众不再只是被动地接受文化信息，而是可以通过评论、点赞、分享等方式与其他公众互动，从而形成一个更加广泛的社交网络。这种社交化传播使得传统文化能够在社交平台上引发更广泛的讨论和共鸣，促使更多公众参与文化话题的交流。社交媒体的互动性为传统文化提供了更多元的传播渠道，也加大了公众对文化内容的情感投入度。

其次，数字媒体平台通过在线直播、互动活动等方式拓展了传统文化的实时互动体验。在线直播平台打破了空间的限制，使得文化的传播更加广泛和深入。通过网络直播，公众可以实时亲历各种文化活动，并与演员、艺术家进行互动。这种实时互动不仅拉近了文化创作者与公众之间的距离，还提高了公众对传统文化的参与感。公众可以通过弹幕、礼物赠送等方式与演出现场互动，营造出更加热烈和亲密的文化氛围。

此外，数字媒体平台通过虚拟现实、增强现实等技术，可以提供沉浸式的文化体验，使得公众可以更直观和真实地感知文化内容。抖音、淘宝、腾讯等互联网平台相继举办了"云游博物馆"活动，单日的观看量超过千万，人们可以在不同的时间、不同的地点，通过手机等媒介参观数字博物馆，不仅打破了时间和空间的限制，也节省了公众参观博物馆的成本，传统文化也更加贴近人们的生活，而线上参观所达到的观看量也是线下参观无法比拟的。

数字媒体平台强调用户生成内容（UGC）的特性，鼓励公众参与文化内容的创作和分享。公众可以通过上传自己的文化体验、创作相关内容，与其他用户分享个人的文化见解和体验。这种 UGC 的互动方式使得文化传播不再是单一的信息传递，而是一个更为多元、开放的文化共创过程。公众的创作参与不仅促进了文化内容的多样性，还增强了文化传播的活力和可持续性。

（三）充分利用碎片时间

碎片时间是指人们在日常生活中的零散时间，如等待公交、排队购物、休息间隙等。这些时间虽然短暂，但频繁且分布广泛，因此具有极高的价值。数字媒体平台正是利用了这一点，通过各种形式的内容吸引用户在碎片时间中进行消费，使得公众能够在繁忙的生活中充分利用碎片时间接触、了解和享受传统文化的精华。

数字媒体平台通过算法推送机制,将传统文化内容以短视频、小说片段、音频剧集等碎片化的内容形式精准地推送给用户,使得用户能够在碎片时间里获取最符合自己兴趣的文化资讯。这种碎片化的传播形式适应了现代社会快节奏生活的需求,公众可以在短暂的休息时间、通勤时间等碎片时间里欣赏到有深度和内涵的传统文化内容。同时,数字媒体平台碎片化的内容呈现形式也为传统文化创作者提供了更为灵活的创作空间,创作者可以利用碎片时间创作、发布内容,而公众则可以在碎片时间内欣赏这些创作。这种灵活的创作和阅读方式使得传统文化创作能够更好地适应现代人的生活方式,使传统文化更加贴近人们的日常生活。

此外,数字媒体平台的社交分享功能使传统文化能够在碎片时间内通过口碑传播,形成更加广泛的社交网络。当用户在碎片时间里发现一段有趣的传统文化内容时,往往会通过社交媒体平台分享给朋友、家人或粉丝。这种口碑传播不仅在社交网络上促进了传统文化内容的流行,还扩大了传统文化的传播范围。

二、数字媒体平台中传统文化的创新和变革

近年来,我国大力推进非遗领域的数字技术应用推广。在文化和旅游部的组织下,已经通过数字多媒体方式对上千名国家级非遗代表性传承人进行记录,并逐步推动优秀记录成果的研究利用、社会共享。此外,非遗数字化展示和网络媒介的强大传播功能,让更多的年轻人有机会零距离关注、了解、参与非遗。

数字媒体如微博、抖音、快手、微信视频号等为用户提供了分享和观看短视频的便利渠道,也为传统文化的展示和传播带来了全新的可能性,传统文化因而更具生命力和吸引力,更符合年轻人的审美和接受习惯,同时也更加贴近人们的生活和情感需求。

传递正能量,弘扬正确价值观,传统文化类短视频不断引导当代年轻人向上向善。以朱铁雄为例,从早期孙悟空、哪吒、关羽、赵子龙等"梦想"主题变装,到近期的皮影、木雕、变脸、舞狮等"传承"主题变装,朱铁雄通过一个个令人热血沸腾的故事告诉公众,传统文化不仅很美,还很燃,在新时代背景下,年轻人有责任传承和弘扬好中华优秀传统文化。武术博主凌云,一身武艺惊艳全网,英姿飒爽的长枪、潇洒飘逸的剑法、神秘灵动的峨眉刺、帅气逼人的空翻……从单纯的宣传武术,到与书法、国画、非遗等内容融合,她希望以武术为窗口,带动公众了解中国传统文化。"意外艺术"创始人吴敏婕(账号名"意公子"),在短视频平台上以通俗易懂的语言讲述历史故事,发布了近30期关于苏东坡的内容,获得5.2亿次播放和1423万点赞,粉丝数量近890万(图5.1)。短视频创作者

不断从日常生活中挖掘新故事，与传统文化精髓紧密融通，为传统文化注入了新的活力和时代气息，消弭了传统文化与时代的历史距离、与人民群众的心理距离，让中华优秀传统文化在新时代焕发勃勃生机。

图 5.1 传统文化类短视频博主及其作品

（图片来源：综艺报）

连接古今，引发共情，传统文化类短视频引导用户关注年节传统文化。比如，过年系列短视频《挂灯笼、贴对联、备好年货过大年啦》展现过年的细节，如炸蛋酥花生、缝制新衣、制作糖葫芦和糖画等。中国节气文化系列音乐短视频《聆听二十四节气之声》，从音乐、语言、文化等多个维度，向全世界展现中国传统节气文化。这些短视频产生现象级的传播效果，引起用户对传统文化的热烈讨论。

虚拟现实（VR）、增强现实（AR）、剪辑、特效和贴纸等技术，助力传统文化破圈传播。短视频创作者将传统文化与数字技术相结合，为用户带来传统文化与现代科技相互交融的视听体验。例如，2024年3月，国风博主"皮卡晨"通过VR技术，以第一视角带领用户在西安大唐不夜城的景区街道品尝小吃、观看表演。VR直播不仅立体地展示了大唐不夜城的景区风貌，还提供了独特的互动体验，令许多用户觉得新奇有趣。

在中国传统文化传播方面，短视频平台正发挥着越来越重要的作用。抖音积极扶持优质传统文化内容，相继推出一系列扶持计划，如"DOU 有好戏""DOU 有国乐""舞蹈传承"等。2024年1月，抖音直播举办传统文化专场晚会"古韵焕新·华彩传承"，参演的20余位传统文化主播均由抖音用户推选，涵盖戏曲曲艺、民族乐器、民歌、中国舞等领域，当晚，超过3588万人在线观看演出；2024年4月，抖音直播举办广西三月三线上展演周，主播通过经典民歌传唱、艺术表演和互动活动，拉近了大众与民歌艺术之间的距离。同时抖音还与三星堆博物馆达成合作，共建三星堆抖音营销与开发体验计划，三星堆博物馆入驻抖音生活服务平台，同时开通在抖音平台上的门票购买渠道。快手则坚持通过"短视频+直播"助推非遗传承，曾发布"快手非遗带头人计划"，在湖南湘西、贵州雷山、四川凉山等地发掘非遗带头人，提供商业和管理教育、产业和品牌资源等，全方位支持其发展。在快手平台，铜雕、银饰、高甲戏、剪纸、刺绣、捏泥人等传统技艺通过方寸屏幕焕发新生。

细数诸多案例，我们可以发现传统文化在短视频平台主要有四种传播机制：一是突出传统元素在现代空间环境和社会场合中的运用，实现传统元素的"场景化"和"生活化"；二是通过对传统文化的个性化解读和表达，呈现对现代生活的新态度；三是通过专业且趣味性的表达，让传统文化传承人成为文化达人，培养兴趣群体；四是通过传统再造，强调传统文化精神，引起情感共鸣。①

数字媒体平台，不仅为传统文化的传播提供了新的途径，同时还推动着传统文化逐步地和当下人们的社会生活相结合，数字媒体作为传播媒介的作用日益增强，因此利用数字媒体传播传统文化时更应该注重其社会功能。创作者应将传统文化和数字技术深入结合，真正做到将传统文化与生活生产相融合，抓住传统文化的精神内涵，深入挖掘传统文化背后的意义，不断提高其社会价值。②

第二节 "微"表达：碎片化开放性微博平台中的安徽非遗

微博以分享和发现为基本传播形式，具有多元的传播途径，构建了一个庞大的互动与对话组成的复杂系统。在微博平台上，用户可以发布文字、图片、视频等形式的内容，并通过关注、转发、评论等操作，与其他用户进行互动和交流，从而形成社交网络。同时，微博还提供了话题讨论、热门话题等功能，帮助用户更快地了解和参与到当前的热点话题中。微博作为新媒体平台，在文化传播中扮演着重要的角色。它既可以作为传统文化的传播媒介推广和传承传统文化，

---

① 抖擞传统报告. 短视频激活传统文化魅力[EB/OL].[2019-05-13]. https://baijiahao.baidu.com/s?id=1633399604781991942&wfr=spider&for=pc

② 廖圣清,黄文森,易红发,等. 媒介的碎片化使用：媒介使用概念与测量的再思考[J]. 新闻大学, 2015(6):61-73.

又可以成为当代文化的展示窗口,促进文化交流和创新。微博平台为广大用户提供了一个自由开放的传播空间,可以传递丰富多彩的文化信息,推动文化的多样化发展和传播。

基于微博本身的媒介特性,微博平台中的安徽非遗信息呈现出碎片化、开放性的特征。"碎片化"(fragmentation)最早是20世纪80年代"后现代主义"的有关研究文献中讨论的,原意为完整的东西破成零片或零块。后被引入众多学科语境当中,而在传播学领域,"碎片化"研究主要涉及媒介"碎片化"、信息"碎片化"、受众"碎片化"、时间"碎片化"、空间"碎片化"等方面,各类"碎片化"进程是相互影响、相互塑造的关系,如媒介"碎片化"不仅影响了受众"碎片化",同时还通过塑造受众媒介使用行为的"碎片化",即我们所说的"碎片化"媒介使用,其主要的表现是:媒介多任务的使用以及媒介接触时间的断裂。① 而本节主要讨论的是微博媒介中安徽非遗信息的"碎片化"问题,这一问题涉及信息的内容、呈现形式以及互动反馈几个方面的"碎片化"。"碎片化"是一个中性且辩证的词汇,是对"细分化""去中心化"的描述,其本身并没有对错,这也意味着在传播学领域中,研究"碎片化"不应只关注其可能带来的消极影响,而应全面探讨其潜在的积极意义和消极后果。

微博平台的"开放性"特征是指,在微博平台,人人都可以成为媒介中的"发声者",其建立了一个虚拟开放的互动空间,用户拥有信息接收者和信息传播者的双重身份,并且微博的话题功能,也使得用户得以针对某一个问题形成圈层式的开放讨论。微博的"开放性"也意味着对用户的使用门槛较低,语言表达较为自由和多样化,传播辐射面广。但这种"开放性"也容易带来一些问题,如信息质量无法保证、谣言的传播、容易引发争议和冲突等。

本节选取微博话题作为研究对象,微博话题指在微博平台上对特定主题的讨论与交流,通常以双"♯"号加关键词句的形式构成。带双"♯"号的微博话题会形成一个跳转链接,点击话题链接会看到话题的具体数据,以及该话题下所有相关微博内容,如果话题被大量点击、关注、使用,则会在微博首页的"热门话题榜"出现,进一步带动话题流量和热度。微博话题本身也是微博这一媒介碎片化形式表征的一种,零碎的话题将微博议题与受众分割成一个个独立的社群,通过对话题的关注和讨论形成圈层传播。本节借助 Web Scraper 工具进行数据爬取。首先在微博网页版中以"安徽非遗""安徽非物质文化遗产"等为关键词进行检索,检索时间为2024年3月21日,共收集34条"安徽非遗"相关话题及其具体信息(表5.1)。随后,逐一对每个话题下的微博信息进行爬取(不包

---

① 蔡斯敏.微博语境下的中国网络公共领域探析[J].天津行政学院学报,2014(6):92-97.

含每条微博下的评论),共收集1182条微博信息(由于微博网页版信息显示数量有上限,且微博信息的实时变动性较大,故收集到的微博信息数量存在一定的误差)。进一步对这些微博信息进行了整理和分析,以探讨微博平台中安徽非遗信息的碎片化表达与开放性特征,并思考微博这一媒介在安徽非遗传承与传播中的作用与存在的问题。

表5.1 微博平台"安徽非遗"相关话题

话 题 标 题	话题主持人	话题分类
♯吴克群到安徽学非遗鱼灯表情亮了♯	安徽爱游	明星－内地
♯安徽的非遗鱼灯可以有多美♯	CCTV中国诗词大会	综艺－内地综艺
♯安徽非遗大展有多精彩♯	合肥校园	校园
♯安徽师范大学非遗鱼灯将亮相央视♯	黄山新鲜事	时事
♯安徽非遗鱼灯可以有多美♯	黄山新鲜事	社会
♯游安徽探非遗♯	/	/
♯在安徽非遗离我们并不远♯	合肥校园	校园
♯安徽非遗匠人用铁锤出山水画♯	新浪安徽	社会
♯安徽四大名茶入列人类非遗项目♯	光芒视频	社会
♯安徽的非遗鱼灯有多美♯	合肥校园	校园
♯安徽四大名茶入选人类非遗♯	/	/
♯安徽非遗展♯		
♯吴克群现身安徽歙县学习非遗鱼灯♯	黄山文旅	旅游
♯周雨彤安徽非遗讲述者♯		
♯安徽新增147项省级非遗代表性项目♯	黄山新鲜事	社会
♯你不知道的安徽非遗♯	安徽美食	旅游
♯安徽认定99家非遗传承基地♯	大皖新闻	社会
♯安徽479项省级非遗项目名单♯	大皖新闻	社会
♯安徽加强非遗保护♯	大皖新闻	社会
♯安徽国家级非遗项目和传承人名单♯	大皖新闻	时事
♯大学生绘制安徽非遗地图♯	大皖新闻	社会
♯安徽省非遗馆有望5月开建♯	/	/
♯当安徽高校遇到非遗♯	合肥校园	校园
♯安徽不断健全四级非遗保护名录♯	黄山新鲜事	社会
♯安徽四大名茶入选非遗代表作名录♯	安徽商报	时事
♯安徽首个非遗夜市♯	大皖新闻	社会

续表

话 题 标 题	话题主持人	话题分类
♯安徽147个项目入选第六批省级非遗♯	大皖新闻	社会
♯安徽拥有国家级非遗名录项目99项♯	大皖新闻	时事
♯非遗走进安徽高校♯	合肥校园	校园
♯安徽这些项目入选国家级非遗♯	安徽商报	时事
♯非遗带你游安徽♯	安徽文旅	旅游
♯安徽非遗夜市走进南京♯	黄山文旅	社会
♯安徽四项目列入第五批国家级非遗♯	大皖新闻	社会
♯安徽非遗闪耀长三角文博会♯	大皖新闻	时事

一、微博平台中安徽非遗的碎片化表达

（一）信息内容碎片化

微博本身就是以"微信息"为主要内容的媒介，传播内容的碎片化是其最直观的特征表现。从"安徽非遗"微博话题下的具体信息来看，微博平台中安徽非遗信息内容碎片化的表现包括承载文本的零碎、信息内容的片面和话题内容的单一。

微博最大的特点就是信息的短小性、快捷性，微博文本的字数限制是140个字，虽然在2016年，微博在发布器中取消了140个字的限制，但在媒介的信息流中依然只显示前140个字，不过在此条微博显示部分的文末会标注"展开"（网页版显示）或"全文"（客户端版显示）的提示，点击即可查看完整内容。微博的字数限制有效地保证了信息发布的速度，并促成了一种碎片式的后现代主义风格。随着微博和其他以"微信息"为主要内容的媒介的普及，人们日常生活的交流方式和话语风格在潜移默化中被重构。这种信息语言表达碎片化的形式，消解了传统语言观念所追求的"宏大"的叙述模式，同时也表征了后现代主义"微小叙事"的风格特征。非遗本身具有较高的文化价值，而文化具有多元且深刻的特性。然而，在微博这种寥寥数词、只言片语式的表达中，很容易缺乏语言逻辑性和连贯性，导致文化作品中意义的消解和同质化信息的泛滥。尽管如此，但我们不可否认的是，叙事特征从"宏大"向"微观"的转变，让叙事视角更加平民化、平视化，更加贴近普通人的生活与情感，容易引起大众共鸣，达到"遍在"的传播效果。但在微博网页版中检索有关"安徽非遗"的34个话题中，共收集1182条微博信息，其中仅有216条微博文本长度超过140个字符，更多的是

由简略文字和非语言符号组成,且大多是对话题的简要评论,并未构成完整的叙事框架。虽然某些话题的传播范围较广,但总体来看,这些话题下的信息缺乏对非遗本身的聚焦。

微博基于其算法技术建立的信息流推荐规则,导致用户接收的信息内容呈现片面化趋势,用户往往只能接收到自己感兴趣的信息,容易忽视信息在网络中的完整性和系统性。具体而言,基于这样的"触网"惯习,微博用户所接触的非遗信息深度和广度,对总体的非遗信息而言是碎片化的、片面化的,用户在获取非遗信息时缺乏全面的视野和更深入的理解。这种信息内容的片面化在微博话题下的主要表征即话题内容的单一性。在微博网页版中共检索到有关"安徽非遗"的34个话题,除去5个未设置话题分类外,共有29个话题标明了分类属性,其中包括13个社会话题、6个时事话题、5个校园话题、3个旅游话题、1个明星话题以及1个综艺话题。对话题标题以及话题导语的内容进行词频统计,结果显示提到的关键词最多的前五个是"安徽""非遗""项目""国家级""省级",提到最多的具体非遗项目是"非遗鱼灯",提到较多的具体地名包括"歙县""芜湖""黄山"和"亳州"(图5.2)。从数据中可以看出,微博平台上关于"安徽非遗"的内容涉及的主题较为分散,触及多个领域和方面。除了传统的文化遗产

图5.2 话题标题及导语的词频分析

保护和传承方面，还包括社会、娱乐、文化旅游等多个领域。而在话题设置方面，涉及安徽具体非遗项目的数量较少，主要集中在少数具有代表性和热度的非遗项目和地区，如"非遗鱼灯"，相比之下，其他非遗项目和地区的讨论相对较少。这种情况对安徽整体的非遗资源来说，呈现出单一且碎片化的特点。

（二）呈现形式碎片化

微博呈现形式碎片化包括呈现主体的"去中心化"与呈现形式的多样化。呈现主体"去中心化"具体是指微博中"安徽非遗"的信息发布主体多元，既有地方官媒，又有各种类型的自媒体。这种多元性使得关于"安徽非遗"的话题并没有明确的信息发布中心，而是由众多的微博用户自由发布相关内容，呈现出一种信息传播自由度较高的状态。呈现客体的多样化在于其多元的信息传播形式。在微博上，文字、图片、视频等不同形式的信息并存，一条信息往往以语言符号和非语言符号结合的形式呈现。这种多元的信息传播形式使得用户在浏览时更加丰富多彩，但也增加了信息接收的复杂度。用户在阅读时往往只看到片段化的文字内容或零散的图片，缺乏统一的整体理解。除此之外，微博中大量的表情符号、网络流行语等非语言符号也对信息的传递产生影响，有时会让用户误解原本的意图或信息。

微博话题的主体包括微博话题的"主持人"和话题中的信息发布者。微博话题中的"主持人"扮演着重要的角色，其主要负责管理和维护特定的微博话题，以确保话题内容的质量和相关性。在微博网页版中检索到关于"安徽非遗"的34个话题中，有29个话题有"主持人"参与管理，其中官方媒体与自媒体在参与管理方面的数量较为均衡。官方媒体具备权威性和专业性，其管理的话题视角更为宏观，而自媒体则更贴近用户，具有更灵活的传播方式和更亲民的语言风格，娱乐性较强，其话题视角更为微观。在34个"安徽非遗"话题中共检索到1182条微博信息，其中多元身份和背景的普通用户居多。这些普通用户可能是非遗爱好者、文化传承者、地方居民、游客等，他们通过自己的视角和经验来分享关于安徽非遗的内容，为话题的热度和传播度贡献了重要的力量。

虽然微博的信息传播形式多样，但在"安徽非遗"的相关话题中，文字仍然是主要的呈现形式。而图片和视频多用于展示非遗项目，向用户呈现更生动直观的内容。另外，大量表情包的使用主要是对安徽非遗的赞美，多用于情感表达。这种多元化的信息呈现方式丰富了用户的阅读体验，使用户能够通过不同形式的内容更好地了解和欣赏安徽的非遗。通过文字、图片、视频和表情包的结合使用，用户可以更深入地体验和分享关于安徽非遗的无穷魅力，也体现了微博这一平台的多样性和互动性。

（三）思想表达碎片化

前文提到传播领域的各类"碎片化"进程是相互影响、相互塑造的关系，微博传播媒介的碎片化不可避免地影响着用户思想表述的分散性和碎片化。因为碎片化的信息接收方式在一定程度上瓦解了受众注意力，用户对信息处理的思维形态变得碎片化，信息表达也呈现碎片化的趋势。

思维形态碎片化指碎片化的信息传播模式会导致用户在接收和处理信息时难以形成完整的、连贯的思维模式，从而使得用户的思维形态呈现碎片化状态。在微博关于"安徽非遗"的话题中，由于快速阅读的信息接触习惯与微博媒介海量、琐碎的信息流影响，用户可能更加倾向于碎片化地获取信息，快速浏览话题内容而不是深入思考和理解。这种碎片化的思维形态可能会降低用户的信息理解和消化能力，影响其对非遗信息的综合把握和深度思考能力。另外，若用户"断章取义"地获取内容的事实，也容易导致对非遗信息理解的片面化和情绪化。

思维形态碎片化最直观体现就是用户信息表达的碎片化，而表达碎片化的表征包含两个层面的内容：一是微博用户以自我为中心的碎片化表达；二是微博用户表达在时间层面的断裂性。对收集到的34个"安徽非遗"话题下的1182条微博信息进行词频分析后发现，与前文所述的话题本身的信息内容相比，在用户的信息表达中，除了显著的非遗项目与地区信息外，富含强烈情感的描述性词汇明显增多，如"薪火相传""美好""惊艳"等。在微博关于"安徽非遗"的话题中，用户往往聚焦某一个话题事件发表简短、琐碎的观点和评论（图5.3）。由于微博的字数限制以及用户注意力的有限，大多数用户选择配以图片、表情包或短视频来进行内容分享，这种碎片化、片段化的表达方式突出了自我情感和情绪的输出，而忽略了对安徽非遗这一文化主体的深入研究和理解。此外，在一些娱乐化倾向明显的安徽非遗话题中，用户表达往往容易"失焦"，如#吴克群到安徽学非遗鱼灯表情亮了#、#周雨彤安徽非遗讲述者#两个涉及明星的话题，在此话题下的用户表达关注点更多地集中在明星个人而非安徽非遗本身。在这种情况下，非遗的文化意义和价值可能被掩盖，使得本来应该重视的非遗信息被边缘化。在安徽非遗话题中，微博用户表达在时间层面的断裂性是指话题热度的短暂性和波动性。一个话题的热度存续时间通常较短，并容易受到其他热门话题的影响而迅速消退，如34个"安徽非遗"话题的热度持续时间基本在一周以内。话题在不同时期的讨论和关注受到多重外部因素的影响，例如特定事件或人物的关联，以及用户群体的兴趣转移会导致话题的热度出现波动。将话题热度的存续时间作为用户信息表达碎片化的表征之一，是因为对安徽非遗的传播与传承这一长时间、持续性的实践活动来说，微博话题中安徽非遗信息在时间层面上呈现出断裂、非持续、碎片化的特点。

图 5.3　话题下发布的微博信息的词频分析

二、微博平台中安徽非遗的开放性互动

开放性是大众传播媒介的特性之一，这种开放性是指媒介向社会公开发行或广播最大限度地满足尽可能多的受众的需求。[①] 时至今日，媒介开放性的含义有所拓展，更多指媒体形式的自由度和可参与程度，它反映了媒体与受众之间的互动关系以及信息传播的开放程度。微博作为一个开放性的大众媒介，不仅传播内容具有开放性，传播形式也凸显着开放性互动的特征。微博平台用户量与日俱增，开放性互动鼓励多方广泛地参与，不仅包括媒体机构和受众之间的互动，还包括受众之间的互动。这种多方参与的特征使得微博平台中的信息传播更加多样化和丰富。开放性互动的另一个特征是实时性。在微博平台上，用户可以随时随地发布和获取信息，并与其他用户进行实时互动。这种实时性带来了更快速、即时的信息交流和反馈。平等性是开放性互动的又一特征，微

---

① 童兵.媒介的开放性和新闻宣传的舆论性[J].新闻与写作，1990(11)：5-6.

博鼓励平等的参与权和发言权。每个人都可以表达自己的观点、意见和建议，而不受身份、地位或其他因素的限制。这种平等性有助于促进多样性和包容性，同时也增强了信息的可信度和可靠性。

开放性互动在现代社会中具有重要意义。一方面，它丰富了信息内容，开放性互动使得信息更加多样化和全面化。通过互动反馈，微博可以对舆情进行可视化分析，了解受众的需求和偏好，从而提供更加贴近受众的内容。同时，受众的参与也带来了更多的观点、经验和知识，为信息创造和传播注入了新的活力。另一方面，它也能够促进公众参与，增强社会联系。微博为人们提供了参与公共事务、表达意见和监督社会的机会。通过微博等平台，个人可以直接参与政治、社会和文化领域的讨论和决策，实现更广泛的民主参与。微博也促进了人与人之间的联系和连接。微博使人们可以方便地与志同道合的网民进行交流和互动，突破了血缘、地缘的限制，人们的交流更多地向业缘和趣缘拓展，拓宽了人际关系的范围，加深了人际交往的深度。

微博平台中关于安徽非遗的讨论，主要集中于安徽非遗的保护、传承、创新以及与当代社会的连接等方面。关于非遗保护和传承的讨论是微博上热门的话题之一。通过分享对安徽非遗的认识和理解，探讨如何更好地保护和传承这些宝贵的文化遗产。如♯大学生绘制安徽非遗地图♯和♯安徽加强非遗保护♯这些话题下，学生们通过绘制安徽省各地的非遗地图，采用可视化的形式加深大家对安徽非遗的了解，并引起大家的兴趣，更好传承和保护安徽非遗。从"安徽非遗"微博话题下的具体信息来看，微博平台中安徽非遗的开放性互动表现为多方互动、实时反馈和跨界合作三个方面。

（一）用户参与：安徽非遗话题的微博讨论与互动

安徽非遗话题在微博上的讨论与互动是一个活跃且多样化的过程。用户通过微博平台共同探讨非遗的内涵和价值，分享经验和观点，并促进非遗的传播和保护。微博用户在讨论安徽非遗话题时，常常通过发布微博、转发评论等方式表达自己的观点和情感。这些微博内容涵盖了非遗的介绍、传承经验、创作成果等多个方面，丰富了非遗话题的内容。同时，用户之间通过评论、点赞等方式进行了积极的互动交流。这种互动不仅促进了非遗话题的传播和讨论，还增强了用户对非遗的认同感和参与度。微博上非遗话题的传播路径多样化，用户可以通过关注非遗相关账号、参与非遗活动、与他人分享经验等多种方式，扩大非遗话题在微博上的传播范围，并吸引更多用户的关注和参与（表5.2）。

表 5.2 "安徽非遗"相关话题讨论热度

序号	话题	阅读量	评论量	转发量
1	吴克群到安徽学非遗鱼灯表情亮了	704000	21000	34000
2	安徽的非遗鱼灯可以有多美	32750000	10000	21000
3	安徽非遗大展有多精彩	31000	36	52
4	安徽师范大学非遗鱼灯将亮相央视	1750000	188	563
5	安徽非遗鱼灯可以有多美	2323000	227	782
6	游安徽探非遗	3308000	4936	21000
7	在安徽非遗离我们并不远	51000	37	56
8	安徽非遗匠人用铁锤出山水画	423000	48	58
9	安徽四大名茶入列人类非遗项目	241000	91	123
10	安徽的非遗鱼灯有多美	119000	64	82
11	安徽四大名茶入选人类非遗	2127000	143	328
12	安徽非遗展	747000	611	729
13	吴克群现身安徽歙县学习非遗鱼灯	129000	24	52
14	周雨彤安徽非遗讲述者	172000	256	305
15	安徽新增147项省级非遗代表性项目	590000	44	56
16	你不知道的安徽非遗	221000	130	156
17	安徽认定99家非遗传承基地	3447000	26	33
18	安徽479项省级非遗项目名单	3256000	44	54
19	安徽加强非遗保护	117000	8	10
20	安徽国家级非遗项目和传承人名单	295000	54	65
21	大学生绘制安徽非遗地图	169000	39	47
22	安徽省非遗馆有望5月开建	80000	3	4
23	当安徽高校遇到非遗	1297000	11	30
24	安徽不断健全四级非遗保护名录	1025000	29	35
25	安徽四大名茶入选非遗代表作名录	463000	1	3
26	安徽首个非遗夜市	481000	118	141
27	安徽147个项目入选第六批省级非遗	41000	74	331
28	安徽拥有国家级非遗名录项目99项	47000	85	381
29	非遗走进安徽高校	357000	13	20
30	安徽这些项目入选国家级非遗	1765000	46	55

续表

序号	话题	阅读量	评论量	转发量
31	非遗带你游安徽	401000	65	78
32	安徽非遗夜市走进南京	2317000	78	94
33	安徽四项目列入第五批国家级非遗	2026000	54	65
34	安徽非遗闪耀长三角文博会	120000	4	5

热度分析是衡量讨论活跃程度的重要指标之一,通过对安徽非遗话题的微博讨论与互动进行热度分析,可以了解用户对该话题的关注程度和参与度。针对安徽非遗话题的微博讨论,在分析讨论热度时可以考虑以下因素:帖子的阅读量、评论数量以及转发量等。这些数据可以在一定程度上反映出用户对该话题感兴趣的程度,也能够揭示用户对于安徽非遗的态度和看法。对用户在安徽非遗话题的微博讨论中表达的兴趣、见解和建议进行分析,可以深入了解用户对于该话题的理解和认知水平。用户的兴趣体现在他们选择关注该话题并参与讨论的行为上,而用户的见解和建议则展示了他们对安徽非遗的认知和对其发展的期望。

在对微博上34个安徽非遗的相关话题进行观察和分析后不难发现,阅读量、讨论量和转发量存在明显差异,34个微博话题的互动中,阅读量明显高于评论量和转发量,微博平台中关于安徽非遗的互动热度较高,用户积极参与到关于安徽非遗的讨论中,安徽非遗社群也分享了大量关于安徽非遗的信息和资讯,还举办线上活动、发布有关非遗的视频和图片,吸引了更多用户的关注和参与。他们通过发布微博、转发评论等方式,表达对安徽非遗的喜爱和支持,促进了安徽非遗的传播和推广。但是大多数用户倾向于阅读和点赞相关微博话题,话题的评论量和转发量相较于阅读量存在明显不足。虽然总体来讲微博平台中关于安徽非遗话题的微博讨论和互动热度较高,也吸引了多方主体的参与,但是发布者还是较为单一,大家更倾向于阅读,而对话题的讨论持保守态度,没有形成持续性的互动意愿。

(二) 实时反馈:安徽非遗活动的微博直播与互动

安徽非物质文化遗产是宝贵的文化资源,通过微博直播这一新兴媒体平台进行传播和展示,取得了良好的效果。目前,安徽非遗活动微博直播已经成为一种常见的方式,吸引了大量用户的关注和参与。在安徽非遗活动微博直播中,通过实时转播非遗活动相关内容,包括演出、展览以及传统工艺制作等,使广大用户能够随时随地欣赏非遗的魅力。

同时,微博直播还提供互动功能,使用户能够通过弹幕、评论等方式参与其中,增强了活动的趣味性和参与感。用户在观看非遗活动微博直播时通常会表达自己的情感和观点,如点赞、评论、分享等。这些互动行为不仅反映了用户对非遗的喜爱和认同,还促进了用户之间的交流和沟通。不同类型的非遗活动表现出不同的参与行为。一些精彩的演出往往能够吸引更多用户的关注和评论,而传统工艺制作等内容则更容易引起用户的学习兴趣和分享欲望。此外,用户之间也存在着相互影响的现象。当某个用户在直播中表达了自己的观点或情感后,其他用户可能会对其进行回应或者表达相似的意见,从而形成一种集体性的互动氛围。

通过微博直播,用户可以实时了解到非遗活动的最新进展和内容,增加了非遗的感知和认知。用户可以通过观看直播、参与弹幕互动等方式,与非遗活动之间产生更加深入和亲密的联系。同时,实时反馈还可以提供用户对非遗活动的即时评价和反馈,使非遗传承者能够及时了解到公众的反应和需求。这种互动反馈机制能够促进非遗活动的改进和优化,提高用户的体验和满意度。

(三)跨界合作:安徽非遗与其他文化元素的微博联合推广

随着社会发展和文化交流的不断深入,越来越多的跨界合作案例涌现出来,为安徽非遗的推介和传承注入了新的活力。通过合作方的资源和平台优势,安徽非遗得到了更广泛的曝光和传播。这种合作既能够保持安徽非遗的独特性和传统特色,又能够吸引更多年轻人的关注和参与。借助合作伙伴的平台和资源,非遗可以更广泛地传播到更多的人群中去。通过与其他领域的合作,非遗得以与时俱进,融入现代生活,并吸引更多人的关注和参与。微博平台在跨界合作中扮演着重要的桥梁作用,微博作为一个开放而互动性强的社交媒体平台,能够让不同领域的合作伙伴进行有效的沟通和交流。通过微博,安徽非遗与其他文化元素能够跨越地域和行业的限制,实现深度合作。微博平台提供了广阔的用户群体,微博拥有数亿的用户,他们来自各行各业、各个年龄层,具有不同的兴趣和需求。通过在微博上进行跨界合作推广,安徽非遗可以直接接触这一庞大的用户群体,实现信息的传播和传承。微博平台具有强大的影响力和传播效果,微博上的内容能够快速传播并引起人们的关注,从而进一步增加安徽非遗的曝光度和认知度。通过微博平台的合作推广,安徽非遗可以迅速扩大影响力,吸引更多人了解和参与到非遗的传承中来。

基于微博平台中安徽非遗研究的结果和分析,给出非遗微博传播优化建议:首先,微博平台应进一步加强非遗话题的推广和宣传。微博平台拥有庞大的用户基础和高度互动性,是推广非遗的重要渠道。从内容层面来看,可通过定期举办非遗主题的活动和挑战赛,鼓励用户创作与非遗相关的内容,如短视频、图片、文章等,并通过点赞、转发等方式进行互动,提高话题的热度和参与度。从技术层面来看,可利用微博的算法推荐系统,将非遗话题推荐给更多潜在的用户。通过分析用户的兴趣和行为数据,微博可以将非遗话题精准推送给可能感兴趣的用户,从而扩大非遗的影响力,与其他社交媒体平台进行合作推广。从市场层面来看,微博可以与其他社交媒体平台如抖音、快手等进行合作,共同推广非遗话题,形成联动效应,吸引更多用户关注和参与。

其次,微博平台应提供更多的专业性和权威性的非遗内容。可以邀请相关领域的专家学者或非遗传承人入驻微博,开设个人账号或专栏,定期发布与非遗相关的文章、视频等内容,借助专家学者的权威性和专业性为非遗传播提供有力支持。与非遗保护和传播机构建立合作关系,共同策划和制作非遗相关的内容,在微博平台中打造高质量非遗品牌。同时,还要加强对非遗内容的审核和筛选。微博可以建立专门的审核团队,对发布的非遗内容进行严格把关,确保内容的真实性和准确性。对恶意传播虚假信息的行为,微博应采取相应的惩罚措施。

最后,微博平台应加强与非遗相关机构和组织的合作。可以与非遗保护和传播机构建立长期稳定的合作关系,双方共同策划和举办非遗相关的活动,提高非遗的知名度和影响力。支持非遗传承人和手工艺人的发展,为非遗传承人和手工艺人提供展示和推广的平台,帮助他们扩大知名度和影响力。同时,微博还可以为这些人群提供培训和支持,提高他们的传播能力和专业素养。倡导和支持非遗的传承和创新,鼓励用户积极参与非遗的传承和创新工作,如通过创意设计、数字化技术等手段对非遗进行再创作和展示。这不仅可以丰富非遗的内涵和形式,还可以提高用户的参与度和创造力。

第三节 "视"传播:视听审美兼具的短视频中的安徽非遗

在这个信息爆炸的时代,短视频平台如雨后春笋般普及应用,其中以抖音为代表的平台更是引领了一场视听革命。抖音的兴起与发展,不仅改变了人们的生活方式,还为传统文化的传播提供了新的平台和可能。

安徽省拥有丰富的非遗资源,无论是视觉艺术还是听觉艺术,都蕴含着深厚的审美价值。例如,皖南的徽剧,其独特的婉转曲调和精致的脸谱,都是视听艺术的瑰宝。短视频平台的出现,为非遗的传播带来了新的机遇。在抖音等平台上,安徽非遗的视听审美表达方式得到了创新。通过短视频,公众可以更直观、更生动地感受非遗的魅力,从而提升了非遗的审美体验。例如,一段展示徽剧表演的短视频,不仅可以让公众欣赏到精彩的表演,还可以通过配文和弹幕,了解背后的历史和文化。

一、短视频平台的特点与发展趋势

短视频平台近年来以其独特的特点和迅猛的发展速度在互联网领域崭露头角。这些平台以其短小精悍的视频内容、丰富多样的创作方式和强大的传播力量吸引了大量用户,成为人们日常生活中不可或缺的一部分。安徽非遗承载着丰富的历史信息和文化价值。短视频平台为安徽非遗的传播提供了新的可能,也为非遗项目的保护、传承和发展开辟了新的路径和载体。

短视频平台的主要特点是内容短小精悍,创作门槛低,形式多样,社交属性强,易于分享和传播。用户可以在短时间内获取大量的信息,符合现代人快节奏的生活方式。此外,短视频平台还具有强大的社交功能,用户可以通过点赞、评论和分享等方式进行互动,形成强大的社群效应。下面将结合短视频用户群体与传播机制、短视频内容的创意与多样性、短视频平台在文化传播中的作用三个方面,对短视频平台的特点与发展趋势进行分析和论述。

(一)短视频用户群体与传播机制

短视频平台拥有广泛的用户基础,涵盖了不同年龄层和社会群体,展现出多样性和广泛性,相比传统的视频网站或平台,短视频平台在内容上更加碎片化和生活化,而年轻人对新鲜、有趣、轻松的内容需求较高,短视频正好满足了这一需求,因此年轻人成了短视频平台的主要用户群体。除了年轻人,随着短视频平台的不断发展,其他年龄段的用户也逐渐加入其中,形成了一个庞大的用户群体。多样化的用户群体为短视频平台的发展提供了广阔的空间,也推动了其不断创新和进步。

目前,短视频平台正逐步建立起其独特的传播生态,这得益于内容质量不断提升的生产机制、低成本高效率的制作机制、跨平台的移动传播机制、碎片化的跨屏浏览机制以及去中心化的内容传播机制。[1]

从内容生产机制来看,随着用户数量的增加,越来越多的创作者加入平台,带来了大量的原创内容。在这个过程中,优质内容逐渐浮现出来,经过平台的

---

[1] 张如静,杨葆华.短视频的传播机制[J].青年记者,2018(23):2.

推荐和用户的反馈,这些优质内容脱颖而出,形成了持续吸引用户的内容流。平台也通过引入更多的工具和功能,如滤镜、特效、剪辑工具等,来提升内容的质量和创意度,从而满足用户不断增长的审美需求和娱乐需求。

从视频制作机制来看,短视频平台为用户提供了低成本高效率的制作工具和渠道。通过智能手机等便携设备,用户可以随时随地进行拍摄和编辑,而不需要昂贵的摄影设备和专业的后期制作团队。这种低门槛的制作机制使得更多的普通用户都有机会成为内容创作者,从而丰富了平台的内容生态。

从移动传播机制来看,短视频平台的内容传播不局限于平台内部,还可以通过跨平台的方式进行传播。用户可以将自己喜欢的视频分享到其他社交媒体平台,如微信、微博、抖音等,从而扩大内容的曝光度和影响力。这种跨平台的移动传播机制使得内容能够更广泛地触达到不同的用户群体,提升了内容的传播效果。

从跨屏浏览机制来看,短视频平台的内容呈现出碎片化的特点,符合用户碎片化时间的消费需求。用户可以在等车、排队、休息等碎片时间里随时打开手机观看视频,而不需要长时间的专注。由于视频长度短小,用户更容易产生浏览下一个视频的欲望,从而增加了用户的黏性和平台的活跃度。同时,用户不仅可以在手机上浏览短视频,还能在智能电视、平板电脑、PC端以及其他智能设备进行观看,这种跨屏的特性进一步拓展了短视频平台的用户基础和传播范围。

从内容感染机制来看,短视频平台的内容传播不依赖于传统的中心化媒体机构,而是通过去中心化的方式进行内容感染。用户可以通过点赞、评论、分享等行为来传播自己喜欢的内容,从而形成一种用户驱动了的传播模式。这种去中心化的内容感染机制使得内容的传播更加多样化和灵活,更贴近用户的兴趣和需求。

随着短视频平台用户增速的放缓,平台从流量竞争转向价值竞争,各平台加速生态化布局、多元化发展,逐步从单一的短视频内容和社交媒体平台向线上综合性数字社区演进,用户可在短视频平台实现休闲娱乐、电商购物、生活服务、知识学习等多种诉求,短视频的功能也在不断地增强和创新。

（二）短视频内容的创意与多样性

在当今的数字化时代,短视频已经成了一种重要的信息传播和娱乐方式。它以其独特的形式和丰富的内容,吸引了大量的用户。短视频的内容创意与多样性是其成功的关键因素。

首先,短视频平台的一个显著特点是其内容的创意性。短视频平台的内容创意主要集中于内容类型定位及内容形式创意、如何制造热点与借力热点方面的创意。同时,内容创意还涉及内容叙事创意与剪辑方面的创意。另外,虚拟现实、增强现实、航拍和延时摄影等新技术的不断涌现,为短视频内容创意提供了许多新手段。[①] 创意是短视频吸引人的核心元素,因此,短视频平台上的内容创作者们不断探索各种新颖独特的创意。无论是通过精彩的剪辑技巧、有趣的配音表情,还是通过独特的故事情节和视角,他们都在不断尝试创新,为公众呈现出一段段充满趣味和想象力的短视频内容。创新的思维和独特的视角可以使短视频在众多的内容中脱颖而出。创意可以来自生活的点滴,也可以来自对传统文化的理解和再创造。

其次,短视频平台的发展趋势之一是内容多样性的提升。随着用户对内容需求的不断增长,短视频平台不断拓展内容领域,丰富内容形式,满足用户多样化的观看需求。在内容类型上,短视频平台不仅涵盖日常生活趣事、科普知识普及、影视剧情剪辑等传统内容,还包括美食制作分享、音乐舞蹈创作、旅行探险记录等更加多元化的内容形式。同时,短视频平台也鼓励用户通过不同的内容形式进行创作,包括微短剧、纪录片、VLOG 等,从而进一步丰富了平台上的内容形式,满足了用户不同的观看需求。

短视频内容的创意与多样性为我们提供了丰富的信息和娱乐资源,使我们的生活更加多彩。创意与多样性不仅是短视频平台的核心竞争力,还是其未来发展的关键驱动力。在未来,随着科技的不断发展和用户需求的不断变化,短视频平台的发展趋势将会更加多样化和个性化。一方面,随着人工智能和大数据技术的应用,短视频平台将更加个性化地推荐内容,满足用户个性化的需求;另一方面,随着 VR 和 AR 技术的不断成熟,短视频平台将会推出更加丰富多彩的内容形式,提供更加沉浸式的用户体验。

(三)短视频平台在文化传播中的作用

首先,短视频平台以其快速、直观的特性,使得文化信息的传播更加高效。在传统的文化传播方式中,信息的传递往往需要通过文字、图片等形式,而这些形式往往需要消费者花费大量的时间和精力去理解和消化。而短视频平台则通过短小精悍的视频内容,使得消费者可以在极短的时间内获取大量的文化信息,这无疑大大提高了文化信息的传播效率。

其次,短视频平台以其互动性强、参与度高的特性,使得文化信息的传播更加生动和有趣。在短视频平台上,消费者不仅可以观看到各种各样的文化内

---

① 陈永东.短视频内容创意与传播策略[J].新闻爱好者,2019(5):41-46.

容,还可以通过评论、点赞、分享等方式参与到文化信息的传播中来,这使得文化信息的传播不再是单向的,而是变成了多向的,消费者在享受文化信息的同时,也成为文化信息的传播者。

再次,短视频平台以其开放性和包容性,使得各种不同的文化都可以在这里得到展示和传播。在短视频平台上,无论是主流文化,还是小众文化,无论是国内文化,还是国际文化,都可以找到自己的位置和舞台。这使得短视频平台成了一个文化的大熔炉,各种文化在这里碰撞、交融,形成了丰富多彩的文化景观。

总体来看,短视频平台在文化传播中的作用主要体现在以下几个方面:一是短视频大大降低用户走近艺术和传播艺术的门槛,重塑艺术表达空间,激发艺术创意潜力;二是短视频平台发起中华优秀传统文化相关话题,有效推动泛娱乐社交平台向更广阔的文化内容领域拓展和深耕;三是短视频展现的美好生活,不仅范围广泛,连接城乡,而且立体多样,鲜活生动;四是短视频平台通过交互、激活、变现等功能服务传统文化的传播。

短视频平台在促进了文化多样性的传播、孵化和传播文化创意、文化教育、流行文化传播等方面发挥着不可或缺的作用,并引发了对文化传播规范和价值观念的思考。随着科技的不断发展和社会的不断变迁,短视频平台在文化传播中的作用将会继续扩大和深化。

虽然短视频平台在非遗传承与传播中确实具有巨大的潜力,但也面临着一些挑战。首先,短视频的时长限制可能会导致非遗的内容无法完整呈现,难以深入挖掘其内涵和历史背景。其次,短视频平台上内容的快速更新和碎片化特点,可能使得公众对非遗项目的认知停留在表面,缺乏系统性的了解。此外,短视频的制作创作门槛相对较低,可能导致非遗传承内容的质量参差不齐,甚至出现误导性的内容,损害了非遗的真实性和文化价值。对此,我们需要寻找有效的对策,如提高制作质量,注重故事性,加强对非遗的解读和引导等方式,来提升非遗在短视频平台中的影响力。

二、短视频平台中安徽非遗的视听审美表达

非遗不仅是人类长久生活积累的宝贵经验,更是精神智慧的文化结晶,它虽然来源于大众的日常生活,却因时间、空间等物理因素与我们的现代生活相去甚远。当前,观看短视频已经成为大众喜闻乐见的娱乐方式。《中国网络视听发展研究报告(2024)》数据显示,截至2023年12月,我国网络视听用户规模达10.74亿,网民使用率为98.3%。以网络视听业务为主的平台上,短视频账

号总数达 15.5 亿个。短视频不仅是展示非遗表演和非遗技艺的舞台,也是传播非遗历史记忆和文化内涵的网络阵地。作为大众文化的产物,短视频视听内容呈现出"新""奇"的审美标准,且不断影响着短视频的内容创作。目前,抖音成为非遗最大的传播平台。一方面,非遗短视频视听审美的新形态在抖音平台不断演进,另一方面,抖音也提升了用户在欣赏短视频时的视听接受审美能力。

本节选取抖音平台中描述安徽非遗的短视频作为研究对象(表 5.3),通过在抖音网页版中以"安徽非遗"为关键词进行检索,检索时间为 2024 年 3 月 21 日,选取点赞数较高的前 47 条短视频作为数据样本进行分析,逐一统计每条短视频的发布主体及粉丝量、安徽非遗内容(主要包括发布时间、时长、非遗项目)、评论数和转发数等基础信息,按照影视叙事结构、人类思维逻辑、视觉与听觉语言认知结构等进行整理,最后总结出安徽非遗短视频的视听审美特点。

表 5.3　抖音平台安徽非遗短视频

序号	视频标题	发布者
1	在第六届中国非遗传统技艺大展现场,各类特色游船依次进行了展示。希望有一条线路,连接起安徽和您的缘分♯黄山♯安徽国际文化旅游节♯我是非遗传承人♯肖战♯信号	安徽文旅
2	10 米长的一张纸。安徽的一个乡村里,藏着书画界梦寐以求的三丈三宣纸♯抖音美好乡村论坛♯晒出你们村的 2023♯续写非遗有我一笔	徽小生
3	偶遇　惊诧　同艺前辈♯传递戏曲文化♯非遗文化♯安徽地方戏　为他点赞	庐剧　郑宏文
4	什么是徽剧,什么是徽班?四分钟视频带你了解清楚♯这里是安徽♯传唱京剧♯国粹♯非遗♯安徽	这里是安徽
5	欢迎关注新号@吱扭吱扭小耳朵　全省"文化名家进高校"暨"非遗进校园"走进皖南医学院文艺演出圆满成功!@谢雨攸 @孙鹏飞 sun 棒棒哒!♯安徽卫视主持人事业部那点事儿	安徽卫视主持人事业部
6	奎湖浮流咀龙灯将于二四年春节正式开启♯安徽芜湖♯非遗抖起来♯非物质文化♯乡村振兴 dou 行动	汪义林
7	♯安徽理工大学"坚定文化自信,传承多彩非遗",2023 年非遗进校园活动,墨宝带大家一起感受非遗文化的魅力!♯非遗♯非遗进校园	安徽理工大学

续表

序号	视频标题	发布者
8	给安徽黄山的特产回礼准备了一副湖南非遗湘绣的双面绣,高端局真的换不起了♯湖南特产♯互换特产♯湘绣♯分享家乡特产	小小宋
9	"美好安徽,迎客天下",第十三届安徽国际文化旅游节盛大开幕!♯美好安徽♯安徽文旅♯安徽国际文化旅游节♯开幕式♯我是非遗传播人	安徽文旅
10	♯安徽地方戏♯演出现场视频♯谁说戏曲不抖音♯非遗抖起来♯非物质文化	安徽地方戏《庐剧专柜》
11	♯安徽地方戏♯谁说戏曲不抖音♯演出现场视频♯非物质文化♯非遗抖起来	安徽地方戏《庐剧专柜》
12	第六届中国非遗传统技艺大展参展:贝雕(北海贝雕)国榜哥:将于2023年11月10日至12日在安徽省黄山市欢迎黄山的家人们到现场观看♯非遗文化♯广西北海♯贝雕♯国榜哥@抖音小助手	♯国榜哥@中国CN
13	♯安徽地方戏♯谁说戏曲不抖音♯传递戏曲文化♯非物质文化♯非遗抖起来	安徽地方戏《庐剧专柜》
14	阜阳非遗小吃阜阳卷馍!我爱阜阳更爱阜阳卷馍,粗茶淡饭也是生活啊,平平淡淡的小日子。♯街边小吃♯路边摊美味♯特色小吃♯家乡的味道♯安徽	地城吴彦祖
15	许镇民合俞家埠龙灯将于二四年春节正式开启♯安徽芜湖♯乡村振兴dou行动♯非遗抖起来♯非物质文化♯我为家乡代言	汪义林
16	♯安徽地方戏♯谁说戏曲不抖音♯地方戏曲文化♯非物质文化♯非遗抖起来	安徽地方戏《庐剧专柜》
17	安徽省非物质文化遗产丫山藕糖!安徽省非遗传承人方小龙正在制作!♯地方特色美食♯现场实拍♯纯天然无添加	强金兰(晚上7:10)
18	♯安徽地方戏♯谁说戏曲不抖音♯传递戏曲文化♯非遗抖起来♯安徽庐剧	安徽地方戏《庐剧专柜》
19	大别山盆景技艺——安徽省非物质文化遗产传承人——束克云♯盆景非遗传承	会跳舞的树(束苑盆景)
20	♯安徽地方戏♯谁说戏曲不抖音♯传递戏曲文化♯非物质文化♯非遗抖起来	安徽地方戏《庐剧专柜》

续表

序号	视频标题	发布者
21	♯安徽地方戏♯谁说戏曲不抖音♯非遗文化♯安徽庐剧♯演出现场视频	安徽地方戏《庐剧专柜》
22	♯安徽地方戏♯谁说戏曲不抖音♯演出现场视频♯非物质文化♯非遗抖起来	安徽地方戏《庐剧专柜》
23	♯安徽地方戏♯谁说戏曲不抖音♯传播戏曲文化♯非遗抖起来♯真情演绎	安徽地方戏《庐剧专柜》
24	♯安徽地方戏♯谁说戏曲不抖音♯传递戏曲文化♯非遗抖起来	安徽地方戏《庐剧专柜》
25	♯综艺节目片段♯瞬间戳中泪点♯梨园春♯青年戏曲传播者♯非遗	贡小玉
26	承载中国千年文化的奢侈品！千金易得,李墨难求！来自安徽歙县的徽墨究竟为什么这么珍贵？♯非遗♯非遗传承♯非遗文化 @抖音小助手 @抖音广告助手	孙鹏飞 sun 船长
27	非遗看中国|国风 MV《岁岁亦安》(来源:新华网)♯安徽♯非遗♯岁岁亦安♯刘宇♯安徽文旅	安徽文旅
28	♯安徽六安♯800 公里大别山风景道上的非遗之旅♯绿水青山红色六安♯大别山风景道♯千里大别山醉美在六安	蔡黎丽爱六安（安徽六安）
29	四季龙来到了广西,虽然在这边宣传家乡的传统习俗不太顺利,但这是老祖宗传下来的手艺,四季龙传承人一定会坚持。四季龙起源于安徽安庆,发展壮大于皖北地区,请大家尊重传统手艺人♯非遗文化♯让老祖宗留下的东西继续发挥作用♯民族特色民族文化♯寻找年味♯安徽四季龙	四季龙
30	♯安徽地方戏♯谁说戏曲不抖音♯传递戏曲文化♯非遗文化	安徽地方戏《庐剧专柜》
31	♯安徽地方戏♯谁说戏曲不抖音♯传递戏曲文化♯非遗文化♯演出现场视频	安徽地方戏《庐剧专柜》
32	♯安徽地方戏♯谁说戏曲不抖音♯传递戏曲文化♯非物质文化♯非遗抖起来	安徽地方戏《庐剧专柜》
33	♯安徽地方戏♯谁说戏曲不抖音♯传播戏曲文化♯非遗抖起来♯国粹秦腔 @庐剧 武丹丹 我发誓,真拉到 100 了	安徽地方戏《庐剧专柜》
34	第十三届安徽国际文化旅游节开幕式现场文旅推介:舞蹈《寻梦徽州》♯安徽国际文化旅游节♯舞蹈♯黄山♯非遗♯我是非遗传播人	安徽文旅

续表

序号	视频标题	发布者
35	♯安徽地方戏♯谁说戏曲不抖音♯传递戏曲文化♯非物质文化♯非遗抖起来	安徽地方戏《庐剧专柜》
36	♯安徽地方戏♯谁说戏曲不抖音♯演出现场视频♯非物质文化♯非遗抖起来	安徽地方戏《庐剧专柜》
37	开戏了…都是泗州戏非遗文化~♯安徽地方戏	泗县梁峰
38	♯梨园春2023成人擂台赛 来自安徽蚌埠的非遗传承人贡健强,带来一段泗州戏《小二姐做梦》,他能否脱颖而出?咱们拭目以待!♯梨园春	河南卫视《梨园春》
39	♯安徽地方戏♯谁说戏曲不抖音♯演出现场视频♯非物质文化♯非遗抖起来	安徽地方戏《庐剧专柜》
40	第十三届安徽国际文化旅游节开幕式现场文旅推介:器乐表演《东风起》♯安徽国际文化旅游节♯器乐合奏♯黄山♯非遗♯我是非遗传播人	安徽文旅
41	总有些无聊的人阻挠我宣传非物质文化遗产四季龙,这是老祖宗传下来的手艺,骨子里自带的基因,四季龙流传千年是有底蕴的。不是谁都能舞得好的,发源于安庆,壮大于皖北♯让老祖宗留下的东西继续发挥作用♯非物质文化♯非遗抖起来♯皖北四季龙♯安徽四季龙	四季龙
42	用马鞍山丝绵画,再现宏村美景♯黄山♯宏村♯安徽国际文化旅游节♯非遗♯我是非遗传播人	安徽文旅
43	音乐一响,属于许镇人的精气神又焕发起来了,最后附24年许镇境内玩灯最新统计表♯安徽芜湖♯非物质文化♯非遗抖起来♯这个冬天很芜湖♯我为家乡代言	汪义林
44	字随壶传,壶随字贵。与宁国市书协主席雷骅走进安徽省工艺美术大师、紫砂制作技艺非遗传承人、国家一级美术师开四海先生工作室。♯抖音书法热门♯让喜欢的事成为生活♯因为热爱所以坚持♯人物故事♯谁说书法不抖	王亚洲（书法、篆刻、竹笛）
45	11月5日上午,安徽省灵璧石协会召开文创产品专业委员会暨非遗文化工作会议,总结2023年工作,研究部署2024年工作	安徽省磐石文化产业有限公司
46	安徽蒙城:立仓镇大李集村,民间艺人在"村晚"上表演传统曲艺,不看字幕,你能听懂几句?♯谁说戏曲不抖音♯安徽地方戏♯民间小调♯民族乐器♯非遗文化乐器演奏	青春立仓

续表

序号	视 频 标 题	发布者
47	安徽宿松县金姑鱼面,选材讲究,只用淡水生态鱼、优质纯红薯粉,纯手工精制,选鱼、杀鱼、去刺、揉面、擀面、蒸面、卷面、切面、晒面九道工艺,费时长,难度大。金姑鱼面非遗传承,历史悠久,是传统美食。@#纯天然绿色食品	走读宿松

(一) 非遗短视频中安徽非遗的视觉呈现

视觉元素是构成视觉呈现的基本要素,它们能够通过视觉传达信息和情感。视觉元素可以分为形状、颜色、纹理、空间和运动等几个方面。形状是点、线、面或者更复杂的形态,不同的形状所呈现的意义也各有不同,比如直线可以表示稳定、方正;曲线则可以表示柔和、流动等。颜色是视觉元素中极富表现力的一种,具有丰富的情感和符号意义。不同的颜色可以传递不同的情感和信息,比如红色可以表示热情、活力;蓝色则可以表示冷静、清新等。纹理是视觉元素中用以描述物体表面特征的一种属性。不同的纹理可以给人带来不同的感受,比如光滑的纹理可以让人感到舒适、整洁;粗糙的纹理则可以让人感到朴实、自然。空间是视觉元素中用来描述物体位置和关系的一种要素。空间的运用,可以表达出物体之间的远近、大小和方向等信息,进而构建出丰富的空间感。运动是视觉元素中用以描述物体状态的一种要素。通过对运动的表现,可以传达出物体的速度、方向和力量等信息,让观者感受到生命力和活力。

在非遗短视频中,安徽非遗的视觉呈现主要包括两个方面:一是安徽非遗短视频的视觉呈现,二是安徽非遗本身的视觉呈现效果。在抖音短视频中,安徽非遗的视觉呈现不仅可以展示特定文化群体的认知方式和审美观念,还可以传递特定文化的历史和传统,体现出文化中的象征意义和符号系统。不同的符号和象征在特定文化中代表着特定的含义,通过对这些符号和象征进行视觉呈现,可以传递出文化内涵和价值观。

安徽非遗之美体现在其视觉魅力上。安徽非遗源远流长,蕴含丰富多彩的视觉元素和表现形式,兼具文学、艺术、科学等多重文化价值,具有独特的意象认知表达、丰富的创作语言和多样的内涵寓意。其视觉形象与造型元素极具民族特色与文脉传承,展现了安徽地域独特的文化内涵和艺术魅力。

抖音平台爆火的短视频几乎都是包含跌宕起伏的剧情、炫酷的转场、瘦脸磨皮拉长腿等特效的短视频,但非遗短视频不同,它的成功与一般短视频相反,为了突出非遗项目的主体地位,力求达到视频整体视觉简洁的效果。

另外，背景环境的布置效果追求与非遗项目的整体和谐，背景环境以宫廷为素材会有恢宏壮丽的视觉效果，再比如非遗短视频中出现电视节目、发布会等画面，会增强背景环境的现场感。当然，非遗是来源于人们日常生活的，并非都需要刻意置景，所以部分非遗短视频直接以制作工坊或纯色墙壁为背景环境，此类非遗短视频背景环境虽较为粗糙简陋，但更突出了非遗项目载体的真实性。

安徽的非遗在戏曲戏剧艺术方面也有着独特的视觉表现形式。安徽的戏曲戏剧种类缤纷多样，拥有黄梅戏、徽剧、庐剧、淮北梆子戏、淮北花鼓戏、二夹弦、坠子戏、泗州戏、四平调、嗨子戏、清音戏、卫调花鼓戏、推剧、洪山戏、含弓戏、梨簧戏、贵池傩戏、皖南花鼓戏、青阳腔、岳西高腔、弹腔、文南词、太湖曲子戏、皖南目连戏等 24 个本省剧种，地方剧种数量居全国第三位。[1]

其中，最具代表性的是黄梅戏，它展现出极强的民族特色和视觉吸引力，与京剧、越剧、评剧、豫剧并列为中国五大戏曲剧种。黄梅戏作为一种极具观赏性的视觉艺术，其服饰、舞台、妆容等元素都具有独特的文化特质。随着数字技术的飞速发展，黄梅戏的演出形式也在不断创新和变革。数字技术为黄梅戏的视觉表达提供了更多的可能性，使得黄梅戏的演出更加丰富多彩，公众体验也因此大大提升。例如，在 2023 年安徽卫视春晚的舞台中，黄梅戏演员何云在随幻科技与安徽卫视联手打造的虚拟仙境空间内，演绎了经典黄梅戏选段《天女散花》（图 5.4），XR 实时虚拟技术与国粹戏曲结合，带来了一场极具科技魅力和东方韵味的内容盛宴。[2] 这种融合传统与现代、艺术与科技的新形式演出，无疑为黄梅戏的发展注入了新的活力，更丰富了安徽非遗的视觉表达形式。

（二）非遗短视频中安徽非遗的听觉表达

听觉元素是指通过声音传达信息和表达意义的元素。根据其特点和功能不同，可以将听觉元素分为音调、节奏、音色、声音和声音的空间感等。其中音调是指声音的高低变化，不同的音调可以传递出不同的情感和意义。高音调往往代表兴奋、愉悦或紧张，而低音调则通常表示沉静、悲伤或压抑。节奏是指声音的快慢和有规律的重复，节奏可以使听者感受到一种韵律感，并产生情感上的共鸣。快速的节奏常常让人感到紧张和兴奋，而缓慢的节奏则带来安宁和舒

---

[1] 张理想.安徽不仅有《天仙配》《女驸马》……[EB/OL].(2023-11-27). https://mp.weixin.qq.com/s/Eqjr6DUM0JufxEv7xmJcFw.

[2] 助推传统文化数智化升级：随幻 XR 技术携手安徽卫视打造春晚新视觉黄梅戏[EB/OL].(2023-02-03). https://mp.weixin.qq.com/s/Wdh1GeoVfBwVm68j_pv9Gw.

适的感觉。音色是指声音的质地和独特的特点,每个物体或媒介发出的声音都有其独特的音色。音色可以传达出物体的性质、情感和特征。例如,金属的音色通常被认为是明亮和清晰的,而木材的音色则更柔和和温暖。声音可以影响听者对信息的理解和情感的体验。声音强常常引起注意和兴奋,而声音弱则带来平静和亲密的感觉。声音的空间感是指声音传播的路径和位置,通过调整声源的位置和声音的方向,可以使听者感受到来自不同方向的声音,并产生一种立体的听觉体验。

图 5.4 黄梅戏选段《天女散花》的数字化呈现
(图片来源:微信公众号随幻智能科技)

安徽非遗元素以其独特的文化内涵和美学价值在听觉表达中占据重要地位,在安徽非遗元素的听觉表达中,可以看到深厚的历史文化积淀和地域特色。音乐、戏曲和舞蹈等艺术形式承载着历史记忆和民族精神,反映了安徽这片土地上的人文风情和社会变迁。

在安徽的非遗中,音乐作为一种表达方式和传承媒介,广泛融入民间传统、宗教仪式、庆典活动等方方面面,为人们提供了多样化的审美体验。安徽的非遗在听觉上体现出其独特的音乐形式和精湛的演奏技艺。目前,安徽省传统音乐中被列入国家级非物质文化遗产的包括民间歌曲和民间器乐。民间歌曲方面,有巢湖民歌、当涂民歌、桐城歌、大别山民歌、徽州民歌、五河民歌、凤阳民歌等。每一首民歌的主题内容与自然环境、民俗风情及时代背景密切相关。

一般的短视频声音表现包括人声、背景音乐和音效,但非遗短视频中部分非遗如传统音乐、传统戏剧、传统曲艺是经由口头传播的传统文化项目,此类非遗短视频是以人声为主要听觉元素的短视频,因此与背景音乐相比,此类非遗短视频中的人声的作用自是不言而喻的。所以非遗短视频听觉元素主要表现在以现场人声、添加人声(解说与对话)、背景音乐、音效等。传统戏剧、传统戏曲和传统音乐被冠以传统之名,不仅因其表现形式和内容遵照传统传习,而且它们的受众也具有对传统文化的期待。非遗短视频已经是非遗和新媒体融合的一大尝试,但大众文化审美的风云变幻,使创作者们苦思冥想出用经典曲风承接新主题的展现方式。短视频背景音乐的叙事功能与人声相比较弱,但可以起到渲染气氛、抒发感情和辅助人声的作用。受众从乐感中感受到的律动和共鸣,来自积淀内心的审美基因,属于音乐审美的潜意识,虽然不能与逻辑、概念和认识一起有理论依据地进行客观把握,但受众对背景音乐的知觉审美行为,常常会给人带来不同的心灵体验。抖音平台短视频背景音乐的特点在于流行速度快、辐射范围广、年龄不受限,所以一些抖音网络神曲自然也被运用在了非遗短视频中。慢节奏背景音乐和快节奏背景音乐都对发散思维能力的独创性有积极影响,无论是快节奏还是慢节奏的背景音乐,非遗短视频背景音乐的审美是传统文化的审美标准,使用的是近些年在中国传统文化的基础上发展起来的古风音乐。

(三)非遗短视频中安徽非遗的视听结合与审美体验

安徽非遗蕴含着丰富的视觉与听觉元素,深具艺术性和审美价值,不仅在视觉和听觉上带来了感官享受,还潜移默化地塑造着公众的审美品位。非遗短视频视听关系之间的处理和使用,影响着短视频的叙事结构。受众使用手机等移动终端播放非遗短视频,观看地点可以在公交车、地铁,甚至走路途中等。复杂的外部环境致使音量不得不被调小,如果不借助字幕可能听不清剧中的对话,因此,短视频为了能够在不同的播放终端投放时都能吸引受众,不得不在画面与声音的天平上大大倾向于前者。为了加强声音与画面形象的内在联系,常常采用声画分立的叙事方式,使之更富于感染力。视频中的人物很少发声,通过旁白的讲述与人物的行动,使视频各内容紧密连接,受众更容易进入视频所描绘的场景,这种声画对立的叙事方式,使受众与短视频中的非遗传承人融为一体,从而产生更加深入的互动,对非遗短视频的表达起到积极的作用。

随着数字技术和多媒体手段的发展,我们可以将这些视听元素进行充分的融合和结合,以更生动、直观的方式展现安徽非遗的魅力,从而在非遗短视频传播的过程中提升大众的审美和文化水平。

虚拟互动技术为我们提供了一个全新的方式,让我们能够将安徽非遗的视听元素进行有效的融合,创造出身临其境般的体验。同时,通过举办非遗展览、非遗线下展演等活动,吸引游客前来体验、感受传统文化的魅力,不仅可以促进当地旅游业的发展,还可以推动非遗短视频传播。例如,2024安徽·合肥"畲族三月三"非遗文化周活动在合肥庐阳区淮河路步行街盛大开幕(图5.5),精彩的民俗表演惊艳亮相、悠扬的山歌悦耳动听、特色的婚嫁表演引人入胜,精彩纷呈的畲族非遗展演,为现场观众奉上了丰富的视听盛宴。①

图5.5 "畲族三月三"非遗文化周活动
(图片来源:微信公众号宁国文旅)

安徽非遗的视听元素丰富多样,通过数字技术和多媒体手段的融合在短视

---

① 2024安徽·合肥"畲族三月三"非遗文化周活动,登上央视[EB/OL].(2024-04-22). https://mp.weixin.qq.com/s/McxYh3jUWtxzZ4nmc0Ty1w.

频平台创新非遗传播,我们不仅可以让更多的人了解和欣赏非物质文化遗产,同时还可以提升大众的审美水平,传承和弘扬中国传统文化。这是我们在保护和传承非物质文化遗产的过程中,应该努力探索和实践的方向。

第四节 数字媒体平台推动文化建设的现实挑战

数字媒体平台作为信息传播和文化交流的重要载体,在推动文化建设方面发挥着越来越重要的作用。然而,随着数字媒体的迅猛发展,也面临着一系列现实挑战,这些挑战既来自平台内部的管理和运营,又受到外部环境和社会因素的影响。

一、数字媒体的碎片化影响传统文化的传播

数字媒体平台推动文化建设的过程中,碎片化现象是一个不可忽视的挑战。数字媒体的碎片化指的是信息呈现、消费的碎片化趋势,即用户获取信息和文化内容的方式变得更为零散和碎片化,因此对传统文化的传播和传承带来了一定的影响。

在传统媒体时代,文化内容往往以长篇文章、专题报道、电视节目等形式呈现,能够较为完整地展现文化内涵和历史背景。然而,在数字媒体平台上,用户更倾向于获取简短、即时的信息,导致文化内容被切割成碎片化的形式,使得传统文化的深度传播受到限制。与此同时,数字媒体的碎片化降低了用户对传统文化的持续关注和深入学习。在数字媒体时代,人们往往通过快速浏览、刷屏等方式获取信息,很少有时间和耐心去深入了解一个主题或一个文化内容。这种碎片化的信息获取方式使得用户对传统文化的理解停留在表面,缺乏深度和系统性。传统文化需要时间和耐心去体验和理解,而数字媒体平台上的碎片化信息难以满足这种需求,导致传统文化传承和学习的困境。

此外,数字媒体的碎片化也影响了传统文化的内容创作和传承方式。在数字媒体平台上,用户更倾向于短视频、微博、微信等形式的内容,而传统文化往往需要通过长篇文章、专题节目或短视频等形式来进行深入解读和传承。这种碎片化的内容形式不利于传统文化的深度挖掘和系统传承,导致一些传统文化内容只能以浅显的形式被传播,难以传承其深厚的历史底蕴和文化内涵。

为了应对数字媒体的碎片化对传统文化传播的影响,我们需要加强对传统文化的挖掘和整合,提供更为丰富、更为精华、更为系统的文化内容,通过深入研究和整理,将其呈现给用户。也可以通过与文化机构、专家学者的合作,提供专业性、权威性的文化解读和推广方式。

除了短视频、微博等碎片化形式外,还可以尝试推出专题报道、系列节目、中长视频等形式,为用户提供更为深入、系统的文化体验。同时,也可以通过智能推荐算法等技术手段,将相关内容进行整合和推荐,引导用户进行更为深入的学习和探索。实现数字媒体平台内容呈现方式的优化,更好地满足用户的需求。并且通过开展文化教育活动、举办文化讲座、推广优质文化产品等方式,提升用户对传统文化的认知和理解水平。借助社交化平台的特点,促进用户之间的文化交流和互动,形成良好的文化氛围。

此外,政府部门应加强对数字媒体平台的监管和引导,制定相关政策和规定,引导平台运营者提供更为丰富、优质的文化内容,保护传统文化的传承和发展。同时,也可以加强对用户文化教育的宣传和推广,提升社会公众对传统文化的重视和关注度。

二、"数字鸿沟"阻碍传统文化传承与传播

数字鸿沟概念,起源于1999年美国国家远程通信和信息管理局(National Telecommunications and Information Administration,NTIA)发表的一篇题为《在网络中落伍:定义数字鸿沟》的报告,报告中明确指出:"数字鸿沟指的是一个在那些拥有数字技术的人以及那些未曾拥有者之间存在的鸿沟。"这一鸿沟更多地体现为以互联网为代表的新数字媒体接触和使用状况的四种差异。[1]

数字鸿沟导致了一些地区和群体在数字媒体上获取文化信息的不平等。由于经济发展水平、教育资源分配不均等原因,一些地区和群体的数字化素养和网络接入能力相对较低,无法充分利用数字媒体平台获取文化信息。这导致了传统文化在这些地区和群体中的传播受到限制,一些优秀的传统文化内容无法被更广泛地传播和分享。

在数字媒体平台上,传统文化与现代文化的融合与创新是推动文化建设的重要方式之一。然而,由于数字鸿沟的存在,一些地区和群体无法充分参与数字化社会中,导致传统文化与现代文化的交流和融合受到了一定的阻碍,影响了文化的多样性和丰富性。

---

[1] 金兼斌,数字鸿沟的概念辨析[J].新闻与传播研究,2003.1(10):75-79,95.

针对数字媒体平台的数字鸿沟存在的挑战,我们需要加强基础设施建设,缩小城乡、地区之间的数字鸿沟。政府部门可以加大投入力度,加快网络基础设施建设,提高数字化普及率,让更多的地区和群体能够接触数字媒体平台,享受数字化带来的便利和机遇。同时,通过开展数字化教育活动、普及网络知识等方式,提高社会公众的网络安全意识和网络技能水平,增强他们利用数字媒体平台获取文化信息的能力,提升社会公众的数字素养,从而缩小数字鸿沟的存在。另外,需要加强文化内容的多样化和地方化传播。在数字媒体平台上,需要提供更多符合地方特色和民族风情的文化内容,吸引更多的地区和群体参与到数字化社会中,促进传统文化在数字媒体平台上的全面传播和传承。

三、数字媒体技术对传统文化的冲击与反思

数字技术给保护、传播和利用传统文化带来了新的方法和机遇。但与此同时,数字媒体本身的弊端也不可忽略。

第一,数字技术难以完整地展现传统文化的生动性及其真实的文化本质。传统文化,无论是音乐、舞蹈、戏剧还是手工艺,都有其独特的生动性和真实性。这些文化形式往往需要在特定的环境和背景下,通过直接的人际交流和体验,才能被完全理解和欣赏。然而,数字媒体平台由于其本质的限制,往往难以完全复制这种体验。例如,一部传统的京剧表演,观众可以直接感受演员的情感,听到他们的声音,看到他们的动作,甚至可以感受到舞台上的氛围。然而,当这个表演被转移到数字媒体平台上时,不少文化元素或神韵都会被忽视。观众可能只能看到一个二维的屏幕,听到经过处理的声音,而无法真正体验到现场的气氛和情感。此外,传统文化的真实性也往往难以通过数字媒体平台来传达。传统文化往往深深地根植于特定的地方和社区,与特定的历史和社会背景紧密相连。然而,当这些文化被提取出来,通过数字媒体平台进行传播时,它们的背景和语境往往会被忽略或简化,从而导致其真实的文化本质被削弱,难以传达传统文化的深刻内涵和文化情感。

第二,数字媒体的商业化和标准化也冲击了传统文化的本质。数字媒体的商业化,尤其是为了追求利润而进行的内容生产和推广,往往会导致文化内容的同质化。为了吸引更多的用户和点击量,一些平台可能会倾向于推广那些广受欢迎、容易消费的内容,而忽视那些可能更具有文化价值,但受众较少的内容。这种趋势可能会导致文化的多样性和深度受到损害,从而影响到传统文化的传承和发展。

同时,为了适应数字平台的要求和格式,一些传统文化可能需要进行改编

或者简化，导致其失去一些原有的特色和意义。例如，一部复杂的传统戏剧可能需要被简化为一个短视频，以适应用户的观看习惯和平台的播放格式。这种改编可能会导致戏剧的原有的故事和表演技艺无法完全展现，从而影响到其文化的本质。

第三，数字技术可能导致人们对其过度依赖，潜在地削弱了他们对文化的直接感知和体验能力。随着数字技术的普及，人们可能变得过于依赖数字媒体来获取信息和文化体验，而不再亲自参与和感知传统文化。因为文化传承的本质是通过亲身体验来实现的。数字技术应当被视为辅助工具，而不是替代品，以保持人们对传统文化的亲身参与和感知能力。

第四，数字技术赋权公众，激发了他们的创造激情，但生产内容质量堪忧。数字媒体平台和社交媒体使任何人都可以成为内容创作者和发布者，这赋予了大众更多的话语权和参与机会。然而，这也可能导致内容的质量参差不齐，信息的真实性和可信度受到挑战。在文化数字化的传播过程中，虽然每个人都可以分享自己的理解和经验，但必须谨慎对待内容的准确性和文化背景，以免产生误导或混淆等问题。

我们应当辩证看待和应用数字媒介技术，把社会效益放在第一位，以保护和传承文化的真正价值，实现数字技术对非物质文化遗产有益而可持续的贡献。

第六章　效果评价：安徽非遗类短视频传播的影响因素

本章以抖音短视频平台安徽非遗短视频为研究对象,通过量化与质化相结合的方式探讨影响其传播效果的因素。从传播认同度和传播参与度两个维度,将其与抖音数据中的点赞量、收藏量、评论量、转发量相对应,作为传播效果影响因素模型的因变量。其次,将自变量从技巧因素、内容因素、账号因素三个维度划分。用数据分析方式研究视频维度中传播效果的影响因素;并通过深度访谈,从采访语料中概括出除上述要素之外的其他相关影响因素,得出传承人、媒介、受众、环境等因素对非遗短视频传播产生一定程度的影响。

第一节　非遗短视频传播影响因素的模型建构与研究假设

抖音是一个强运营的平台,对用户上传的非遗视频,平台审核通过后不会放置不管,而是给每个视频初始的"官方流量",初始的视频流量属于第一阶梯流量,平台会根据第一阶梯流量的完播率、点赞率、评论率、转发率等数据综合判断,是否给予更高级别的流量,其中非遗视频的完播率是决定其能否进入下一个流量池最关键的因素,并且数据会进行实时更新。根据抖音官方公布的流量池,分为初始流量池、中级流量池、高级流量池,如果视频通过初始流量池和中级流量池的测试,非遗视频的完播率、互动率等指标依旧很高,高级流量池的推荐量上不封顶,这将为视频提供数百万甚至数千万的流量扶持。所以,只有具有较高完播率的非遗视频,才能有机会进入下一个流量推荐池。在这个过程中,非遗元素可以被巧妙地运用,以吸引公众的注意力,提高整个短视频的完播率。

相比于传统的"中心化"机制,抖音平台采用了"去中心化"机制,这意味着上传非遗短视频的用户拥有平等的机会展示自己的作品。无论用户是谁,只要发布内容足够优质,就有机会被更多人看到。这种机制会鼓励草根素人创作更好的作品,因为在抖音平台,内容才是王道。在初始阶段,普通拍摄非遗内容的用户能够得到官方的基于算法的流量曝光,重视视频质量,轻视视频权重,这为用户之间的社交互动提供了更多的机会,增强了平台的活跃度。这一机制也为安徽非遗传承人提供了一个发布作品的窗口,只要他们的视频内容足够优质,就能够在网络上向更多人传播非遗。这种"去中心化"的传播机制,为更多的普通用户提供了分享生活的平台,同时也促进了文化的传播和发展。

一、非遗短视频传播效果评价指标

根据传播效果的三个层次,当传递的信息作用于人的知识体系,引起认识、知识结构等方面的相关变化,属于认知层面的效果;当信息作用于人的情感、观念体系,引发情感方面的变化,可以称作态度或者情感层面的效果;上述两个层面的传播效果最终会导致受众采取某些行为,这属于行为层面的效果。对于抖音短视频的用户行为,目前公开的行为数据有以下四种:点赞、评论、收藏、转发。根据文献资料梳理,目前对抖音短视频传播效果还没有固定的衡量标准,研究短视频用户行为是对短视频传播效果进行考察的有效方式。在实证研究领域,学者通常将上述多种指标进行综合分析,以此来表示移动短视频的传播效果。姜涛等(2019)评估了国内具有代表性的媒体的传播效果,考虑了媒体的引领力、传播力和影响力,并构建了传播效果评估体系,对其从传播的方向、广度和深度进行评估。罗雪(2018)通过传播广度、深度和参与度三个维度,比较了CGTN和BBC官方推特账户在社交网络中的国际传播效果。陈强等(2020)将传播认同度量化为收藏数、点赞数和投币数等三个客观指标,并通过播放量测量传播广度,通过弹幕数和评论数体现传播参与度。本章基于抖音平台特性以及技术的可操作性,从认知、态度和行为三个层面进行受众传播效果分析,从传播认同度和传播参与度两个维度评估传播效果,将传播认同度转化为点赞量和收藏量两个数据指标,传播参与度则通过评论量和转发量的数据来表示,确定安徽非遗短视频的传播效果评价指标,如图6.1所示。

(一)传播认同度:提升信息可信度

传播认同度指的是信息在社交网络或媒体平台上被认可和传播的程度,在一定程度上代表受众对于该信息内容的喜爱情感与认可态度。传播认同度越高,说明这个信息在社交网络中的传播积极性越高,影响力越大。非遗短视频传播可以通过传播认同度来衡量部分传播效果。在视频维度中通常用数据指标来衡量视频的传播认同度,抖音短视频中的点赞功能在网络平台中代表"喜爱""赞同",点赞量反映该作品受大众喜爱的程度。收藏功能是用户对认为有价值的作品进行保存的一种方式,通过收藏按钮将视频加入收藏栏,方便下一次查阅,视频被收藏说明该作品得到了别人的认可。点赞和收藏代表了受众对视频内容的肯定和认可。当一个非遗短视频被大量点赞和收藏时,它能够更加直观地反映受众对视频内容的喜爱程度和认同度,从而对非遗视频的传播产生积极的影响。一方面,大量的点赞和收藏通常会使得非遗短视频的曝光率和推荐率上升,这意味着更多的人会看到这个非遗视频并可能产生点赞和收藏行为,从而促进视频的传播;另一方面,点赞和收藏也能够增强受众对该非遗视频内容的信任和认同,因为这些行为表明受众已经认可并愿意保留这个视频,而不仅仅是被动地接收信息。这种信任和认同感能够增强受众对非遗的接受和认可,并进一步推动非遗的传承和推广。因此,结合认知行为理论,本章将传播认同度作为认知和态度两个层面综合考察的变量进行研究,并用视频点赞量和收藏量两个指标进行评估。

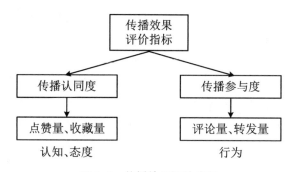

图 6.1　传播效果评价指标

（二）传播参与度:提升信息交互度

传播参与度是指在社交媒体上,用户在观看和分享信息的同时,也会参与到内容的创作、互动和传播过程中。这种参与可以包括评论、分享、转发、创作等相关内容,是一种更为积极和直接的参与方式。在非遗短视频的传播中,传播参与度也扮演着重要的角色。根据抖音平台特性,评论功能是用户与用户之间、用户与视频内容或者视频发布者之间的一种互动形式,通过开放的评论区留言,发布者能够看到用户对于该非遗视频的感受、意见、建议等,是对非遗视频内容直观清晰的反馈,非遗短视频的制作者可以通过分析,了解用户的反馈和需求,优化视频的制作和传播策略,加强对非遗的推广和传承。转发是用户将该视频分享给别人的行为,当一个非遗短视频被众多用户转发时,它的传播范围就会越来越广,因为每一个分享或转发都会将视频推荐给更多的用户,这种传播方式就像是一种信息传递的链条,从一个人传递到另一个人,不断扩大传播的范围。总的来说,传播参与度常用来衡量用户与媒体之间的交互程度,交流互动行为是传播内容对受众认知、态度上产生影响之后的表现,考虑到抖音点赞、收藏、评论、转发行为的差异性,评论和转发需要投入更多的认知努力,是传播对受众在行为层面的影响,最终选取评论量和转发量作为传播参与度的数据指标,将传播参与度与传播行为层面效果相对应进行考察。

二、非遗短视频传播效果的影响因素评价指标

在短视频传播效果的影响因素研究中,本章量化部分以安徽非遗短视频作为研究对象,重点考察短视频本身的因素对传播效果有何影响。除视频之外的其他因素,将放在第三节进行讨论。在现有研究中,学者认为短视频的信息质量,包括短视频信息的准确性、易理解性和趣味性,会直接影响短视频的点赞、转发等行为,对传播效果有显著影响。[①] 短视频发布的环境背景、拍摄发布技巧以及视频内容影响短视频传播的广度与深度。[②] 短视频视听语言中的剪辑、画面景别、原创特效也对传播效果产生一定的影响。[③] 综合前文文献梳理,在短视频传播效果的影响因素划分时,以"5W"传播模式为基础,重点研究传播者以及传播内容两个方面是否存在某些因素对传播效果产生影响,进一步细分出账号因素、技巧因素、内容因素三个自变量一级指标,分别探究这些因素与传播效果之间的关系。

(一)账号因素维度

根据5W传播模式,传播者在传播链条的开端,没有传播者也就没有所谓的传播效果,因此对传播者因素的研究是必要的。但是对短视频来说,传播者身份的认定存在一定难度,广义上短视频的传播者可以是视频制作者、视频发布者、视频拍摄者、视频演出人员等,而这些身份因为网络的匿名性很难对其溯源。因此,需要在现实条件下找到具有客观性的传播者身份,通过对抖音功能的分析研究以及结合先前学者经验,发现视频账号的相关属性具有直观性、稳

[①] 薛可,杨晨馨,龙靖宜.中国非遗短视频的国际传播效果影响因素研究[J].非遗传承研究,2021(4):26-32.

[②] 宁海林,羊晚成.重大突发公共卫生事件传播效果的影响因素实证分析:以卫健类抖音政务号为例[J].现代传播(中国传媒大学学报),2021,43(1):147-151.

[③] 杨凤娇,孙雨婷.主流媒体抖音号短视频用户参与度研究:基于《人民日报》抖音号的实证分析[J].现代传播(中国传媒大学学报),2019,41(5):42-46.

定性,可以作为传播者进行研究。本研究将账号因素作为一级指标进行考察,将粉丝基数、账号来源、更新频率作为二级指标进行研究。

1. 粉丝基数

粉丝基数越多,传播范围可能越广。在抖音平台上,非遗视频的推荐和曝光量与公众的互动和分享量有关,而拥有更多的粉丝数量往往能够带来更多的互动和分享,从而增加视频的曝光率。此外,该账号的忠实粉丝会更有可能在社交媒体上分享和推广账号的非遗视频内容,从而进一步扩大视频的传播效果。出于此种考量,对于粉丝基数的多少按照0~1万、1万~5万、5万以上三个层级进行划分,探究粉丝数量是否影响传播效果。

2. 账号来源

对于账号来源的研究主要来源于信源公信力,发布者的权威性在受众中产生了压力和可信度的双重效应,从而促使受众接受信息。在网络平台上,平台认证成为受众判断发布者身份的重要指标。Twitter 的研究表明,认证用户的推文中有91%被转发,而未认证用户的推文只有6%被转发。[1] 个人来源的视频质量与官方来源的信源公信力、视频风格有所不同,可能会对传播效果产生影响。当视频账号带有抖音"蓝标"官方账号认证且机构属于政府及事业单位如报社、广播电视台等来源则认为其为官方账号来源;当视频无"蓝标"认证则认为其属于个人账号。

3. 更新频率

有研究认为,网站内容的更新频度高、周期短、速度快为最佳。[2] 频繁地更新非遗短视频可以使粉丝更加活跃,从而增加视频的互动和分享率。互动和分享可以增加粉丝与账号的联系,并将非遗视频传递给更多的公众,从而扩大视频的传播范围。在本研究中,将更新频率分为1天、2~7天、8天及以上。

(二) 技巧因素维度

通过对样本视频数据的采集与整理,以视频技巧因素为一级指标,对其进行具体分类,确定了标题长度、视频字幕、视频配乐、视频时长4个二级指标。通常来说,标题字数的长度会影响用户的点击率、观看率、以及是否分享视频的决策。

---

[1] Petrovic S,Osborne M,Lavrenko V. Rt to win! predicting message propagation in twitter[J]. Proceedings of the International AAAI Conference on Web and Social Media,2011,5(1):586-589.

[2] 亢升,郑方辉. 网络媒体市场影响力评价的路径和方法探讨:以国内四大中文门户网站为例[J]. 华南理工大学学报(社会科学版),2007(6):52-55,67.

1. 视频标题

有研究表明,文章标题通常使用11~24个字符集,并且13个字符和17个字符的标题最为常见。[①] 非遗短视频的传播,其本质是文化传播,一个好的标题可以让用户感到愉悦、有趣或者有共鸣,从而更有可能分享给朋友和家人,进一步扩大视频的传播范围。标题长度在一定程度上可以反映信息量,可以对文化内涵进行详细阐释,根据考察标题字数是否会影响短视频传播效果,精简风格标题还是详细叙述标题更受公众喜爱,标题长度主要分为10个字符以内,10~20个字符以及20个字符以上。

2. 视频字幕

符号学认为,符号(如文字、图片等)是信息传递的重要媒介。在非遗短视频中,通过添加字幕,可以更好地对非遗项目及其背后的文化故事进行解释说明,能更清晰地传达视频的意义和内容,从而提高公众对非遗的理解度。作为网络视频节目传播符号系统的重要组成部分,字幕与音频和画面相互配合、互为补充,是彰显节目个性、弘扬网络文化不可或缺的途径。[②] 视频字幕分类主要根据视频中有无字幕来划分,有些非遗类短视频加入了字幕元素,帮助公众更加清晰直观地获取视频内容,而有些视频则以画面为主,没有添加字幕,当视频中出现台词字幕或大段文学解说词,则认为该视频有字幕,若视频中仅出现标题形式文字,或者无文字出现,则认为该视频没有字幕。

3. 视频配乐

听觉语言对于公众获取信息有帮助,背景音乐能够引起公众的情感共鸣,加深公众对非遗视频的印象和感受。情感共鸣效应是情感传播理论中的一个重要理论,它认为,情感的传播不仅依靠言语和肢体语言,还依靠音乐、声音等非语言符号。有背景音乐的非遗短视频更有可能引起公众对文化本身的情感共鸣。音乐作为一种具有感染力和表现力的媒介,能够以潜在的情感节奏影响公众的情绪状态和观看氛围,增强公众的参与感和代入感,甚至达到高层次的共情阶段,从而刺激公众对内容信息的认可态度。[③] 本章选取视频是否有配乐作为听觉语言的一种,探究配乐对安徽非遗短视频的传播是否有帮助,当视频中的配乐时长超过总时长三分之二,则认为该视频有配乐,反之则无。

[①] 方婧,陆伟. 微信公众号信息传播热度的影响因素实证研究[J]. 情报杂志,2016,35(2):157-162.

[②] 李桃. 网络视频节目字幕的语言与表现特征[J]. 中国广播电视刊,2016(8):67-69,122.

[③] 陈强,高幸兴,陈爽,胡君岩. 政务短视频公众参与的影响因素研究:以"共青团中央"政务抖音号为例[J]. 电子政务,2019(10):13-22.

4. 视频时长

视频时长方面,相较于 10 秒以内的短视频,时长在 21~30 秒区间的短视频对点赞量具有显著正向影响。[①] 非遗短视频的内容应该具有完整性,使公众能够通过非遗视频获得关于非遗制作技艺、文化背景等有用的信息和情感体验,增强公众对视频的关注度和传播效果。根据抖音的特性,视频一般分为 15 秒以内,15 秒~1 分钟(含 1 分钟),1~5 分钟三个时间段,很多非遗短视频在呈现时需要展示非遗项目的制作过程,因此时间相对较长。我们在检索过程中发现 15 秒以内的视频数并不多,但有部分高点赞量视频时长集中在 15 秒内,因此本章意在通过实证研究,分析非遗短视频传播效果是否与时长有关。

(三) 内容因素维度

E. McGinnies 等学者的研究表明,如果信源的吸引力越强,就越容易获得人们的关注[②],这也从侧面说明视频内容在一定程度上影响传播效果。本课题组将视频内容因素作为影响因素的一级指标,将二级指标定为讲述视角、讲解声音、内容类别,从上述三个角度来研究内容因素对传播效果的影响。

1. 讲述视角

通过收集的视频样本发现,安徽非遗的讲述视角主要集中在第一人称视角和第三人称视角,采用第一人称视角使公众更容易代入视频情境中,加强公众与非遗视频的情感共鸣。这种视角的非遗短视频容易让公众感受到身临其境的感觉,能够凸显视频的个性化和情感化,更好地展现非遗的魅力,从而提高视频的吸引力和传播效果。采用第三人称视角可以呈现更全面、客观的画面,使公众更容易理解非遗的特点和价值。这种视角的非遗短视频更容易传达给公众有关非遗的知识和教育性信息,从而增强公众对非遗的认知和理解。

2. 讲解声音

视频讲解声音按照人物同期声、人物旁白配音、无人物台词进行分类。同期音指的是视频画面中出现的声音,与画面同步播放。同期音可以让公众更加真实地感受视频画面所表现的非遗情境和环境,增强非遗短视频的真实感和代入感,当讲解者、采访者等出镜人员在拍摄画面的同时进行声音收录,则认为是人物同期声。配音则是通过对视频进行编辑和剪辑,使得视频的节奏更加紧

[①] 周海玲. 双路径视角下冬奥短视频传播效果影响因素探究:以"央视新闻"快手号为例[J]. 传媒论坛,2022,5(23):33-37.

[②] McGinnies E,Ward C D. Better liked than right trust worthiness and expertise as factors in credibility[J]. Personality and social Psychology Bulletin,1980,6(3):467-472.

凑、精炼。这种方式通常被用于宣传性质的非遗短视频中,能够使公众更加深入地了解非遗的魅力和价值。

3. 内容类别

就内容类别部分,根据现有视频样本,总结安徽非遗的阐述重点进行判定,分为制作技巧讲解、传承人主体表达、非遗作品展示三个类别,当视频中超过三分之二时长的内容主要介绍该非遗项目的制作过程,则认为其分类是制作技巧讲解;当视频中以传承人为主体,通过传承人介绍非遗或是讲述关于传承人的故事,抑或二者兼具,则该视频内容属于传承人主体表达;当视频侧重于展示非遗最终成品,包括美食展示、表演场面展示、工艺品展示等,皆认为视频内容属于非遗作品展示类别。

三、基础模型建立与假设提出

基于对短视频传播效果以及影响因素的评价指标界定,以5W理论为整体理论框架,构建安徽非遗短视频传播效果的影响因素模型(图6.2)。模型构建主要分为两个部分:第一部分首先从传播者、传播内容两个维度进行相关因素的研究;其次,根据学者的研究经验并结合本研究实际情况,从视频技巧因素、内容因素、账号因素划定三个一级指标;接着对一级指标进行细分,确定10个影响因素类目,共同构成模型的自变量部分。模型的第二部分为因变量的确定,首先明确考察短视频微观用户层面的传播效果,将传播效果分为传播认知度和传播参与度;其次,将视频用户行为数据与传播效果的三个层面进行匹配,最终将传播认知度量化为视频点赞量和收藏量,传播参与度量化为视频评论量和转发量。

基于研究目的以及相关文献梳理,根据上文构建的基础模型以及对安徽非遗短视频的进一步研究,提出以下研究假设:

假设1:标题长度对视频传播效果产生正向影响。
假设2:视频字幕对视频传播效果产生正向影响。
假设3:视频配乐对视频传播效果产生正向影响。
假设4:视频时长对视频传播效果产生正向影响。
假设5:讲述视角与视频传播效果显著相关。
假设6:讲解声音与视频传播效果显著相关。
假设7:内容类别与视频传播效果显著相关。
假设8:粉丝基数对视频传播效果产生正向影响。
假设9:账号来源与视频传播效果显著相关。

假设10:更新频率与视频传播效果产生正向影响。

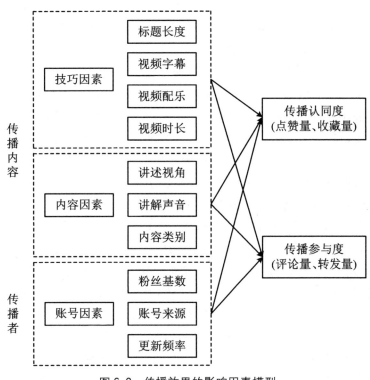

图6.2 传播效果的影响因素模型

第二节 基于平台数据探究安徽非遗短视频传播效果影响因素

根据安徽非遗短视频传播效果的影响因素模型,首先应确定研究对象并进行样本采集;其次利用统计学方法证明该模型的可行性,使用数据分析工具探究所列出的十个因素是否影响传播效果;最后通过数据分析得出相应结论。

一、数据收集与处理

抖音利用其平台优势,为传播知识、艺术和非遗作出了很多努力。根据《2023抖音年度观察报告》,有99.74%的国家级非遗项目可以找到相关视频,这些视频共获得了94亿次的点赞。依据研究重点并结合各短视频App的特征,抖音短视频浏览页面可以直观显示点赞、评论、转发、收藏数据量,因此安徽非遗短视频的样本数据均从抖音平台获取。

通过分析安徽非遗短视频样本,探究其传播效果的影响因素。因此,在抖音平台上选择样本时按以下原则操作。

(1) 短视频样本数量适宜。抖音平台涉及非遗门类的短视频数量庞大,但将取样范围缩小到安徽,能够在抖音平台页面检索到的视频数量在 400 多条,因此在研究中将其全部抽取,并对不符合要求的视频进行筛选清除。

(2) 视频内容与安徽非遗紧密贴合。当课题组以"安徽非遗""安徽非物质文化遗产"等作为关键词进行检索时,搜索出的视频中有部分视频并不是安徽非遗,仅仅因为标题或者标签带了安徽非遗字样而被检索出来,针对这部分视频,主要通过人工筛选将这部分视频样本剔除。

(3) 账号多样、类别丰富。通过检索,发现有部分账号垂直生产关于安徽非遗视频,对于此类账号,在抽取样本时,利用随机抽样原则进行视频抽取。此外,安徽非遗种类纷繁复杂,省政府批准省文化和旅游厅提出的第六批省级非物质文化遗产代表性项目名录(共计 147 项,其中新入选项目 131 项、扩展项目 16 项)在视频获取中尽可能多覆盖各种安徽非遗门类。

根据上述数据采集原则,在抖音平台以"安徽非遗""安徽非物质文化遗产"等作为关键词进行检索,截至 2023 年 1 月 1 日,共检索到非遗短视频 421 条,清除不符合要求的视频后,有效视频数量为 305 条,本研究以最终采集的 305 条视频作为样本进行研究。

(一) 类目划分

本研究的因变量为安徽非遗短视频的传播效果,分别从传播认同度以及传播参与度两个维度,通过点赞量、收藏量、评论量、转发量共计四个数据指标对安徽非遗抖音短视频的传播效果进行综合分析。本研究的自变量分为技巧因素、内容因素、账号因素三个一级指标,具体从标题长度、标题标签、视频配乐、视频时长、讲述视角、讲解声音、内容类别、粉丝基数、账号来源、更新频率 10 个影响因素指标展开分析。综上所述,本研究的变量指标明细如表 6.1 所示。

(二) 信度检验

内容分析法开展研究需要在预编码阶段计算编码员信度。在研究分析过程中,课题组邀请两名硕士研究生担任编码员。事先对编码员进行自变量操作化培训,并抽取 15 条视频样本进行预编码培训,然后抽取样本总量的 10%,即

31 条视频进行预编码。两名编码员在互不干扰的情况下编码,采用霍斯提(Holsti)公式($K=2M/(N_1+N_2)$,K 为相互同意度,M 为编码员的编码一致数,N_1、N_2 为两位编码员的各自编码总数)以及 Kappa 系数双重检验编码信度。

表6.1 传播效果的影响因素类目划分

变量类别	一级指标	二级指标	三 级 指 标
自变量	技巧因素	标题长度	1=1~10 字符;2=11~20 字符;3=20 字符以上
		视频字幕	0=无;1=有
		视频配乐	0=无;1=有
	内容因素	视频时长	1=15 秒(含 15 秒)以内;2=15 秒~1 分(含 1 分);3=1~5 分(含 5 分)
		讲述视角	1=第一人称;2=第三人称
		讲解声音	1=人物同期声;2=人物旁白配音;3=无人物台词
		内容类别	1=制作技巧讲解;2=传承人主体表达;3=非遗作品展示
	账号因素	粉丝基数	1=0~1 万(含 1 万);2=1 万~5 万(含 5 万);3=5 万以上
		账号来源	1=个人;2=官方
		更新频率	1=1 天;2=2~7 天;3=8 天及以上
因变量	认知、态度层面	传播认同度	点赞量、收藏量
	行为层面	传播参与度	评论量、转发量

霍斯提预编码检验结果如下:视频字幕、视频配乐、视频时长、讲述视角、讲解声音、粉丝基数的编码者间信度为 1;标题长度、内容类别的编码者间信度为 0.94;账号来源、更新频率的编码者间信度为 0.97,各项编码结果均大于 0.9,说明编码员的分类结果具有高度一致性。

Kappa 信度检验结果如下:视频字幕、视频配乐、视频时长、讲述视角、讲解声音、粉丝基数的 Kappa 值为 1,标题长度、内容类别的 Kappa 值为 0.79;账号来源、更新频率的 Kappa 值为 0.87,各项编码 Kappa 值均大于 0.75(表6.2),结果表明编码具有较好的一致性。

表 6.2 信度检验

分 类	霍斯提信度数值	Kappa 信度检验数值
视频字幕	1	1
视频配乐	1	1
视频时长	1	1
讲述视角	1	1
讲解声音	1	1
粉丝基数	1	1
标题长度	0.94	0.79
内容类别	0.94	0.79
账号来源	0.97	0.87
更新频率	0.97	0.87

（三）传播现状分析

1. 数据指标两极分化，传播广度受限

在对安徽非遗抖音短视频抽取的 305 个样本统计分析时发现（表 6.3），根据点赞数量等级，点赞量过万的短视频数量仅有 22 个，在样本中的占比为 7.2%；点赞量 1001~10000 等级，短视频数量为 68，占总样本数的 22.3%；点赞量 1000 以下视频总数 215，占比 70.5%。从点赞量的统计结果来看，点赞量超过 10000 的短视频数量并不算多，其中点赞量超过 50000 的视频数量有 10 个，从传播认同度来看，安徽非遗短视频缺少被大众广泛认可的视频内容。此外，值得注意的是，在统计中发现，有相当数量的视频点赞量在 10 以下。除点赞量指标外，收藏、评论、转发量的统计结果与点赞量相似，但其数量级相对点赞量大幅降低，最小统计单位以 100 为基准，有超过 70% 的视频三项指标均在 100 以内。

根据抖音的叠加推荐算法机制，会形成一定程度的马太效应，越是受到关注的视频，后续被观看、点赞的可能性越大，而在第一层次流量池中被筛选下去的视频，后续则很难被用户看到。安徽非遗短视频的数据分层现象明显，高点赞量、高关注度的部分视频吸引了大众关注，使得部分其他类型非遗短视频被人忽略，在一定程度上限制了传播广度。总体来说，一方面，一些安徽非遗视频在抖音平台上取得了较高的曝光度和公众关注度，受到了广泛的认可和赞誉。这些视频往往通过创新的表现形式和手法，生动地展现了安徽传统文化的独特魅力,吸引了年轻人的关注和喜爱;另一方面,大多数安徽非遗短视频的传播效果平平,很容易被人忽略。因此,如何提高非遗短视频的传播效果,成为非遗传播的重要课题。

表6.3 视频数据指标统计

名　　称	选　　项	频数	百分比
传播认同度(点赞量)	小于1000	215	70.492%
	1001~5000	65	21.311%
	5001~10000	3	0.984%
	10001~50000	12	3.934%
	大于50000	10	3.279%
传播认同度(收藏量)	小于100	250	81.967%
	101~500	31	10.164%
	501~1000	9	2.951%
	1001~5000	9	2.951%
	大于5000	6	1.967%
传播参与度(评论量)	小于100	235	77.049%
	101~500	43	14.098%
	501~1000	5	1.639%
	1001~5000	18	5.902%
	大于5000	4	1.311%
传播参与度(转发量)	小于100	218	71.475%
	101~500	52	17.049%
	501~1000	12	3.934%
	1001~5000	18	5.902%
	大于5000	5	1.639%

2. 非遗类型集中,拍摄形式同质化

在抖音平台抽取的305个视频样本中,样本中排名前七位的安徽非遗项目,分别是嵌字豆糖、宣纸、非遗鱼灯、火老虎、徽墨、花鼓灯、铁画。由表6.4可知,七种类型的非遗项目在样本中超过半数。其中非遗鱼灯因安徽师范大学2022年校运动会上的精彩展示,被各大媒体转载,其中多个视频点赞量过万。除上述非遗项目以外,另外一大门类则是各地非遗美食,在抽取的样本中有一批美食博主,探店打卡各类美食,其中"@唐哥美食"账号发布过阜阳、黄山等地的非遗美食。总的来说,虽然安徽非遗种类繁多,但在抖音短视频平台的非遗种类仅占全部门类的很小一部分。此外,短视频的拍摄形式多为非遗项目展示加文字讲解,一部分是从拍摄者视角出发,介绍该非遗项目,包括制作技巧、非遗故事、个人看法、场面解说、味道点评(美食类),同时给视频添加配乐。另一部分则以非遗传承人为主,通过传承人来介绍他传承非遗的故事及非遗的制作过程,而拍摄者通常充当采访的角色,通过问答形式引导整个短视频的走向,但这种视频长度通常超过一分钟,有些甚至在5分钟以上,对于短视频平台用户碎片化阅读的习惯不甚匹配,在传播认同度和传播参与度两个维度上均表现平平。

表6.4 非遗项目统计

非遗项目	频数
嵌字豆糖	34
宣纸	29
非遗鱼灯	25
火老虎	24
徽墨	22
花鼓灯	20
铁画	17
其他	134

3. 突出本地特色,与日常生活相关联

除上述传播现状外,根据采集的视频样本,视频内容更注重本地特色,成为安徽非遗短视频传播的一种普遍方式。在样本视频中,安徽非遗短视频常常以展示安徽独特的手工艺品、传统技艺、非遗美食为主题,如徽墨制作、鱼灯制作、花鼓戏、臭鳜鱼、撒汤等,视频中常常出现各地方言、服饰与建筑元素。通过这些短视频,公众们能够更好地了解安徽各地市非遗的独特魅力,增强文化认同感,从而更好地传承和保护非遗。此外,安徽非遗短视频与人们的日常生活息息相关,短视频传播平台是年轻人聚集的地方,他们的生活方式与老一辈人的差异很大。安徽非遗短视频与年轻化的主题相结合,使非遗更贴近现代人的生活。例如,以非遗技艺创新应用于现代生活的方式来展示非遗的现代化和时尚化,或是将非遗与美食、旅游、文创、饰品等日常生活中的元素结合起来,从而让更多的年轻人愿意接触和了解非遗。安徽非遗短视频通过突出本地特色和与日常生活相关联的方式,将屏幕前与屏幕后进行情感联结,使得非遗传播得更为广泛和深入。这种传播方式既能够满足年轻人的兴趣需求,又能够让更多的人了解和认同非遗的价值和意义,有助于推动非遗的传承和发展。

二、非遗短视频数据分析

(一)描述性统计分析

本研究描述性统计结果如表6.5所示,305个安徽非遗短视频点赞量在0~1224000,点赞量均值为10694.17(标准差76683.483),点赞量之间跨度较大;每个短视频收藏量最大值为25000,最小值为0,均值360.32(标准差1952.807);短视频评论量最大值为16000,最小值0,均值338.82(标准差1420.396);每个短视频转发量最大值为33000,最小值为0,均值471.49(标准差2393.625)。从上述描述性统计结果来看,不同非遗短视频之间的传播力差距较大,传播较好的视频点赞量超过100万,收藏、评论、转发数据过万,但也有很多非遗短视频被淹没在信息流中,鲜有人知晓。频数分布如表6.6所示。

表6.5 描述性统计

描述性统计分析($N=305$)				
	最小值	最大值	均值	标准偏差
传播认同度(点赞量)	0	1224000	10694.17	76683.483
传播认同度(收藏量)	0	25000	360.32	1952.807
传播参与度(评论量)	0	16000	338.82	1420.396
传播参与度(转发量)	0	33000	471.49	2393.625

表6.6 频数分布

名称	选项	频数	百分比
技巧因素(标题长度)	1	81	26.557%
	2	108	35.410%
	3	116	38.033%
技巧因素(视频字幕)	0	100	32.787%
	1	205	67.213%

续表

名称	选项	频数	百分比
技巧因素（视频配乐）	0	55	18.033%
	1	250	81.967%
技巧因素（视频时长）	1	35	11.475%
	2	125	40.984%
	3	145	47.541%
内容因素（讲述视角）	1	113	37.049%
	2	192	62.951%
内容因素（讲解声音）	1	109	35.738%
	2	75	24.590%
	3	121	39.672%
内容因素（内容类别）	1	125	40.984%
	2	52	17.049%
	3	128	41.967%
账号因素（粉丝基数）	1	102	33.443%
	2	72	23.607%
	3	131	42.951%
账号因素（账号来源）	1	154	50.492%
	2	151	49.508%
账号因素（更新频率）	1	93	30.492%
	2	121	39.672%
	3	91	29.836%

（二）多元线性回归分析

以移动短视频传播效果度量指标点赞量、收藏量、评论量、转发量作为因变量，用标题长度、视频字幕、视频配乐、视频时长、讲述视角、讲解声音、内容类别、粉丝基数、账号来源、更新频率10个影响因素作为自变量，运用SPSS 26.0建立多元回归模型，分为点赞模型、收藏模型、评论模型和转发模型（表6.7），对安徽非遗短视频传播效果的影响因素进行探究。

表 6.7 多元线性回归结果

自变量	传播认同度				传播参与度			
	点赞模型		收藏模型		评论模型		转发模型	
	Beta	VIF	Beta	VIF	Beta	VIF	Beta	VIF
标题长度	0.152*	1.183	0.183**	1.183	0.217**	1.183	0.213**	1.183
视频字幕	0.113	1.130	0.109	1.130	0.001	1.130	0.092	1.130
视频配乐	0.084	1.024	-0.056	1.024	-0.022	1.024	-0.089	1.024
视频时长	-0.382**	1.143	-0.251**	1.143	-0.240**	1.143	-0.297**	1.143
讲述视角	0.124	1.130	0.228*	1.130	0.216*	1.130	0.325**	1.130
讲解声音	-0.176**	1.171	-0.187**	1.171	-0.196*	1.171	-0.278**	1.171
内容类别	0.163**	1.235	0.001	1.235	0.018	1.235	0.039	1.235
粉丝基数	0.163**	1.198	0.056	1.198	0.115*	1.198	0.089	1.198
账号来源	-0.341**	1.118	-0.272**	1.118	-0.270**	1.118	-0.299**	1.118
更新频率	0.040	1.054	-0.019	1.054	0.004	1.054	-0.066	1.054
R^2	0.376		0.267		0.287		0.373	
调整 R^2	0.355		0.242		0.263		0.352	
F	$F=17.751**$		$F=10.728**$		$F=11.863**$		$F=17.499**$	

注：*、**分别表示在5%、1%的水平上显著。

由表6.7可知,多元线性回归的结果为:标题长度对点赞、收藏、评论、转发量有显著正向影响;视频时长对点赞、收藏、评论、转发量有显著负向影响;讲述视角对收藏、评论、转发有显著正向影响;讲解声音对点赞、收藏、评论、转发量有显著正向影响;内容类别对点赞量有显著正向影响;粉丝基数对点赞、评论量有显著正向影响;账号来源对点赞、收藏、评论、转发量有显著正向影响。

1. 模型显著性检验

回归分析是一种统计方法,用于确定两个或两个以上变量之间的定量关系。它通过回归方程的形式来描述和反映这种关系,帮助人们了解变量受其他一个或多个变量的影响程度。在回归分析中,自变量对因变量的影响程度主要由调整后的 R 值和 T 值的显著性来决定。R 值表示构建模型回归系数的拟合优度,它的理论取值范围在 $0\sim1$ 之间,越接近1说明回归模型越能够解释自变量和因变量之间的线性关系[①],文中 T 值显著性在表中用 ＊ 标注。

表6.7为4个模型多元线性回归的汇总表,从结果来看,点赞模型的 R^2 为0.376,调整后的 R^2 为0.355,在统计学上的意义为所列出的自变量对因变量有35.5%的解释力,也就是说在影响因变量的所有因素中,本研究所列出的自变量对其影响程度占35.5%。一般来说,在做具体研究时很难将描述因变量的所有变量全部找出,因此在做数据分析时,R^2 结果在 0.1~0.3 之间表明该数据可以被采用,数值越大说明其解释程度越高,点赞模型的 R^2 以及调整后 R^2 结果在 0.1~0.4 之间,且偏向 0.4,可以认为自变量对因变量的解释程度比较高,因此,可以认为本研究所选择的10个自变量可以对短视频点赞产生一定程度的影响。由表可知,点赞模型在1%的水平上显著,统计学意义上表示该模型具有可操作性。同上,收藏模型、评论模型、转发模型,调整后 R^2 值分别为 0.242、0.263、0.352,说明该组模型中自变量对因变量的解释程度较好;三组模型均在1%水平上显著。SPSS使用VIF判断多重共线性,VIF的取值大于1,VIF值越接近于1,多重共线性越轻,反之越重,超过10,说明有共线性,数值越大,其共线性越强。由表6.7可知,4组模型的VIF值均小于2,且接近1,可以认为10个影响因素之间不具有多重共线性。综上所述,4组模型均符合检验标准,具有统计学意义。

2. 技巧因素与传播效果的回归分析

表6.7是对各模型进行多元线性回归的统计结果,由表可知,自变量的技巧因素层面,标题长度与视频时长两个因素对点赞量有显著影响。技巧因素层

---

① 薛薇.统计分析与SPSS的应用[M].3版.北京:中国人民大学出版社,2011:101.

面的视频字幕、视频配乐对点赞量无显著影响可以理解为,视频字幕以及视频配乐虽然属于技巧层面,但其实也是视频内容的组成部分,如果视频内容优良被大众喜爱,视频有无字幕、配乐并不会影响用户对视频的感受,它们的作用更像是锦上添花,可以让视频整体更加协调,但并非决定性因素。

(1) 善用遣词造句,增强文化性与趣味性。标题长度(Beta=0.152、$p<0.05$;Beta=0.183、$p<0.01$;Beta=0.217、$p<0.01$;Beta=0.213、$p<0.01$;)对视频点赞、收藏、评论、转发量均有显著正向影响。4组模型结果显示,标题字数越长,越能够提升视频的传播效果。这一结果与假设相同,在收集样本时发现,部分长标题多遣词造句,引经据典,文学性强,且标题表述与非遗传承的文化息息相关;此外,长标题中使用网络用语,诙谐幽默,在不同程度上对用户的认知、情感以及行为层面产生影响。例如,账号"@环游世界的张智杰"在祁门红茶制作短视频中标题出现"总有一处风景让人眷恋,总有一抹茶香让人难以忘怀"。账号"@是剧剧呀"发布非遗鱼灯的视频标题为"♯大学运动会开幕式有多卷 这真的是大学运动会开幕式上可以表演的节目吗? 安师大这波真的赢麻了!"文艺性的标题使得用户通过标题与视频内容的双重组合,感受非遗背后的文化属性,有助于增强用户文化认同感,尤其是安徽本省居民,在看到具有乡土文化气息的标题解说,能在短时间内勾起对于家乡的情感偏向,一方面想要对家乡的非遗表示认可,会提升用户的点赞、收藏率;另一方面用户也会通过转发行为向自身的关系圈宣传该视频,以此扩大本视频的传播范围。具有趣味性的网络热梗成为连接用户与视频发布者关系的桥梁,两者具有共同的意义空间,更容易产生情感上的共鸣,这在一定程度上增加了视频的评论互动量。安徽非遗短视频长标题各具特色,或轻松幽默,或文笔斐然,或贴近生活,标题为视频内容增添风味,有助于视频传播效果的提升。

(2) 浓缩视频时长,符合受众碎片化阅读习惯。视频时长(Beta=-0.382、$p<0.01$;Beta=-0.251、$p<0.01$;Beta=-0.240、$p<0.01$;Beta=-0.297、$p<0.01$)因素对于传播效果的影响是显著负向影响,这一结果与假设不符。主要原因是抖音平台是短视频平台,视频主要时长在15秒以内或15~30秒区间,虽然抖音现在也推出了"中视频计划",但这仍旧没有成为抖音视频主流。当前信息更迭速度加快,长视频的出现不符合用户碎片化获取信息的习惯,加上抖音初始的完播率筛选环节,如果视频没有被观看完就被划走,数量累计之后则无法进入下一级流量池,后续被看到的可能性大大降低。产生传播效果的前提是信息得到了有效传播,受众能够接收到信息。当视频传播受限,被目标受众看到的可能性降低,直接影响后续的用户行为。虽然在非遗短视频的制作中,多数视频要展示非遗制作过程或是讲述关于非遗背后的文化故事,88.5%

的视频时长超过 15 秒,47.5% 的视频时长超过一分钟,但总体来看,现代人更习惯于碎片化阅读,时长过长的视频传播效果大打折扣,因此在制作非遗视频时,应当尽可能将有用信息进行浓缩,以更短的时间将其呈现。

3. 内容因素与传播效果的回归分析

相较于技巧因素对传播效果的影响,内容因素层面的三个因素对传播效果的不同层面产生了显著影响。

(1) 第三人称视角拍摄,客观展示非遗项目。讲述视角($Beta = 0.228$, $p < 0.05$; $Beta = 0.216$、$p < 0.05$; $Beta = 0.325$、$p < 0.01$)因素分别对收藏量、评论量、转发量产生正向显著影响。在本研究中对讲述视角的编码为 1 = 第一人称、2 = 第三人称,也就是说第三人称的视角更容易被用户所接受。主要原因在于第一人称拍摄要以主人公的视角来拍摄,代替观众的眼睛去观看,这里的问题在于很多时候出镜人物很可能不是专业人士,对非遗的介绍和解说只能依靠自身的知识储备,因此解说的精彩程度会影响视频的传播效果;此外,出境人员的个人形象、语音语调等个人行为也会成为影响非遗视频传播的干扰因素。而第三人称视角是拍摄时最常见、使用最多的镜头语言,多数的短视频、新闻片、故事片的拍摄,基本上是使用第三视角去完成,用客观公正的视角去观看非遗故事发展,保证了在用户接触视频时对非遗的情感态度为中性,不影响用户对视频内容的理解和判断,留给用户足够的个人空间去评判该非遗视频所要传达的信息,让用户关注的重点放在视频内容本身,有助于增强视频的沉浸感,帮助提升视频传播效果。

(2) 同期声使用,强化场景真实感。讲解声音($Beta = -0.176$、$p < 0.01$; $Beta = -0.187$、$p < 0.01$; $Beta = -0.196$、$p < 0.01$; $Beta = -0.278$、$p < 0.01$)因素对四组数据均有显著负向影响。本研究中对讲解声音的编码分为 1 = 人物同期声、2 = 人物旁白配音、3 = 无人物台词,也就是说,用户更加喜爱人物同期声以及人物旁白配音,对没有讲解的视频偏好较低。原因可能在于,非遗作为传统文化,其魅力在于对其内涵的解读,人物同期声强化了非遗内容的真实感,一定程度上还原了拍摄时的场景,更加贴近人们日常生活,拉近与公众的情感距离,同期声中的话语表达也能更好地向用户传达语言文字的细腻;人物旁白配音的形式虽然在传播效果上略低于人物同期声,但后期配音可以纠正视频中的表达错误以及对非遗视频内容进行二次解说,能让剪辑混乱的视频清晰地呈现出脉络,同时在解说时可以打破传统的非遗印象,平添几分趣味,适当加入一些人物旁白配音,会让非遗视频内容锦上添花;而当视频中没有出现任何人物台词,仅仅依靠画面来吸引公众,从视听上来说,减少了听觉对用户的刺激,因此传播效果大打折扣。在非遗视频中,无论是人物同期声还是人物旁白配音都

利用了听觉语言的作用,对用户行为层面的传播效果产生影响。

(3) 成品展示,凸显非遗魅力。内容类别(Beta = 0.163、$p<0.01$)因素对于点赞量呈现显著正向影响,说明在用户认知、态度层面影响了视频的传播效果。在分类时,内容类别的划分为1=制作技巧讲解、2=传承人主体表达、3=非遗作品展示,也就是说用户更加喜爱非遗作品的直接展示,这一结果符合唐纳德·诺曼提出的人是视觉性动物的观点。在安徽省的非遗短视频样本中,公众可以欣赏各类非遗项目的直接展示,其中包括了歌舞戏曲表演类非遗的演示、手工艺成品的展示、非遗美食的外观展示以及非遗村落建筑的呈现。这些短视频以完整的非遗作品为展示对象,让用户从结果层面全面了解到非遗的内涵和特色。公众通过这些短视频可以更直观地了解非遗作品的形态、外观和风格,感受非遗作品所蕴含的深厚文化内涵。非遗项目成品展示类的非遗短视频往往具有较强的视觉冲击力和观赏性,能够引起公众的兴趣和好奇心。公众在观看这类短视频的过程中,会感受到非遗作品的美感和魅力,从而在情感层面产生共鸣。这些短视频的精心制作和拍摄技巧,也能够为公众提供更好的观看体验和感受。无论是非遗鱼灯的震撼演出还是手工艺作品的最终呈现,这类短视频通过完整展示非遗作品,让公众更容易深入了解和认识非遗,从而在认知和情感层面产生更大的影响和效果。

4. 账号因素与传播效果的回归分析

账号因素维度中共有两个因素对传播效果产生不同程度的影响。更新频率因素对传播效果没有显著影响。账号活跃度并非影响中华传统文化短视频跨文化传播效果的关键因素相一致。[①] 可以理解为,更新频率的作用在于保持公众的兴趣和关注度,如果公众对此内容的兴趣不高,更新频率对其影响程度较小。

(1) 依托粉丝黏性,提升视频互动性。粉丝基数(Beta = -0.163、$p<0.01$;Beta = -0.115、$p<0.05$)因素对点赞量和评论量有显著正向影响,该结果与匡文波等人的研究结论,即粉丝规模是影响传播广度的关键因素相吻合。[②] 但在本研究中,粉丝基数对传播效果的影响仅限于对点赞和评论量的影响,可能是因为对于文化属性的视频,在原有粉丝中并非所有的粉丝均是受众,非遗短视频的目标受众可能是部分喜爱文化类视频的粉丝,以及与该账号有极强黏性的粉丝,此类粉丝的点赞、评论行为一部分是因为对于此视频的非遗项目感

---

① 余琛,朱晨雨.中华传统文化短视频跨文化传播效果影响因素研究[J].中国出版,2021(23):47-52.
② 匡文波,武晓立.基于微信公众号的健康传播效果评价指标体系研究[J].国际新闻界,2019,41(1):153-176.

兴趣,二是习惯导致,三是出于对账号的互动。因为在四种行为中,点赞行为是用户最容易产生的行为,因为粉丝对于该账号的喜爱,习惯性为其发布的视频点赞,而评论则是出于对账号主人或者该非遗视频的互动。

(2)账号风格多样,更具生活气息。账号来源(Beta = -0.341、$p<0.01$;Beta = -0.272、$p<0.01$;Beta = -0.270、$p<0.01$;Beta = -0.299、$p<0.01$)因素对点赞、收藏、评论、转发量均有显著正向影响。本研究中账号来源的编码为1=个人;2=官方,结果表明个人账号来源会提升视频的传播效果。对于这一现象的解释是由官方发布的安徽非遗短视频,如安徽广播电视台、地市级融媒体中心、报社等更多站在宏观角度进行呈现,官方拍摄形式较为固定,内容上缺乏趣味性;而个人账号发布的安徽非遗视频形式更为多样,会穿插网络用语、地方方言等等。例如,账号"@皖游记"发布的安徽非遗视频涉及安徽省内多种非遗形式,徽墨、宣纸、美食、戏曲等,每个视频的拍摄方式各有不同,对于非遗成品展示类的视频,镜头语言丰富,配乐风格适宜,动静结合,极具美感;对于美食品鉴类的视频轻松活泼,拍摄环境多在市井之间,更具生活气息;账号"@非遗大宇"发布的非遗视频第一人称与第三人称视角穿插使用,在介绍非遗的同时也会解说非遗背后的故事,增强视频的故事性、情节性。因此,个人账号发布的非遗视频可以拍摄的题材多样,没有形式限制,也更加贴近受众生活,传播效果也更好。

三、数据分析结果

通过多元线性回归得出十个自变量与因变量(传播效果)之间的相关关系,十个影响因素指标中对传播效果有显著影响的有七个:分别是标题长度、视频时长、讲述视角、讲解声音、内容类别、粉丝基数、账号来源。另外的三个因素,视频字幕、视频配乐与账号更新频率对传播效果无明显影响(表6.8)。

基于表6.8中的数据分析论证,得出以下结论:
(1)视频标题越长,信息量越丰富,视频的传播效果越好。
(2)视频时长越短,画面更加紧凑,视频的传播效果越好。
(3)视频拍摄时使用第三人称视角,视频的传播效果越好。
(4)视频中使用人物同期声或者人物旁白配音,会提升视频的传播效果。
(5)视频中着重展示非遗成品,有助于提升短视频的点赞量。
(6)发布视频账号的粉丝基数越大,视频点赞、评论量越多。
(7)个人账号发布的视频,更加受用户喜爱。

第六章 效果评价:安徽非遗类短视频传播的影响因素

表6.8 数据分析结果汇总

自变量	因变量			
	传播认同度		传播参与度	
	点赞模型	收藏模型	评论模型	转发模型
标题长度	显著正相关	显著正相关	显著正相关	显著正相关
视频字幕	不显著	不显著	不显著	不显著
视频配乐	不显著	不显著	不显著	不显著
视频时长	显著负相关	显著负相关	显著负相关	显著负相关
讲述视角	不显著	显著正相关	显著正相关	显著正相关
讲解声音	显著负相关	显著负相关	显著负相关	显著负相关
内容类别	显著正相关	不显著	不显著	不显著
粉丝基数	显著正相关	不显著	显著正相关	不显著
账号来源	显著负相关	显著负相关	显著负相关	显著负相关
更新频率	不显著	不显著	不显著	不显著

根据数据分析的结果,短视频的时长越短,传播效果会越好,可以认为该因素对于安徽非遗短视频的传播有一定的影响程度,因此在未来安徽非遗短视频的制作中,能将丰富的非遗浓缩汇聚在短短的 15 秒或 30 秒之内,这对视频的制作者提出了较高要求。但也有一些因素,与之前研究学者的结论并不相同,有些因素在非遗研究中没有被重点研究过。例如,对于视频标题的统计结果,标题字数越长,有利于提升传播效果,与王妍的研究结论相反[1],对此的解释是,王妍研究的是科普类短视频,对于科普的介绍应当言简意赅,让人清楚地看到该视频的重点;而对于非遗类的视频,标题中的文学性和趣味性会更加吸引用户。总的来说,从技巧因素、内容因素以及账号因素综合来看,内容因素层面对短视频传播效果的影响较多,而技巧因素中的影响因素比例较少,这一结论与 1986 年 Petty 等学者提出的双路径模型(elaboration likelihood method),即 ELM 模型[2]符合。ELM 模型认为,信息的加工一般有两条路径:中枢路径和边缘路径。与信息本身相关的因素主要由中枢路径进行处理,与信息本身不相关的因素主要由边缘路径处理,根据信息加工处理路径,视频的技巧因素属于边

---

[1] 王妍.科普互动视频信息传播效果影响因素的实证研究:以 B 站为例[J].科普研究,2022,17(3):26-37,106.

[2] Petty R E, Cacioppo J T. Consequences of the Route to Persuasion: Communication and Persuasion[M]. New York: Springer, 1986:1-25.

缘路径，因此对于传播效果的影响占比不高。上述结果由本研究对所选取的样本进行数据分析得出，在量化研究之初，所选取的10个影响因素指标，皆从短视频本身出发，对于短视频中可以量化的因素进行提取、编码、数据分析。

由表6.7可知，4个模型调整后的R^2均值为0.303，也就是说这些因素在传播效果的全部影响因素中占比30.3%，这一结果为统计学意义上的结果，如果转化到实践中，可能占比情况还会有变化。本研究的主要内容是探究传播效果的影响因素，对于较为宏观的影响因素，或是从视频中无法量化的因素，上述分析中暂未涉及，为了尽可能完善安徽非遗短视频传播效果的影响因素研究体系，在下一节采用深度访谈的形式，探究除上述因素外，还有哪些其他因素影响了非遗短视频的传播效果。

第三节　基于访谈语料探究安徽非遗短视频传播效果影响因素

根据数据分析结果，四组模型调整后的R^2分别是0.355、0.242、0.263、0.352，即十个自变量对因变量的影响程度占比分别为35.5%、24.2%、26.3%、35.2%，这一结果说明四组模型具有统计学意义，也同时说明除了这些因素外还应当有其他的因素对因变量产生影响。本研究的主要理论依据是5W传播模型，在数据分析部分从传播者和传播内容角度进行影响因素的相关分析。从5W理论来看，在传播者中除了账号因素外，从广义来看，作为传承主体的传承人也可以认为是非遗的传播者，对短视频的传播也有影响。一方面在收集视频样本时，传承人本身也在抖音平台注册账号，传承人可以同时作为传承主体和传播主体进行非遗短视频传播；另一方面，非遗短视频的内容核心是非遗，倘若没有取得非遗传承人的同意，或者非遗传承人拒绝短视频的拍摄（当然，根据非遗法的要求，非遗传承人有义务和责任传承和传播非遗项目），非遗短视频的创作将难以继续，因此传承人会对短视频传播效果产生影响。除此之外，媒介层面、受众层面也有部分因素会影响短视频的传播效果。例如，在对非遗进行传播时，具备相关文化背景的受众对非遗短视频呈现内容的认可程度，以及以此产生心理、情感、行为变化的概率相较于普通群众要高，这类群体拥有相应的知识储备，更容易与非遗所承载的文化产生共情心理；在现实生活中，当权威人士对该非遗短视频加以肯定，这种认可带来的连锁反应会极大地帮助非遗短视频进行传播，这些因素不能直接用编码的方式去验证。基于数据分析结果、5W理论以及现实情况,仅用量化的方式不能较为全面地反映传播效果的影响因素。为了使本研究更加深入,课题组对短视频用户进行半结构式访谈,以多轮、多人次的访谈材料为研究样本,通过对采访内容进行梳理,归纳相关概念和范畴,结合所收集的视频样本,对安徽非遗短视频传播效果的其他影响因素进行分析。

一、传承人:影响非遗短视频传播的主体因素

(一)传承技艺:传承人主体的经验表达

由表6.1及表6.6可知,制作技巧在全部视频样本中占比40.9%,超过总数的三分之一,而非遗作品展示占据总体样本数41.9%。这两项视频内容与传承人的技艺息息相关。制作技艺的精湛与否带给用户的认知以及情感体验大不相同。在人民网发布的徽墨短视频中,在短短的15秒内展示了安徽歙县徽墨采用动植物油炼烟,并伴以皮胶、天然麝香、梅片、金箔等珍贵材料制作而成的工艺,该视频点赞量24.2万、评论量4000+、收藏量6000+、转发量2000+,根据传播效果评价指标,这个视频取得了较好的传播效果。除视频维度的影响因素外,传承人的传承技艺对整体画面呈现也有重要的影响。短视频以短、平、快为特点,想要在短时间内吸引用户注意力,一方面需要对镜头脚本进行合理安排;另一方面,非遗短视频以非遗项目为根本,由传承人将非遗技艺代代传承,无论是制作技巧讲解、非遗主体表达还是非遗作品展示,其本质离不开对非遗项目本身的展现,因此传承人传承技艺的水平也决定了该非遗项目最终成品如何,视频内容的质量与非遗呈现的质量密切相关。受访者认为"我希望看到制作更加精美的短视频……有的非遗视频展现的非遗技艺很复杂但又很好看,传承人太厉害了,要是没有他们,非遗早就消失了"。传承人对非遗技艺的传承与创新扩大了非遗的生存空间。非遗一般是通过实物载体或者借助实物载体进行表达和呈现的,最终的呈现还要依赖非遗传承人,可以说没有非遗传承人,非遗的传承和传播难以为继。因此,对非遗短视频传播来说,传承人技艺水平的提高,一方面提升了技艺展现的精致程度,另一方面也让最终的非遗作品更加精美,从内容创作方面帮助短视频提升传播效果。

(二)媒介素养:短视频传播的内在要求

当非遗传承人具备精湛的传承技艺后,如果非遗传承人自己能够掌握当下的媒介使用方法,具备一定的媒介运营能力,自拍自传,能够更加深入挖掘非遗背后的文化属性,将其闪光点放大,帮助非遗短视频拓宽传播面。随着短视频

的普及,用户对视频内容提出了更高的要求,在文化类短视频中,用户喜欢将文化与生活有效结合的视频,要求视频具备文艺性、知识性、美观性。对非遗短视频来说,无论是从数据分析结果还是从深度访谈结果来看,视频内容是提升传播效果的关键因素。有受访者表示,画面精美,有自身独特风格的非遗短视频更让人有点赞、分享的欲望。根据表6.6,非遗主体表达占比17.1%,并且大部分是由非遗传承人出镜,视频采访以及制作由他人完成,在所收集的视频样本中,有非遗传承人注册的抖音账号,"@芜湖铁画非遗传承人储铁艺"会日常更新一些关于铁画制作和铁画成品的视频,主页13个视频点赞量超过10万。但在深度访谈中,非遗传承人表示,自己不会拍摄短视频,平时只能让儿子抽空拍一拍,如果自己也能拍出精美的短视频,或许可以用短视频帮店里宣传。这些从侧面说明当传承人具备一定的媒介素养,可以将非遗更好地向大众传播。从非遗传承与传播来看,非遗传承人作为非遗项目的实践者和代表者,最了解非遗项目的人当属非遗传承人,他们熟悉非遗、热爱非遗,他们具有深厚的文化传承和技艺传承经验,对非遗项目的技艺技法、文化内涵、历史渊源、传承方式等方面都有着深入的了解和认识。在非遗项目的拍摄和制作中,非遗传承人可以充分发挥自身的专业知识和技能,对非遗项目进行深入剖析和解读,从而更好地呈现非遗的艺术魅力和文化价值;同时,非遗传承人还可以利用自己的亲身经历和感悟,将非遗项目与自身的生活经验相结合,通过短视频的方式更好地让公众理解和感受非遗的独特魅力。因此,非遗传承人自身的媒介素养,可以从多个方面促进非遗短视频传播效果的提升。

(三)传播意愿:传承到传播的转换过渡

在深度访谈过程中,专家学者指出除了传承人传承技艺以及媒介素养之外,传承人的传承意愿也影响非遗短视频的传播效果。同时,在收集的视频样本中,在传承人主体表达板块中,发现很多传承人对非遗有很深的情感,愿意花时间传承非遗,但就现有数据来看,注册抖音账号的安徽省非遗传承人并不多,反映出传承人的传播意识与传承意识不同步。在数字技术的助力下,非遗传承传播不仅仅依靠传统的人际传播,短视频、VR、NFT等全新方式也应用到非遗传播之中,这也对传承人提出了更高的要求。对传承人来说,他们选择了传承非遗,无论是出于情感还是出于责任或是出于生计,可以认为他们在客观上具有较高的传承意愿,但由于传承与传播不能一概而论,现实问题给传承人利用短视频传播增加了一定的困难,传承到传播之间的转换过渡,其传播意愿可能会出现一定程度的折损。在对传承人进行沟通的过程中,时间和资金是影响传承人传播意愿最主要的因素,"现在生意不好,平时做的手工卖不多,希望政府能给点补贴。……我也想过拍短视频,不会啊,我手机都不怎么会用,平时用来接打电话,忙着干活也没时间弄这些"。一方面,上文所讨论的新媒介使用对年长的非遗传承人是一种考验;另一方面,以非遗传承人为主体的非遗传播,无论是非遗传承人自己运营账号,还是非遗传承人出镜,由别人拍摄、运营,都会占用传承人大量的工作时间。如果是第一种情况,传承人自己注册账号,除了日常的非遗传承工作,传承人要抽出时间策划视频拍摄内容,并且可能需要第三人帮助完成整个拍摄过程以及后期的剪辑制作,这一过程传承人可能需要进行额外付费;如果是第二种情况,首先传承人需要配合拍摄者的视频脚本,根据拍摄者的视频重点来展示,但这个时候,视频策划者水平良莠不齐,在沟通拍摄过程中,传承人想要表达的内容与拍摄者需要的内容可能会存在冲突。其次,如果传承人传播意愿不强,拒绝拍摄者对该非遗的拍摄,没有非遗短视频也就谈不上对传播效果的研究。针对上述情况,及时普及新媒体技术,降低短视频传播壁垒,或是提供非遗传承人视频制作扶持资金,从而提升传承人传播意愿,引导传承人真实有效传递非遗信息,对非遗短视频传播效果的提升会产生正向影响。

二、媒介:影响非遗短视频传播的平台因素

(一)媒介影响力:平台带动非遗视频传播

媒介影响力是媒介达成其经营目标或完成其使命不可或缺的要素。没有影响力的媒介,既不会有生存的空间,也没有生存的必要。[①] 安徽非遗短视频的传播依托其存在的平台,拥有较高影响力的媒介平台为非遗短视频的广泛传播提供了养分。无论是从社会还是从个人生活方面来讲,抖音短视频的成功有目共睹,根据《2023抖音年度观察报告》,越来越多的"90后""00后"爱上传统文化、学习传统文化,并通过社交媒体自发地传播非遗。在抖音,短视频内容覆盖了高达99.74%的国家级非遗项目(1557个),相关内容获得了用户3726亿次观看和近百亿次点赞。从理论上来说,对发布的非遗视频,其潜在受众的量级,在千万以上。对媒介影响力的考量,在选取视频样本的时候曾对快手、西瓜视频、梨视频、微视等其他短视频平台课题组做过相应调查,以短视频平台两巨头之一的快手平台为例,以"安徽非遗"为关键词在快手平台上进行检索,截至2023年2月1日,以播放量排序,从播放量进行点赞筛选,点赞量过万的视频仅

---

① 郑丽勇,郑丹妮,赵纯.媒介影响力评价指标体系研究[J].新闻大学,2010(1):121-126.

有 8 条,且时间跨度超过 3 年;当在西瓜视频上搜索"安徽非遗"短视频,筛选"最热"短视频,点赞量超过 1000 的视频仅 4 条,100～1000 之间的点赞量视频为 16 条,按此维度继续统计,视频点赞量均在 100 以下,其他平台的视频情况与此类似。此检索情况在一定程度上说明,抖音平台相对于其他短视频平台来说有着自身的传播优势。媒介影响力高的平台,其传播范围以及受众面更大,对受众产生影响的概率也更高。课题组在对专家学者、学生进行深度访谈期间,部分受访人员对此提出了相同的看法,从这一层面来看,进行非遗短视频传播,选择具有较高影响力的平台有助于其传播效果的提升。

(二)平台风格:促进高匹配度视频传播

媒介平台的风格影响了视频风格的偏向,与之风格匹配的短视频传播效果更好。抖音平台的 Slogan 是记录美好生活,拆开来看就是,记录＋美好＋生活,换句话说就是真实自我的随时记录＋简单纯粹的美好追求＋丰富多彩的日常生活。抖音的短视频风格注重流行、潮流、时尚,强调音乐元素;而快手的短视频风格注重本土、生活,强调现实性,通常以实景、实拍为主,重在分享生活、抒发感情;西瓜视频的短视频强调知识性、娱乐性,主要以提供有价值的内容为目的,以中长视频为主,其中大部分视频是基于日常生活中观看到的非遗展示,生活化场景较多,有助于拉近与公众的距离。在对样本中点赞量较高的热门非遗视频进行梳理时发现,热门视频中视频配乐与内容贴合程度较高,视频高潮部分通常也是音乐最抓耳的片段,虽然在数据分析中,是否有视频配乐对视频传播效果无显著影响,但抖音平台的音乐属性使得高质量配乐非遗视频依然有较好的传播效果;此外,热门非遗视频所拍摄的非遗项目观赏性、时尚性更强,容易在年轻人群体中产生较好的传播效果。除上述风格外,对抖音来说,它本身是一个短视频平台,视频时长和观看时间以秒为单位,但是将整个视频内容完整、精彩地呈现,依旧要在内容细节处下功夫,这又回到了需要在视频内容上与抖音潮流、时尚、美好生活相对应。综合深度访谈的结果与数据分析结果,在热门非遗视频中,部分影响因素与抖音平台风格相吻合,因此,可以认为制作与该媒介风格相一致的视频更有利于短视频在该平台的传播。

(三)分发逻辑:精准推送目标受众群体

随着数字化时代的到来,了解并掌握平台分发逻辑已成为各大品牌推广不可或缺的一部分。尤其是在短视频传播方面,精准推送视频内容到目标受众群体,可以有效提高视频传播效果。抖音官方带有自动识别账号类别的功能,当一个账号发布的视频内容所展现出来都是美食探店,官方会识别该账号,然后将其新更视频推送给经常喜欢看美食视频用户群体的页面。课题组在研究期间,多次检索非遗内容,在之后的一个月内,刷到非遗类视频频率大大增加。在对安徽非遗视频样本的收集中,发现有部分个人账号垂直生产关于非遗、文化、美食探店等内容题材的短视频,账号粉丝基数大部分超过5万,例如"@麦总去哪吃"垂直生产关于各地的美食视频,其中一期则是关于祁门红茶制作技艺,"@徽州小哥"则用镜头讲述徽州故事,记录徽州日常生活,其中有关于非遗鱼灯、花鼓戏的相关视频,点赞量均赞超过300,最高点赞量2000+。因此,账号一开始的定位和发布的内容很重要,视频内容垂直,平台官方就更容易判断账号的属性,能够获得更多的自然流量推荐。除此之外,在发布作品时,添加同领域的话题,能够让抖音快速识别发布者想要触及的领域,平台会把作品推荐给喜欢这个话题的用户,换句话说能够蹭到这个话题的流量。在收集的样本中,仅11个视频没有带话题标签,这说明了带话题标签成为大家默认的平台运营规则。在制作非遗短视频时,需要考虑到平台分发逻辑,对账号进行定位,发布视频时带相关话题标签,可以让该视频更容易被平台监测到,继而向目标群体推送,当目标受众对此视频反映良好,又会通过用户行为给平台方正向反馈,形成良性循环,不仅可以增加用户点击率和观看时长,还可以提升视频的分享度和传播效果。因此,深入了解平台分发逻辑,并针对目标受众制定有效的推广策略,对短视频传播而言,具有至关重要的意义。

三、受众:影响非遗短视频传播的用户因素

(一) 态度倾向:受众偏好影响接受度

受众态度倾向也是影响安徽非遗短视频传播效果的重要因素。如果大众对非遗的态度普遍积极,对非遗短视频的关注度就会提高,进而提高非遗短视频的传播效果。如果大众对非遗的态度较为消极,非遗短视频的传播效果也会受到影响。克拉帕在《大众传播效果》一书中指出,大众传播最明显的倾向是对受众既有态度的强化而不是改变,理论上可以认为当受众对该非遗的态度偏好与视频中所展现的内容一致时,该视频会对受众原始态度倾向起到正向加深的作用;而当其态度与视频中所呈现情感态度相反时,受众并不会因为观看了视频而对原先的态度产生改变。由于抖音的关联推荐机制,当用户表现出对某类视频感兴趣的时候,大数据算法会根据用户喜好向用户频繁推送相关视频,对本身具备一定的文学艺术背景,对安徽非遗感兴趣的受众群体来说,他刷到安徽非遗视频的概率就会更高,该视频对其产生影响的概率也相应增加。反之,

部分受众群体对安徽非遗不感兴趣,甚至对其情感态度呈负面,那么安徽非遗视频对该群体的影响较为有限,这类人群的态度倾向很难因为一个非遗短视频而改变。除上述两种具有明显态度倾向的群体,持中立态度人群不在少数,这就需要采取有效的方法,如提升视频质量、加强教育和宣传来改变大众对非遗的态度,增强大众对非遗短视频的关注度和接受度,从而提高非遗短视频的传播效果。

(二)心理距离:构建共通意义空间

在大众传播中,心理距离作为一种心理因素发挥作用,它是构建传受关系的基础。正确认识和把握心理距离,是形成和谐的传播关系、实现理想传播效果的条件。如果群体心理距离过大,公众可能不能理解非遗的特殊含义,从而导致短视频的传播效果不佳。以点赞量2.8万的一条非遗鱼灯短视频为例,对其评论文本进行梳理,评论文本中热评前20的IP地址中,安徽IP有16个,占比80%。在对受访者的深度访谈过程中,受访人表示,"如果刷到安徽的非遗,我基本上都会看完,毕竟是自己省的东西……我家在芜湖,如果是芜湖铁画这样本地的非遗,点赞的可能性比较高,看着亲切。""我刷到安徽非遗的视频不太多,偶尔刷到过,但是看到的时候还是蛮开心的,有时候都不知道安徽竟然还有这个非遗"。从心理距离的角度来看,安徽本省居民在地缘上对安徽境内文化的熟悉程度更高,甚至对当地居民来说,该非遗项目在自己身边真实存在,属于其日常生活中能够接触到的东西,共处的区域文化使得他们具有共通的意义空间,如果他们对本地文化有强烈的情感关系,当其在网络上接触此类短视频,这种身份认同感和文化认同感,会提升他们对非遗短视频的接受程度。因此,从这一层面来说,受众的心理距离越近,受众在认知、态度、行为上发生变化的可能性越高,即可以认为从受众层面来说,短视频的传播效果也越好。

(三)意见领袖:权威引导传播热度

意见领袖的参与可以对安徽非遗短视频的传播效果产生显著影响,因为意见领袖具有很高的影响力,他们的行为和言论往往能影响他人的态度和行为。如果意见领袖对安徽非遗短视频有积极的评价,他们的粉丝和关注者很可能会对这些短视频有积极的认识和评价,从而促进短视频传播。针对安徽非遗短视频的传播热点,课题组在进行视频数据收集时发现存在意见领袖参与而扩大传播效果的情况。以安徽师范大学校运会非遗鱼灯为例,2022年10月26日19:00,《人民日报》在微博发布#高校师生做非遗鱼灯演绎奇幻梦境#的相关博文,在2023年2月7日进行检索,阅读量740万。同日,"安师大鱼灯央视""安师大鱼灯人民日报",以抖音综合排序筛选,在前20条视频中,有3支视频在标题中提到《人民日报》《中国青年报》,其中9条视频画面转载自《中国青年报》。在深度访谈过程中,受访者中有安师大的学生,"校运会那天,很多同学都发了抖音或者朋友圈,转了《中国青年报》的视频,感觉很自豪,被官方点名表扬,当然开心了,学校太牛了"。由安徽师范大学非遗鱼灯"出圈"来看,意见领袖的参与对短视频的传播起着重要作用,当非遗短视频被具有绝对话语权的官方或者个人通过公共渠道二次转载,不仅能够提升非遗项目的知名度,还会带动其他官方账号以及个人账号的大量转发,以此提升原先视频的传播广度。

四、环境:影响非遗短视频传播的外部因素

(一)地区文化差异影响扩散程度

不同地域的文化环境是影响当地非遗短视频传播效果的因素之一。文化环境包括当地的历史文化、民俗文化、艺术文化等,文化环境可以影响非遗短视频的传播效果,是因为文化环境可以影响人们的价值观、观念、生活习惯等,从而影响对非遗短视频的接受和传播效果。某地的文化环境更加重视传统文化和非遗,那么人们对非遗短视频的兴趣就更高,更愿意去关注和传播。课题组对收集的视频样本进行统计分析,由表6.4可知,排名前七位的非遗项目分别是嵌字豆糖、宣纸、非遗鱼灯、火老虎、徽墨、花鼓灯、铁画,根据属地划分,皖北地区非遗仅有火老虎和花鼓灯,剩余五个非遗项目则属于皖南;此外,除上述非遗项目外,其他非遗项目的呈现也以皖南地区,尤其是宣城、黄山、芜湖三地居多。受访者表示,家乡在宣城,平时逛街的时候会看到有些非遗展览,来到芜湖以后在芜湖古城也看到过,皖南的非遗氛围很足。从视频数据和访谈结果来看,皖南地区在推广非遗短视频方面表现得更加出色。一方面,这是由于皖南地区在教育、文化方面对非遗重视程度较高,有众多的机构和个人自发推广非遗;另一方面,皖南地区的社会环境和文化氛围也对非遗短视频的传播产生了积极的影响。以宣城地区为例,2022年6月,绩溪县展示展演活动在徽杭古道景区、太极湖村景区拉开帷幕,展演项目有手龙舞、鱼灯、花船、草龙舞、岭北狮舞等等,绩溪民歌民谣和徽剧展演开启了非遗之旅。从政府到民间,全社会上下对非遗的高度关注,大众对非遗的了解程度才更加深入,因此大众对非遗短视频的接受程度也更高。皖南地区的非遗短视频传播效果比皖北地区更好,是多个因素共同作用的结果,如果想要全方位推广非遗,皖北地区可以从皖南地区的经验和做法中吸取经验,更好地开展非遗短视频的传播工作。

（二）非遗政策出台保障视频传播

政策保障是文化传播与发展的必要条件。安徽省制定了《安徽省非物质文化遗产条例》《安徽省级文化生态保护区管理暂行办法》《安徽省徽州文化生态保护区建设管理办法》等规章制度，为全省非遗保护提供了法律保障。《安徽省非物质文化遗产条例》明确规定，县级以上人民政府文化主管部门应提供必要的传承、传播场所，支持传承人参与非遗展示、传播等社会公益性活动。报纸、广播电视、互联网等媒体应当加强非遗宣传，普及非遗知识。为了贯彻相关非遗保护、传承与传播政策，安徽省与故宫博物院合作，建设故宫文创馆徽派传统工艺馆，推出故宫屋脊兽书签尺等200余种"安徽品牌"文创产品。各地市级政府也依据本地非遗情况，开展非遗保护工作。例如，宿州市政府完成地方非遗专题片录制、知名曲谱的编写工作，如砀山唢呐的《叫句子》《凡字调》《焖锅》等；完成知名戏曲的完整拍摄工作，如砀山四平调《小包公》《小姑贤》《陈三两爬堂》等；完成多项非遗项目实物保护工作和技巧技法的拍摄，制作光盘1200余张。各地市非遗保护单位借助互联网的传播效应，有效利用互联网进行多方位的宣传。在样本视频中，由政府、事业单位制作的非遗视频占比49.5%，说明地方各级政府为落实非遗传播政策采取了相应措施。从数据分析结果来看，官方制作的非遗视频在抖音平台的传播效果没有个人创作效果好。在政策导向下，对非遗短视频的制作更偏向于价值引导，内容的丰富性和趣味性较低，会对传播效果产生影响。因此，政府需要在保护非遗的同时，充分考虑对非遗短视频传播效果的影响，适当丰富非遗短视频内容选题。

（三）信息高速传播带来双重影响

数字媒介是当今最重要的传播渠道之一，它不仅改变了人们的生活方式，还极大地影响了信息的传播。对安徽非遗短视频而言，数字媒介环境的影响是非常明显的。数字媒介传播环境的形成，使得安徽非遗短视频的传播效果得到了极大的提高。通过互联网平台分享安徽非遗短视频，可以在短时间内让更多人知晓该非遗项目，并能通过评论、点赞等方式反馈意见，进一步提高传播效果。此外，数字媒介环境提供了多样化的传播方式，使得安徽非遗短视频能够更加广泛地传播。例如，通过社交媒体平台分享安徽非遗短视频，可以让更多的人看到，提升了传播广度；通过手机应用程序制作安徽非遗短视频，可以让更多的人深入了解安徽非遗，提升传播深度。然而，数字媒介环境也带来了一些挑战。首先，在数字媒介环境中，信息过载非常严重，这可能影响安徽非遗短视频的传播效果。以抖音平台为例，每天上传的视频数量有6000万条，虽然抖音平台有层层流量推荐机制,依然有大量视频被淹没,发布之后无人问津。由表6.3可知,0~1000点赞数量为215,且在这些视频中,有部分视频点赞量在10以下,课题组对此类视频进行分析,发现部分视频质量在所有样本视频中属于中等或中下等,如果仅从内容考虑,应当有更好的传播表现。但事实并非如此,抖音平台每天千万级的视频更新数量难免有部分视频无法被系统监测到,无法得到有效传播。受访者表示,"每天看的视频太多了,什么样的视频都有,不一定能注意到非遗相关的内容,更何况是安徽非遗,平时刷到的机会不多"。这些情况体现了数字媒介对短视频传播效果的负面影响。总的来说,数字媒介环境对安徽非遗短视频传播效果有着重要的影响,我们必须充分利用数字媒介环境的优势,同时避免数字媒介环境带来的不利影响,以确保安徽非遗短视频传播效果更加出色。

第七章　市场逻辑：安徽非遗在数字创意产业中的传用

安徽非物质文化遗产包括徽派建筑营造技艺、徽剧、宣纸制作工艺、凤阳花鼓等,代表了深深植根于安徽地域的独特传统。然而,在快速现代化和不断变化的社会动态的背景下,这些非物质文化遗产的生存与发展也面临着机遇和挑战。当下,数字创意产业的发展如火如荼,数字媒体技术的出现和创新为非物质文化遗产的记录、保护和推广提供了新的工具。通过沉浸式数字体验,公众可以与传统艺术形式线上交互,探索历史遗迹,加深对安徽文化丰富性的欣赏。此外,数字平台使文化内容得以更广泛地传播,触及全球受众,并促进跨文化交流。传统元素与数字创意相结合,为安徽非物质文化遗产赋予新的活力,在数字时代能够增强其自身的连续性和延展性。

非物质文化遗产与数字创意产业的融合,能够激发文化产品和体验开发的创造力。数字平台和技术促进了对传统文化元素的重新解读和创作,产生了一系列创造性的产品,包括数字艺术作品、互动展览、教育应用程序和多媒体表演。此外,非物质文化遗产的数字化转型也为文化旅游产品和沉浸式体验提供了机遇。通过数字平台和体验设备,游客可以虚拟参观历史文化遗迹,参与数字故事的叙事,并参与聚焦传统工艺和仪式的实践体验。这种创新的方法不仅提高了文化旅游的吸引力,而且通过非遗经济活动创造就业机会,支持当地经济可持续发展。

第一节　安徽非遗融入现代生活和产业

将安徽非物质文化遗产转化为文化资产,发挥其经济价值和文化价值,是实现文化创意产业高质量发展的需要。完善非遗发展产业链,利用产业化平台来提升非遗产品的稳定性和标准化,运用新媒体平台加大非遗传播力度,树立品牌意识,在传承和创新的同时推动非遗文化事业发展。非物质文化遗产产业化发展可实现经济效益、社会效益协同发展并构成相辅相成的良性循环。

一、非遗的产业转化与创新现状

根据国家统计局发布的数据,2023年上半年,文化企业实现营业收入59357亿元,比上年同期增长7.3%,其中,文化新业态特征较为明显的16个行业小类实现营业收入23588亿元,比上年同期增长15.0%,快于全部规模以上文化企业7.7个百分点。[①] 在文化创意产业发展的过程中,数字技术不仅对非物质文化遗产的传播起到了关键作用,还推动了非物质文化遗产的创新性产业转化。非物质文化遗产产业化发展,不仅可以从中汲取经济转型发展的元素,同时也能够提升非物质文化遗产的经济价值,使其获得良好的经济效益。[②] 2019年,抖音推出"非遗合伙人计划",在一年内助力5位传承人年收入超百万元,更有40多位非遗创作者获得百万关注量。2020年的"看见手艺计划"更是依托全域兴趣电商模式带领近5000位手艺人通过电商直播获得收入,其中10%的手艺人实现月入过万元,5%实现收入超10万元。"非遗+电商"的模式不仅直接拉近了非遗产品与消费者之间的距离,还为非遗传人、手工艺人提供了一个更广阔的创作和销售平台。这种以尊重文化为基础、促进经济为动力的路子,将非遗与现代生活有机地结合在一起。

可以说商业性为非物质文化遗产的发展提供了新的思路和机遇。特别是近年来,非遗商业化实践不断深入,在探寻非遗创新转化的道路上,不同领域与非遗的深入融合为非遗商业路径带来全新的增值空间,如"非遗+电商""非遗+旅游""非遗+影视""非遗+文创""非遗+游戏"等。虽说非遗的产业转化与创新趋势是必然的,但是对于非物质文化遗产的商业化经营和产业性开发,一方面要遵循它自身的传承规律,另一方面也要对其进行保护,无论是商业化经营还是产业性开发,都是为了更加有利于保护非物质文化遗产,让它得到更好的传承。[③] 对此,安徽的非遗资源也应该深入挖掘、梳理和活化,并根据新业态、新模式的相应需求开展创意文化资源开发,以此为契机,选择适合的非遗项目进行数字创意产业策划、转化与生产,使之融入当代生活与产业运营。

---

① 国家统计局.2023年上半年全国规模以上文化及相关产业企业营业收入增长7.3%[EB/OL].[2023-07-28].https://www.stats.gov.cn/sj/zxfb/202307/t20230728_1941597.html.
② 王勇.非物质文化遗产为何要走产业化发展之路[J].人民论坛,2019(2):132-133.
③ 刘璋.关于非物质文化遗产的商业化经营和产业化开发[J].中国艺术时空,2017(5):120-124.

例如,徽州臭鳜鱼作为徽菜的代表性菜品之一,因其"闻起来臭、吃起来香"的独特风味受到食客的广泛好评。传统臭鳜鱼从选材到腌制,再到制作出锅需要30多道工序。近年来,安徽省黄山市大力推动臭鳜鱼规模化、产业化发展,制定从加工到烹饪的地方及团体标准,改良臭鳜鱼口味,引入现代化生产线,搭建电商物流平台。2023年,黄山市有臭鳜鱼加工企业100余家,年加工量近5.5万吨,产值突破50亿元,带动就业3万余人。

安徽潜山市依托"国家级非物质文化遗产——桑皮纸传统制作技艺"传统作坊,利用当地闲置校舍,建成集研学体验、科普实践、传习教学、技能培训、旅游观光于一体的桑皮纸传习基地。基地通过实物展示、操作体验、视频展播、大师讲解等方式介绍桑皮纸制作全过程。与此同时,当地还将古纸文化与体验式旅游相结合,让传统工艺成为旅游新热点,帮助村民实现家门口增收致富,走出了一条非遗助力乡村振兴的新路子;运用"非遗+旅游"发展模式,将非遗"融入社会、融入生活、融入时代",把建设"古陶文化特色小镇"与美丽乡村建设紧密结合,先后投入2000多万元用于古陶文化的保护与传承、景观陶器和非遗衍生品的开发与推广。同时,结合扶贫助困、乡村振兴,常态化开展"非遗+研学+旅游+文创"活动,建成了陶宝馆、窑宝馆、文创产品车间、陶艺(研学)体验馆等文化场馆,举办了痘姆古陶国际文化艺术交流活动、龙窑点火、研学体验等数百场次文化传承交流活动。

二、安徽非遗融入现代生活及产业化策略

通过创新非遗项目的商业模式,实现其与现代生活的融合。这种模式不仅为非遗项目带来了经济收益,还扩大了其影响力、知名度和吸引力。

首先,从现代性的角度看,安徽的非遗项目具有悠久的历史和独特的传统价值,这使得它们在当今市场上具有一定的吸引力。例如,安徽的传统手工艺品中有很多具有独特工艺和美学价值的产品,比如徽州徽派三雕、芜湖铁画、阜阳剪纸、界首彩陶等,这些传统工艺品在当代具有很高的收藏和艺术价值,因此在艺术品市场上一直备受关注。除此之外,一些具有独特艺术魅力的非遗表演形式,如徽剧、黄梅戏、凤阳花鼓戏、淮北梆子戏、亳州二夹弦等,也受到了现代公众的喜爱。因此,从现代性的角度来看,安徽非遗具有很强的市场吸引力,可以在现代市场中获得很好的发展。

其次,从当下性的角度来看,如何让安徽的非遗项目更好地融入现代生活和商业产业,是安徽非遗创新发展的一条必要路径。随着经济的发展和生活水平的提高,人们对文化产品和体验的需求也越来越高,这为安徽的非遗项目提

供了发展机遇。一方面,可以通过现代的营销手段和渠道,将非遗产品更好地推向市场。比如,可以利用互联网平台和电商平台进行产品销售和推广,通过线上线下相结合的方式进行市场营销,让更多的人了解、喜爱并购买非遗产品。如 2022 年 7 月 22 日至 7 月 24 日黟县开展了为期 3 天的国潮非遗市集+"徽韵黟品"全民电商节活动,这次非遗市集创新融合线上直播、短视频发布,通过电商的方式宣传非遗市集,以推动当地非遗经济的发展。再如,由安徽省文化和旅游厅主办,安徽省非遗保护中心、安徽广电文化科技有限公司承办的 2023"赶大集·买年货"安徽非遗直播带货活动于 2023 年 1 月展开。通过举办线上"非遗年货节",帮助广大非遗传承人群、项目保护单位和非遗相关企业实现线上消费的新突破,对推动安徽非遗事业的发展、促进社会消费具有积极意义。同时,"非遗年货节"也借助网络平台推出针对年轻人的"非遗好物",以满足年轻群体个性化、多样化的消费需求,也让更多的年轻人在购买、使用非遗产品的过程中,体会安徽非遗魅力,领略中华优秀传统文化的风采。另一方面,还可以通过举办非遗展览、文化节庆活动等形式,吸引更多的人参与其中,促进非遗项目与现代生活的融合。利用一些知名的展览馆、文化中心等场所,举办非遗展览活动,让更多的人了解、体验非遗项目,从而拉近非遗与现代生活的距离。比如,由安徽省非遗保护中心、蚌埠市文体旅局主办,蚌埠市非遗保护中心承办的"皖风徽韵 共享瑰宝"2023 安徽省非物质文化遗产传统技艺大展于 2023 年 11 月在蚌埠火热开展。活动全方位展示了安徽非遗项目,16 个地市推出 20 个代表性项目,其中国家级非遗项目 2 个,省级非遗项目 14 个,市级非遗项目 4 个,涵盖皖南木雕、徽州竹雕、滁州剪纸、六安竹编、蚌埠玉器等极具安徽标识度的非遗特色展品。展览近 1000 件展品,包含了徽州文化、淮河文化、皖江文化、庐州文化等 4 个安徽文化圈的非遗特色。该活动还依托"蚌埠文体旅""蚌埠文化云""蚌埠论坛""蚌埠发布""抖音""B 站"等媒体资源广泛开展全媒体宣传,活动现场吸引游客超 3000 人次。充分展示近年来安徽传统工艺传承发展成果,有利于激活文化资源,提升文化产业发展水平,塑造文化品牌,更好地让非遗融入现代生活。

除了推广营销方面,还可以通过产业升级和改造来更好地将安徽非遗融入现代商业产业。将传统的非遗手工艺和工艺品与现代时尚生活元素相结合,推出更符合现代人审美和生活需求的产品。以徽派木雕为例,可以开发出更具现代感的家居装饰品,或者将传统的徽派文化运用到现代服装设计中,吸引更多的年轻人关注和购买。此外,可以通过文化创意设计,开发出更多与非遗相关的文创产品,如文创衍生品、主题餐饮等,提高非遗项目的商业化价值。这样一来,非遗项目不仅可以得到传承发展,还可以创造更多的商业价值,实现非遗与商业产业的良性循环发展。安徽博物院联合必胜客打造文房四宝主题餐厅,通过联合发起"知徽研究所"文化沙龙,邀请了多位非遗传承人走进餐厅。在餐厅里,从事墨业40余年的"徽墨制作技艺"国家级代表性传承人周美洪,从点烟、合胶到制墨、晾墨、挫边、填彩,"拆解"徽墨背后的故事;徽帮裁缝第三代传人王俊则通过手工盘扣、针尖上的徽绣,帮助大家理解服装与传统文化的融合;通过他们的现场展示,让更多的观众在享受必胜客美食和服务的同时,收获用餐之外的文化附加值,让厚重的中华优秀传统文化以轻量化、移动化、体验化的形式传播。

另外,从媒介角度看,在媒介融合的背景下,安徽非遗可以借助各种媒介手段,如网络直播、短视频、VR/AR等,进行宣传和推广。通过线上线下的有机结合,可以扩大非遗的市场影响力,提升非遗的知名度和美誉度。安徽滁州开发了"滁州数字非遗"微信小程序,共有8个模块,即非遗展馆、非遗产品、视频集锦、非遗项目、非遗传承人、非遗文创、一码游滁州、非遗活动,并附加有1个手绘非遗功能,为公众提供了对非遗及非遗产品的"学、听、看、购、玩"等智慧化线上服务,取得良好的宣传效果和社会效益。

总的来看,一方面,安徽的非遗项目具有很强的市场属性,所以更需要抓住当下数字化、媒介化的生活趋势,发挥自身的文化价值和产业价值,提高非遗产品的竞争力和吸引力,让更多的人了解、喜爱并购买非遗产品。另一方面,也需要通过技术创新和产业升级,推动非遗项目的商业化发展,从而更好地融入现代生活和产业运营。只有充分调动市场的力量和资源,才能实现非遗产业可持续发展,为传统文化的传承和创新贡献更多的力量。

第二节　"两创"背景下非遗与数字创意产业的融合

2023年6月2日,习近平总书记在文化传承发展座谈会上的重要讲话中强调,在新的历史起点上继续推动文化繁荣、建设文化强国、建设中华民族现代文明,要坚定文化自信,坚持走自己的路,实现精神上的独立自主。[①] 这是习近平总书记为新时代文化传承与创新指明的新方向,为文化发展与繁荣提出的新要求。习近平总书记在党的二十大报告指出:"坚持创造性转化、创新性发展,以社会主义核心价值观为引领,发展社会主义先进文化,传承中华优秀传统文

---

① 习近平.在文化传承发展座谈会上的讲话[J].求是,2023(17):4-11.

化。""实施国家文化数字化战略,健全现代公共文化服务体系,创新实施文化惠民工程。"[1]2022年5月中共中央办公厅、国务院办公厅印发的《关于推进实施国家文化数字化战略的意见》,明确了国家文化数字化战略的重点任务和路线图。非物质文化遗产作为中华优秀传统文化的代表,在数字创意产业中坚持创新性发展和创造性转化亦是必由之路。非遗与文化产业的良性互动过程,就是一个非遗继承与创新相结合的发展过程。[2] 结合当下社会环境,从全国非遗发展保护现状来看,安徽省非遗与数字创意产业的融合发展可以从文化属性、媒介属性以及数字经济属性等层面探寻。

一、安徽非遗与数字创意融合的必然

从新石器时代的薛家岗文化、龙山文化,到春秋战国时期的吴越文化、楚文化,再到明清时期徽州文化的繁荣,安徽文化在漫长的历史长河中不断积淀和发展。这使得安徽文化成为我国文化的重要组成部分,也为人们提供了深入了解我国历史文化的窗口。安徽文化的丰富内涵体现在其历史渊源和地域特色上。新石器时代的薛家岗文化、龙山文化,是安徽文化发展的起点。这些文化遗址的发现,揭示了安徽地区早期人类社会的生产、生活状况,以及当时的宗教、艺术等各个方面。春秋战国时期的吴越文化、楚文化,则在安徽地区留下了丰富的文化遗产。例如,春秋时期的楚国,以其先进的农业、手工业和繁荣的商业,成为当时中国南方的重要国家。徽州因其独特的地理环境和历史背景,形成了独特的徽派文化。这一文化现象涵盖了政治、经济、文化、艺术等多个领域,其中尤以徽派建筑、徽剧、徽菜等最为著名。徽派建筑以其精美的雕刻、精湛的工艺、严谨的布局,被誉为"东方建筑艺术的瑰宝"。徽剧,作为中国戏曲的重要分支,曾风靡一时,对我国戏曲艺术的发展产生了深远影响。徽菜,则以其独特的烹饪技法和鲜明的口味,成为中国八大菜系之一。同时,安徽地处南北交接地带,文化具有兼容并蓄的特点,既有南方文化的细腻和精致,如徽派建筑、徽剧、徽菜等,又有北方文化的粗犷和豪放,如安徽的民间艺术、戏曲、文学等。这种独特的文化风貌,使得安徽文化在中华文化的大家庭中独树一帜,为人们呈现出丰富多彩的文化景观,并由此孕育出形形色色的非物质文化遗产,如"凤阳花鼓""华佗五禽戏""孔雀东南飞传说""徽墨制作技艺"等。根据调查

---

[1] 习近平. 高举中国特色社会主义伟大旗帜 为全面建设社会主义现代化国家而团结奋斗[N]. 人民日报,2022-10-26(001).
[2] 张秉福. 我国非物质文化遗产与文化产业互动关系的现状与问题探析[J]. 出版发行研究,2017(6):27-30.

数据显示,安徽省现存各类省级非遗,总计623项,其中被列入联合国教科文组织人类非物质文化遗产代表作名录数量4项(中国传统木结构营造技艺、宣纸传统制作技艺、中国珠算、中国传统制茶技艺及其相关习俗),国家级非遗代表性项目99项。独特的地域文化环境使当地人们有着深厚的地域情感和强烈的认同感、归属感,在拥有如此独特地域文化的环境下,直接促成了非物质文化的多样性和复杂性。

安徽独具特色的文化内涵和文化属性,在现代生活中也一如既往地加强自身的发展和创新。正如习近平总书记在文化传承发展座谈会上强调的那样:"中华文明具有突出的创新性。中华文明是革故鼎新、辉光日新的文明,静水深流与波澜壮阔交织。连续不是停滞,更不是僵化,而是以创新为支撑的历史进步过程。"①安徽拥有丰富的非物质文化遗产,这与其独特的生态环境构成了一种有机的文化整体关系,共同展示着历史悠久的地方文化。在人类社会不断发展进步的过程中,安徽非物质文化遗产的社会结构和形态、功能和性质也在不断地发生变化,从而引发文化遗产自身以及所依存的文化环境的变迁。这种变迁的趋势与人类社会的共生性特征相互呼应,共同构成了非物质文化遗产得以传承和发展的基石。

在数字技术逐渐普及的时代,安徽非物质文化遗产的保护与传承变得尤为重要。为了使这些珍贵的非物质文化遗产在不断变化的社会形态和经济环境中得以延续,需要在地域自然环境和文化环境中不断创造出适合其生存的文化空间。同时,与数字创意产业的融合共生也成了保护非物质文化遗产的关键举措,传统文化与数字技术的融合发展,能够使非物质文化遗产焕发新的活力。因此,在数字技术时代,安徽非物质文化遗产的保护与传承不仅需要我们关注地域自然环境的保护和社会文化环境的营造,更亟须积极探索数字创意在非物质文化遗产保护与传承中的应用。

二、数字媒介助力安徽非遗创新发展

非物质文化遗产作为中华优秀传统文化的核心组成部分,见证了中华文明的延续与发展。对其进行有效保护、传承及利用,不仅对保持历史文脉的连续性、增强文化自信、促进文明交流互鉴,以及构建社会主义文化强国具有深远影响,而且在当前新媒体环境下,借助数字媒介,非物质文化遗产正逐步从特定群体拓展至广大公众,焕发出新的生机与活力。

---

① 习近平.在文化传承发展座谈会上的讲话[J].求是,2023(17):4-11.

第七章　市场逻辑：安徽非遗在数字创意产业中的借用

数字媒介的广泛应用和迅猛发展，对非物质文化遗产的传播与保护产生了深远影响。诸如抖音、快手、微博、微信、哔哩哔哩等短视频平台，凭借其广泛的影响力及强大的传播力，极大地提升了非物质文化遗产的曝光度和知名度。技术的进步推动了文化传播的变迁，媒介特性决定了传播方式，所以在新媒体这个年轻的语境下，实现"非遗"这叙事的"年轻化"是使非物质文化遗产在新媒体语境下重获青春活力的重要途径。① 这些平台不仅为非物质文化遗产提供了一个全新的展示与传播渠道，同时还增强了其在现代社会中的存在感和影响力。在当下文化消费语境下，人们对符号价值的需求日益强烈，以及消费对象无限扩大，开始注重休闲、娱乐、旅游、文化等对象的消费。② 数字媒介平台的出现，不仅拓宽了非物质文化遗产的传播途径，还为人们提供了可供"消费"的对象。借助这些平台，人们能够更为便捷地了解和学习非物质文化遗产，进而增强保护意识及传承意愿。同时，数字媒介平台也为非物质文化遗产传承人提供了更为广阔的展示空间和交流平台，使他们能够通过网络直播、短视频等形式，展示非物质文化遗产技艺，传承非物质文化遗产，从而进一步推动非物质文化遗产的保护与传承工作。多样化的数字媒介传播手段使得安徽非物质文化遗产的存续场域发生了深刻变革。过去，安徽非物质文化遗产的传承主要依赖传统的口传身授和手把手教授方式，如今则更需要借助具有强互动性的数字媒介平台进行传播。这些数字媒介平台为安徽非物质文化遗产提供了更为广阔的传播空间和丰富的传播手段，从而进一步推动了安徽非物质文化遗产的发展与传承。

在当前传播媒介迭代速度日益加快的背景下，数字媒介作为一种文化传播载体，天然地具备狂欢特质。巴赫金把包括一切狂欢节的庆贺、仪式、形式统称为"狂欢"，他认为每个人都参与和生活在狂欢之中。③ 这种特质推动了大众文化陷入热烈的追捧与狂欢式的消费。作为文化产物的一种形式，数字媒介通过多样化的传播方式为人们带来视觉、听觉、心理等方面的感官体验，使人们对数字媒介内容产生强烈的情感认同与表现欲望，进而催化了大众社会的狂欢氛围。在数字媒介狂欢特性的影响下，人们对非物质文化遗产表现出极高的热情，呈现出兴奋、激情以及精神狂欢等特质。

比如，在2022年第51届安徽师范大学校运动会开幕式上，"非遗鱼灯"被搬上舞台，伴着音乐响起，80余只鱼灯配合灯光不断变换阵形，有"鱼尾摆动"，有"小鱼绕圈"，还有"小鱼尾随大鱼"……把静态的非遗鱼灯予以"活化"，将传

---

① 吴建铭. 新时代"非遗"保护与开发研究[M]. 北京：中国广播影视出版社，2023：109-110.
② 隋岩. 媒介文化与传播[M]. 北京：中国广播影视出版社，2015：130.
③ 北冈诚司. 巴赫金：对话与狂欢[M]. 石家庄：河北教育出版社，2002：267.

统民俗与现代舞美结合,令人印象深刻。①借助新媒介的力量,"非遗鱼灯"的这次亮相,在抖音、快手、哔哩哔哩等平台火爆出圈。据不完全统计,安徽师范大学运动会开幕式上的"非遗鱼灯"表演片段在媒体上观看量超过千万,点赞量也逾数百万,"非遗鱼灯"全网火热出圈,网民纷纷点赞我国传统文化跨越历史的魅力,多家中央主要媒体和地方主流媒体报道转发,形成良好的舆论氛围。通过这次火爆出圈,安徽非遗鱼灯也获得央视《2023中国诗词大会》的邀请,并于第七期节目中精彩亮相。这一现象的火爆出圈,说明了创造性转化和创新性发展,能够给予传统非遗新的生命力,让更多的人知道其存在,对其之后的发展也有一定的推动力。

非物质文化遗产参与媒介狂欢已逐渐成为一种文化现象,新型媒介将非物质文化遗产带入了一个崭新的发展阶段。借助更为生动、多元、丰富的媒介内容,人们能够以更为自由、愉悦、舒适的体验方式接触和了解安徽非遗。例如,黄山市非物质文化遗产展览馆运用科技手段激活非遗体验,通过沉浸展演、MR、全息、追踪投影等数字化技术,让非遗"生动起来"。黄山市非遗馆以构建现代公共服务体系为主线,积极推进非遗传承保护高质量发展,紧紧围绕"文化+科技"的设计理念,运用多媒体互动、模型展示等手段,打造出场景化、立体化、视觉化的非遗馆,有力推动黄山市非遗保护实践。可以说,具有较强参与性的新型媒介与非物质文化遗产的融合,已成为安徽非物质文化遗产现代化保护与传承的必然趋势和特征。

除了公众参与式"狂欢"而达成的非遗热点传播,助力非遗传播扩散以及创新性发展;媒介本身的数字叙事属性,也能够使得非遗的传播与营销方式有所改观。利用社交媒体和在线平台倡导和营销传统工艺、习俗和文化习俗等安徽非物质文化遗产。通过数字叙事,遗产以在线视频、图像和公众号文章的形式进行宣传营销,解读遗产起源及其演变方式等。这些内容可以由非遗传承人与数字营销人员合作制作和发布,以提高公众对安徽非物质文化遗产的认识,并有可能扩大安徽非物质文化遗产产品的市场规模。如安徽非物质文化遗产保护中心、各地文旅局、"回味徽州""亳采非遗"等微信公众号,致力于安徽非遗的普及宣传、非遗文案创作,特别是文案类作品,将非物质文化遗产的历史、现状,以及非遗产品等图片、文字、视频信息进行充分整合,并面向大众公开发布。不仅能够最大限度地保存安徽非物质文化遗产的各种信息,还有利于整合安徽非遗的脉络体系,也能够为安徽非遗及产品的宣传与营销提供有力帮助。此外,

---

① 人民网.安师大"鱼灯舞"出圈:看似水中游 实则画里生[EB/OL].[2023-02-03]. http://ah.people.com.cn/n2/2023/0203/c227131-40288031.html.

还有小红书(博主:付老师的小跟班、馨吉祥罐养、凤居木雕工作室等)、微博(博主:窗含西岭雪、i 非遗 iFeiYi、畅游亳州等)、抖音等网络平台均有博主对安徽非遗进行多样化的宣传推介。

在过去,非遗的传播主要依赖于口口相传和传统的文字记载,传播范围和速度都相对有限。而数字媒介的出现,让非遗得以在互联网上迅速传播,触达更多的受众。通过短视频、直播、社交媒体等多种形式,安徽非遗的文化价值和魅力得以深入人心,激发了广大民众对非遗的兴趣和热爱。在数字媒介的推动下,安徽非遗不再局限于传统的表现形式和载体,而是与现代科技、创意产业相结合,衍生出了一系列具有较高商业价值的文化产品和消费品。例如,通过数字技术将传统非遗技艺转化为数字艺术品,或是将非遗元素融入现代设计,打造独具特色的文创产品。这些举措不仅拓宽了非遗的传播渠道,还为其创造了新的价值。在数字媒介的赋能下,越来越多的人开始关注和传承非遗,从而为非遗的再生提供了源源不断的人才支持。同时,数字媒介还促进了非遗与其他领域的交流与合作,使得非遗在不断创新中焕发出新的生机。例如,安徽广播电视台打造的文化电视节目《活起来的技艺》,以"文化寻访+非遗技艺+文创设计"为核心,融入真人秀元素,是一档独具个性的新型文化类节目,旨在实现非遗活态传承,让安徽优秀历史文化遗产真正"活"起来。运用数字媒介属性,将安徽非遗转化为大众消费的文化符号和文化内容,这个过程也正是安徽非遗价值创造和再生的重要途径。

三、数字经济赋能安徽非遗产业协同

当今,数字经济已对人们生活的诸多方面产生了深远影响。数字经济不仅对传统商业模式形成了较大冲击,更催生出全新的商业模式,为多种产业的发展提供了新的机会。数字经济赋能文化产业已成为热门现象,如非物质文化遗产与数字创意产业联姻,在保护其文化特性的同时也能够进行产业化,为传承主体创造可观的经济效益。①

安徽非物质文化遗产的传承发展离不开与数字创意产业融合。将安徽非物质文化遗产的传统手工艺和习俗等转化为满足现代消费者需求的产品或服务,能够激发和拓展传统非遗的传承路径,如非遗沉浸式体验和非遗旅游等,即坚持以文塑旅、以旅彰文,推进文化和旅游深度融合发展。② 通过将非物质文化

---

① 蒋月侠.创意经济视域下皖北非遗的活态传承[J].宿州学院学报,2021(11):1-5.
② 习近平.高举中国特色社会主义伟大旗帜 为全面建设社会主义现代化国家而团结奋斗[N].人民日报,2022-10-26(001).

遗产与数字创意产业相结合,各传承主体可以以一种与现代消费者产生共鸣的方式促进其遗产传承,同时保留其文化特性。

在这方面,为进一步推动《安徽省"十四五"非物质文化遗产保护传承行动计划》落地见效,2023年3月安徽省文化和旅游厅发布了"安徽非遗主题旅游十大精品线路",分别为"古韵亳州"非遗之旅、"寻味宿州"非遗之旅、"风情蚌埠"非遗之旅、"姜尚故里"临泉非遗之旅、"寻艺六安"非遗之旅、"匠心传承"芜湖非遗之旅、"文房四宝"宣城非遗之旅、"灵秀青阳"非遗之旅、"拾遗潜山"非遗之旅、"美在徽州"非遗之旅。每一个非遗主题旅游精品路线都有详细指南。

每一个非遗主题旅游路线都精心挑选了各具异彩的非遗项目,旨在为游客带来丰富多样的文化体验。在非遗主题旅游路线中,游客不仅可以观赏各种非遗表演和技艺展示,还可以亲身体验非遗项目的制作过程。这些体验活动让游客深入了解非遗,感受非遗传承人的匠心独运。同时,游客还有机会购买非遗产品,将这份独特的文化记忆带回家。非遗主题旅游路线的设计充分考虑了游客的需求和兴趣,将观赏、体验和购物相结合,让游客在游玩的过程中,既能感受到非遗的魅力,又能参与到非遗传承中来。这种沉浸式体验有助于增强游客对非遗的认同感和自豪感,推动非遗的传承和发展。此外,非遗主题旅游路线还能够促进当地旅游业的发展,为当地居民提供了更多的就业机会。游客的到访带动了当地经济的发展,也为非遗传承人带来了更多的收入来源。这种良性循环使得非遗项目得以更好地保护和传承,同时也提升了游客的文化旅游体验质量。总之,非遗主题旅游路线能够为游客提供一个全方位、多层次的非遗体验平台。通过观赏、体验和购买非遗产品,游客可以更加深入地了解和感受非遗的独特魅力。这样的旅游路线不仅丰富了游客的文化生活,还为非遗的传承和发展注入了新的活力。

除了与旅游产业的深度融合,通过电子商务平台为安徽非物质文化遗产赋予经济活力的途径也是可行的。例如,京东、淘宝、天猫、抖音商城等电商巨头为安徽非遗手工艺品、非遗戏剧及其他源自非物质文化遗产的产品提供了数字化交易平台,不仅拓宽了安徽非物质文化遗产产品的市场渠道,还为非遗传承主体带来了可观且稳定的收入,从而助力他们更好地投入非遗生产活动与传承事业。

以六安黄大茶为例,这一省级非物质文化遗产曾局限于"平民茶"的销售理念,包装简陋,价格低廉,以线下销售为主。为了赋予这个传统产业新的生机,六顺黄茶业与金安文旅山水画廊直播基地展开合作。电商团队为黄大茶设计了多款高端礼盒包装,并强调"非遗传承健康生活""老味道""高爽焦香浓厚醇和"等产品理念,迅速赢得了消费者的认可。由此,系列产品的网上销售额逼近400万元,远销至北上广深等大城市,使黄大茶这一千年物质文化遗产重焕辉煌。另外,亳食记健康科技有限公司出品的养生馒头(亳州非遗)造型典雅,且融入了薏米、山药等中药食材,受到食客的热烈欢迎,2022年销售额达到3000万元。再如,阜南佳利工艺品股份有限公司作为"阜南柳编"非遗企业,凭借电商优势,成功将"阜南柳编"非遗产品推向海外市场。2022年,阜南县柳木文化出口实绩企业累计出口额达到4.52亿美元。借助电商等网络平台的传播和推广,可以让更多的人了解、学习和接触到安徽非遗,同时可以提高安徽非遗的知名度和经济效益。[①]

总的来说,数字经济赋能有助于推动安徽非物质文化遗产产业化创新,促进数字产业化的内部发展,持续为安徽非物质文化遗产的可持续发展及创造性转化注入动力。非遗数字赋能的关键在于合理利用数字经济平台与数字技术手段,重视知识产权保护以及质量控制机制。同时,须关注社会与文化可持续发展,在产业化过程中确保非遗的真实性与延续性。

第三节 安徽非遗在数字创意产业的应用案例分析

一、非遗+文旅:体验性、独特性、品牌化

2021年4月,文化和旅游部印发的《"十四五"文化和旅游发展规划》中明确提出,坚持融合发展,以文塑旅,以旅彰文,完善文化和旅游融合发展的体制机制,培育文化和旅游新业态,推动文化和旅游更广范围、更深层次和更高水平发展。该规划要求大力建设非物质文化遗产特色村镇、街区,全面推进"非遗在社区"工作。建设集传承、体验、教育、培训、旅游等功能于一体的传承体验设施体系,推出一批具有鲜明非物质文化遗产特色的主题旅游线路、研学旅游产品。[②]2021年8月,中共中央办公厅、国务院办公厅印发《关于进一步加强非物质文化遗产保护工作的意见》,提出促进非物质文化遗产合理利用,支持利用非物质文化遗产资源发展乡村旅游等业态,支持非物质文化遗产有机融入景区、度假区,

---

① 刘知宜,赵宇恒,陈兵.产业化是非遗的另一种表达方式[N].农民日报,2023-11-08(008).
② "十四五"文化和旅游发展规划[N].中国文化报,2021-0603(002).

建设非物质文化遗产特色景区。鼓励合理利用非物质文化遗产资源进行文艺创作和文创设计,提高品质和文化内涵。①

在创造性转化和创新性发展背景下非物质文化遗产在传承与创新的过程中,不断为旅游文化赋予丰富内涵。近年来,安徽省多个地区积极尝试打造"非遗+"文旅新品牌,以多样化的实践和应用场景开创了文化和旅游融合发展的新模式。

(一)非遗+基地研学,打造沉浸式体验

众多非遗项目在"研学游"热潮中独具特色,位于巢湖市黄麓镇的纸笺加工技艺传习所,拥有近1000平方米的互动体验中心和纸笺文化展示厅,具备一次性接待400人研游学体验的能力。据统计,2023年上半年,该中心接待研学人数约为7000人次,创造经济价值近20万元,为非遗传承开辟了新课堂,同时拓展了文化旅游体验的新场景。

肥东县蓝山湾研学旅行基地立足于生态农业,整合庐州木雕、公和堂狮子头、竹塘挂面、梁园三绝、石塘驴巴、糯米圆子等地方特色美食在内的10多个项目,构建了融合非遗体验、研学教育、乡村亲子游以及木艺文化创意的发展模式。年接待游客约60万人次,其中团队研学游占比达到30%。②

(二)非遗+文创开发,延长非遗产业链

对于非遗衍生产品,应该以创新利用非遗元素为导向,推行"营利性"利用,其目的是最大化地实现非遗资源的经济价值。③ 结合现代生活与市场,合肥将非物质文化遗产及其衍生品与时尚元素相融合,通过人文、匠心与科技的交融,将非遗资源开发为文化创意产品。以三河羽扇、葫芦雕刻、吴氏船模等非遗项目为依托,创新推出了非遗文创小夜灯,以及非遗木雕书签、剪纸书签、麦秆画书签等文创产品。这些新载体丰富了非遗传播的途径,推动了本土特色文创产品和旅游纪念品的开发。在游玩过程中,增加了游客的购买欲望和娱乐兴趣,从而延长了旅游产业链,打造了新的旅游经济增长点。

潜山依托非遗资源,指导旅游企业、非遗工坊、传承基地通过创意性和应用性设计,研发非遗文创产品,推出王河舒席、痘姆古陶(图7.1)、官庄桑皮纸等一批文创产品,并以博物馆、旅游景区为主要落地载体,实现社会效益与经

---

① 进一步加强非物质文化遗产保护工作[N]. 人民日报,2021-08-13(001).
② 合肥市文化和旅游局:赋能乡村振兴 促进文旅融合:打造"非遗+"文旅新名片[EB/OL]. https://wlj.hefei.gov.cn/wlgk/fybh/18600197.html.
③ 刘鑫. 非物质文化遗产的经济价值及其合理利用模式[J]. 学习与实践,2017(1):118-125.

济效益双丰收。这一举措将国家级非遗代表性项目痘姆古陶融入时代气息、走进日常生活，衍生出餐具、茶具、酒具、花器等12个系列文创产品，先后获得20余项国家、省、市级荣誉，并多次被安庆市、潜山市选定为外事礼品，销往世界各地。①

图7.1　痘姆古陶文创产品

（三）非遗＋特色民俗，升级节庆新模式

通过传统民俗节庆活动，合肥以"以节造势、以节兴旅、以节办事"的策略，借助乡村古镇和旅游景点，策划举办丰富多样、内涵丰富的非遗展示体验活动，如肥东旅游"搜货季"、荷花节活动，以及蜀山区以"春明、夏韵、秋实、冬藏"为主题的四季节乡村旅游活动等，使广大游客能够近距离领略非遗的独特魅力，进而推动非遗美丽资源向美丽经济的转化。

黄山市屯溪区将徽州传统文化资源融入现实生活，培育了屯溪文化艺术节、大型民俗踩街、文化遗产日宣传、非遗传承人专题讲座等以徽州文化为主题的节庆活动品牌（见图7.2）。近年来，先后举办"欢乐祥瑞""月夜屯溪""秋月无边"非遗购物节、非物质文化遗产代表作展览、"非遗进景区"等大型活动20余场，在屯溪夜市、屯溪老街、湖边古村落和黎阳In巷景区等地，选取全区较有特色的非物质文化遗产项目进行展演、展销，将非遗活动与旅游、购物相结合，以文促旅，以旅彰文，促进非遗的保护和宣传，推动了本地旅游经济业态和非遗的

---

① 朱文文. "保护传承非遗 助力全域旅游"志愿服务助力文旅深融合[N]. 中国旅游报，2023-03-27（002）.

融合发展。①

图7.2 屯溪民俗踩街

（四）非遗＋品牌培育，强化自身优势

在全面推动乡村振兴战略背景下，非物质文化遗产为乡村发展注入了强大活力，使得乡村振兴愈发富有生机。庐江县积极推动以茶叶为核心的休闲农业与乡村旅游融合发展，精心打造茶产业、传承茶文化、提升茶品牌，大力发展茶之旅、茶文化研究、茶香美食等特色产品。同时，举办白云春毫茶文化旅游节，大力推进茶旅产业融合发展，开发生态休闲游、劳动教育实践场所20余个，发布茶旅路线10余条，串联起粉黛西坡、百花茶谷、金汤湖露营地、金汤阁等多个景点。在体验茶文化的同时，为游客解锁汤池旅游新目的地，形成了茶旅互动、以茶促旅、茶旅共荣的发展格局。庐江县的"白云春毫"茶叶公共品牌已荣获安徽省十大品牌名茶、农业农村部中国农产品地理标志认证等荣誉称号，品牌形象日益深入人心。

安徽省宣城市，被誉为"中国宣纸之乡"，其生产的宣纸享有"纸中之王""千年寿纸"的美誉。作为我国书画的重要载体，宣纸独具特色的制作技艺传承了

---

① 凤凰网安徽.保护 传承 发展：黄山屯溪区让非遗在新时代焕发新风采[EB/OL]. https://ah.ifeng.com/c/8UXwUtQcd3N.

中华文明的文化底蕴。2006年,该项技艺首批入选国家级非物质文化遗产名录,并于2009年荣列入类非物质文化遗产代表作名录。近年来,宣城市将宣纸技艺的传承与保护视为首要任务,秉持创新发展的理念,研发文化旅游产品,以满足各类游客的需求。此外,宣城市成立宣纸文化生态保护区,旨在集中保护区域内宣纸文化的生态环境及非物质文化遗产,并制定实施了《宣纸保护和发展条例》,使宣纸保护工作有法可依。以此为契机,宣纸产业成为乡村振兴的重要引擎和强劲动力。为进一步推动宣纸文化的体验与旅游市场开发,近年来,泾县中国宣纸文化园致力于提升宣纸文化体验功能及设备,不断攻克宣纸生产技术难题,积极研发系列文化体验新产品。独具创意、富含文化底蕴的宣纸文创产品逐渐走向市场,广受游客欢迎。传统非遗技艺与创意的完美结合,使千年宣纸焕发新生机,同时为宣纸产业发展注入新的活力,成为推动产业创新和乡村振兴的关键动力。

二、非遗+影视:动态性、故事性、互动性

近年来,网络技术与数字技术的飞速发展推动各领域实现融合发展,成效显著。在非物质文化遗产与影视传媒领域,跨界融合的实例屡见不鲜。传播非物质文化遗产是电视媒体的责任与义务,且具有表现形象直观性、社会影响广泛性、高附加值等特点,所以影视媒体一直在大力传播非物质文化遗产。[①] 例如,央视大型文化节目《非遗里的中国》、浙江卫视热门综艺《万里走单骑》、纪录片《我在故宫修文物》《了不起的匠人》,安徽卫视综艺频道《活起来的技艺》等,以及《知否知否应是绿肥红瘦》中的建盏与点茶技艺、《如懿传》中的点翠技艺、《琅琊榜》中的漆艺技艺、《延禧攻略》中的打铁花等,均使非物质文化遗产得以广泛传播,备受关注。非物质文化遗产与影视传媒实现跨界融合,借助数字技术及现代传播方式,将原本抽象的"非遗"文化概念塑造为视觉与听觉相结合的非遗影像。此外,传播过程亦欢迎公众参与,使其能够具象化地感受"非遗"的文化价值,直观地体验"非遗"的艺术魅力。此举不仅为非物质文化遗产的传承与弘扬开辟了新途径,还增强了文化自信,实现了融合发展的双赢。

同样,安徽省诸多非物质文化遗产也借用影视媒介,以达到自身的创新性创造性转化和发展。第五批国家级非物质文化遗产代表性项目合肥市民间文学《包公故事》,筛选出颇具代表性且适宜动画呈现的故事,通过二维动画设计

---

① 朱小军.融合时代下电视媒介在传承非物质文化遗产中的作用[J].中国电视,2016(3):105-108.

与艺术创作，打造兼具教育性与艺术性较强的动画作品。非遗动画片《包公故事》的推出，实现了非遗元素在数字动画产业的创新拓展，使包公文化精神内涵在动漫这一载体中得以传承，并在创造性转化与创新性发展中赋予其新的生命力和内涵。

安徽广播电视台举办的《活起来的技艺》是一档聚焦非物质文化遗产的综艺节目。在安徽省非遗中心专家组的指导下，《活起来的技艺》聚焦安茶、徽墨、程大位珠算、芜湖铁画等多个非遗项目，通过主持人的寻访、体验以及文化嘉宾的深入介绍，充分挖掘非遗技艺的精妙亮点，展现非遗背后的文化价值及传承现状，让散落在民间的各类非物质文化遗产以更加鲜活、立体的样态呈现在大众面前。节目旨在开启安徽非遗宣传的新风潮，打造非遗活态传承的新平台，用文化创意为非遗焕发新的活力。通过耳目一新的展现形式，让更多的人了解安徽，了解安徽非遗，让安徽优秀历史文化遗产真正"活"起来。

从节目的主题可以看出，它旨在展示安徽地区的非物质文化遗产，让观众深入了解这些传统技艺的魅力和价值。在内容上，节目采用了多种形式来呈现各个非遗项目的特色。通过实地探访，观众可以亲眼看到这些技艺的传承和制作过程，感受到传统工艺的独特魅力。同时，节目还邀请了相关领域的专家进行解读，增强了节目的文化性、知识性和权威性。此外，亲身体验环节让观众能够更深入地了解非遗项目的技艺特点，增强了观众的参与感和互动性。在形式上，《活起来的技艺》注重创新和多样性。除了传统的访谈和记录形式，节目还融入了互动、游戏和竞技等元素，让观众在轻松愉快的氛围中了解非遗项目。节目还采用了一些现代技术手段，如虚拟现实、3D建模等，让观众能够更直观地了解非遗技艺的制作过程和特点。在文化价值上，《活起来的技艺》对传承和弘扬中华优秀传统文化具有重要意义。非遗项目作为传统文化的重要组成部分，具有极高的历史和文化价值。通过这档节目，观众可以更加深入地了解安徽地区的非遗项目，增强对传统文化的认同感和自豪感。《活起来的技艺》这档电视节目具有丰富的文化内涵和价值，为传承和弘扬中华优秀传统文化做出了积极贡献（表7.1）。通过深入挖掘和呈现非遗项目的独特魅力，节目让更多的人了解和认识到了传统文化的珍贵价值，激发了人们对传统文化的热爱和保护意识。同时，节目也促进了文化多样性的发展和繁荣，为中华文化的传承和创新注入了新的活力。

表 7.1 《活起来的技艺》节目主题及非遗项目一览表

序号	季别	单片作品标题	播出时间	非遗项目
1	第一季	第一期《传奇安茶》	2022年7月2日	安茶制作技艺
2	第一季	第二期《千年墨韵》	2022年7月9日	徽墨制作技艺
3	第一季	第三期《国粹珠算》	2022年7月16日	程大位珠算法
4	第一季	第四期《铁骨画魂》	2022年7月23日	芜湖铁画锻制技艺
5	第一季	第五期《锦绣徽雕》	2022年7月30日	徽州三雕
6	第一季	第六期《溢彩流笺》	2022年8月6日	纸笺加工技艺
7	第二季	第一期《古伞新韵》	2022年10月14日	油布伞制作技艺
8	第二季	第二期《青铜复活》	2022年10月21日	青铜器修复技艺
9	第二季	第三期《三彩流光》	2022年10月28日	界首彩陶烧制技艺
10	第二季	第四期《徽绣桃花》	2022年11月4日	望江挑花
11	第二季	第五期《九酝古香》	2022年11月11日	古井贡酒酿造技艺
12	第二季	第六期《祈福鱼灯》	2022年11月18日	汪满田鱼灯
13	第三季	第一期《寻香中国茶》	2023年10月13日	绿茶制作技艺（太平猴魁）
14	第三季	第二期《景中有天地》	2023年10月20日	徽派盆景技艺
15	第三季	第三期《筑梦山河间》	2023年10月27日	徽派建筑营造技艺
16	第三季	第四期《华裳书锦绣》	2023年11月3日	徽帮裁缝非遗技艺
17	第三季	第五期《髹饰绽中华》	2023年11月10日	徽州漆器髹饰技艺
18	第三季	第六期《纸上写春秋》	2023年11月17日	徽州楮皮纸制作技艺
19	第三季	第七期《管毫起风云》	2023年11月24日	宣笔制作技艺
20	第三季	第八期《年画印和祥》	2023年12月1日	木版年画技艺
21	第三季	第九期《巧剪传神思》	2023年12月8日	剪纸技艺
22	第三季	第十期《九酝千年香》	2023年12月15日	古井贡酒酿造技艺
23	第三季	第十一期《纱灯笼皓魂》	2023年12月22日	无为剔墨纱灯制作技艺
24	第三季	第十二期《磨砻出白玉》	2023年12月29日	八公山豆腐制作技艺

三、非遗＋数字藏品：数字化、创新性、推广性

《数字中国建设整体布局规划》明确指出建设数字中国是数字时代推进中国式现代化的重要引擎，是构筑国家竞争新优势的有力支撑。加快数字中国建设，对全面建设社会主义现代化国家、全面推进中华民族伟大复兴具有重要意

义和深远影响。推进数字技术与经济、政治、文化、社会、生态文明建设"五位一体"深度融合,其中推进文化数字化发展,深入实施国家文化数字化战略,能够赋能经济社会发展的同时,有利于提升数字文化服务能力,加快发展新型文化企业、文化业态、文化消费模式。① 在数字化快速发展的时代背景下,安徽省文化数字化建设也在加快推进,2023年12月11日,安徽省数据资源管理局、中共安徽省委网络安全和信息化委员会办公室、安徽省发展和改革委员会、安徽省科学技术厅、安徽省经济和信息化厅、安徽省通信管理局联合发布了《安徽省数字基础设施建设发展三年行动方案(2023—2025年)》,其中明确提出要探索元宇宙发展。支持科研院所与企业加强合作,推动三维数字空间、虚拟数字人和非同质化代币(NFT)数字资产在城市管理、民生服务等领域的开发应用。② 于是,安徽多地开始对非遗的数字化开发进行探索,芜湖铁画、徽菜美食、徽州三雕等非物质文化遗产项目都被开发成数字藏品,并公开发行。这一举措对探索非遗数字化建设、提高非遗保护传承水平、推动非遗创新发展有着重要作用。

为进一步推动芜湖数字文化产业的蓬勃发展,助力芜湖铁画等非物质文化遗产的传播与振兴,2022年7月26日,科大讯飞股份有限公司星昼部门携手中科大长三角信息智能创新研究院、芜湖铁画协会,于科大讯飞芜湖产业创新中心成功举办战略签约仪式。此次签约仪式汇聚各方之力,旨在共同打造独具特色的"芜湖铁画"数字藏品,为文化传播注入新的活力。2022年12月15日,首例元宇宙虚拟世界中的芜湖铁画数字藏品《天门烟浪》(图7.3)在星昼App平台上公开发行,限量3000份。据《天门烟浪》的作者、安徽省工艺美术大师、省级非遗传承人聂传春阐述,该作品灵感源自李白在芜湖天门山创作的诗篇《望天门山》,结合芜湖十景之一"天门烟浪"的优美意境,运用芜湖铁画锻制技艺,纯手工打造而成,彰显了金属文创的独特魅力。2023年6月20日中午12点,长三角信息智能创新研究院、科大讯飞股份有限公司、芜湖铁画协会三方联合推出的七幅芜湖铁画大师手锻铁画数字藏品《松鹰》(叶合)、《立地参天气凌云》(储莅文)、《萧云从》(凌晓华)、《汤天池》(聂传春)、《黄凤英》(黄大江)、《萧凤英》(杨开勇)及《富春山居图》(张家康),总计1900份,在星昼App平台准时开售。短短数分钟内即被抢购完,火爆程度可见一斑。

铁画数字藏品,作为一种创新文化业态,是通过三维扫描芜湖铁画并对其进行区块链数字权益认证的产物。这种数字藏品能够以更为年轻化的体验方式,传递文化遗产背后的历史文化,进而推动我国优秀传统文化的创造性转化

---

① 中共中央国务院印发《数字中国建设整体布局规划》[N].人民日报,2023-02-28(001).
② 安徽省数据资源管理局.关于印发《安徽省数字基础设施建设发展三年行动方案(2023—2025年)》的通知[EB/OL]. https://sjzyj.ah.gov.cn/public/7061/40684913.html.

与创新性发展。为了进一步推广和传播国家级非物质文化遗产"铁画锻制技艺",并推动非遗与文旅产业的深度融合,迄今已选取8幅芜湖铁画进行三维扫描和区块链数字权益认证。

图7.3　芜湖铁画数字藏品《天门烟浪》

"安徽臭鳜鱼"为徽州传统美食,位列徽菜代表之一。徽菜源起于南宋,历经千年沉淀,独具徽州民间特色,承载着丰富的文化底蕴。近年来,徽菜发展势头强劲,诸如徽商故里、披云食业等知名餐饮企业纷纷拓展连锁经营,将徽菜及徽州美食文化推向全国。臭鳜鱼、刀板香等徽菜食材及预制菜通过电商平台进入大众视野,进一步提升徽菜品牌影响力。为扶持餐饮业,弘扬徽菜美食文化,2022年6月27日,黄山市商务局与阿里巴巴联合举办"徽菜美食数字藏品馆"揭牌仪式,发布徽菜首个数字藏品"安徽臭鳜鱼",以区块链技术为传统饮食文化注入新活力(图7.4)。

图7.4　徽菜数字藏品"安徽臭鳜鱼"

"安徽臭鳜鱼"以区块链"数字藏品"形式呈现,标志着徽菜宣传推广方式的创新突破。

文化数字化是提高中华文明展示水平的重要途径,它不仅有利于丰富文化的表现力、增强文化的感染力,更有利于提升文化的传播力。[①] 文化数字化将安徽非物质文化遗产的丰富内涵与现代化技术相结合,为非物质文化遗产的传承与发展提供了新的契机,让传统文化焕发出新的活力。文化数字化不断创新文化表达形式、呈现方式和传播方式,推动中华文明走向世界,为构建人类命运共同体贡献力量。同时,也要充分认识到文化数字化所面临的挑战,努力提高文化软实力,为实现中华民族伟大复兴注入强大动力。

---

① 高书生.文化数字化:关键词与路线图[M].北京:北京联合出版社,2022:82.

第八章　文化典藏：安徽非遗信息数字保存

本章的文化典藏是指对非物质文化遗产事项的相关信息、知识和实物的收集整理、保存展示的过程及活动。非物质文化遗产事项因其独特的文化价值、审美价值、艺术价值以及社会价值、科学价值被重视和保护传承。文化典藏的目的是保护非物质文化遗产事项的完整性和真实性，为更好地传承文化事项提供基础数据信息；同时让公众能够通过分享、传播非遗信息，提高其社会价值，促进文化交流和文明互鉴，保护文化生态多样性。

传统的文化典藏主要依托于实体馆藏，将非遗事项的相关信息资料进行收集和保存于图书馆、博物馆、文化馆等物理空间之中。而随着数字媒介技术和互联网技术的普及应用，非物质文化遗产依托数字网络，通过数字信息提取、数字孪生等技术对已收集和整理的非遗信息资料进行抽象、建模，建立非遗数据资料库，进行非遗知识管理。

第一节　安徽非遗与文化典藏

中共中央办公厅、国务院办公厅印发的《关于进一步加强非物质文化遗产保护工作的意见》要求"开展全国非物质文化遗产资源调查，完善档案制度，加强档案数字化建设，妥善保存相关实物、资料。实施非物质文化遗产记录工程，运用现代科技手段，提高专业记录水平，广泛发动社会记录，对国家级非物质文化遗产代表性项目和代表性传承人进行全面系统记录。加强对全国非物质文化遗产资源的整合共享，进一步促进非物质文化遗产数据依法向社会开放，进一步加强档案和记录成果的社会利用"。

安徽拥有省级非遗项目680项（含扩展项目），国家级非遗项目99项，涉及非遗所有类别。基于此，文化主管部门或学术研究机构需要运用数字技术对各级各类非遗进行科学化记录、整理、保存及利用。相关非遗项目由16个地市和省直机构分别进行管理（详见第一章内容），在物理空间中分布式存在，各地市县区文化馆或非遗中心均保存相关非遗数据资料,但在数字空间中各地市的非遗数据并不完整,且并没有实现文化共享。大部分都是零散的,未曾进行系统性整理整合,甚至有的资料还是以实物性文本资料的形式存在,给非遗的保护传承、统计决策、动态管理带来一定的障碍。

目前非遗数字信息来源多主体化,如各级政府的文化主管部门,各种非遗管理与研究机构,高校和研究所,各级各类档案室、图书馆、博物馆以及传承人等,非遗数字资源存在记录手段的不一致(录音、影像、数字建模等)、存储空间的分散、信息储存逻辑模式不同(储存格式与标准不同),数据编码标准的异构(非遗项目侧重传统表演艺术、传统造型艺术、传统生产生活知识技能及传统节庆仪式等不同形态,编码标准不一致)等问题。若要实现数字资料的集成与整合,就要实现不同数据结构之间的数字信息资料、硬件设备资源等合并与共享,以分散、局部的信息数据为基础,通过非遗数字资源采集和著录标准等建立而具有统一标准的数据集合。从每一个非遗项目层面来看,可以利用数据库对各个项目及其传承人进行建档立卡,虽然非遗的保护在于活态性和生活性,但许多非遗项目在当下缺少存续土壤,甚至濒危项目面临传承不佳的状况,进行非遗项目文化典藏则能准确把握各个项目的存续状态——传承人数量、传承项目的等级、传承区域范围、相关影像等。安徽省非遗门类齐全、四级名录完备、项目及传承人资料复杂,如果仅是实体资料的整理与管理,无法有效满足现代管理的需要,数字化典藏保护所需时间短,数字记录等易于完成,并随时可对项目数据进行监测分析管理,有利于非遗项目的保护与管理。

目前安徽16个地市的非遗典藏保护、呈现展示的程度不一(详见第四章,此处不再赘述)。从省级层面来看,安徽省非物质文化遗产保护中心建设了安徽省非物质文化遗产网,包括网站首页、非遗资讯、非遗项目、非遗传承人、保护载体、工作指南、热门专题。网站首页:网站的门户,汇聚了最新的非遗资讯、热点活动、推荐项目与传承人风采等核心内容。通过轮播图、新闻速递、精选推荐等形式,引导用户快速了解网站的核心价值与最新动态。非遗资讯:该栏目实时更新与安徽省非遗相关的各类新闻、活动报道、政策解读等信息。用户可在此获取最新的非遗资讯,了解非遗保护与发展的最新趋势。非遗项目:详细展示了安徽省内的各级非遗项目,包括项目名称、申报地区、保护单位、项目简介、传承历史、技艺特点等内容。通过图片、文字等多种形式,生动地呈现了非遗项目的独特魅力与文化价值。非遗传承人:介绍了安徽省内各级非遗项目的代表性传承人,包括他们的个人简介、传承经历、技艺特色、荣誉成就等内容。用户可深入了解传承人的风采与贡献,感受非遗技艺的传承力量。保护载体:展示了安徽省非遗保护的重要载体,如非遗保护中心、文化生态保护实验区、非遗传承基地等。介绍了这些载体的基本情况、保护成效、特色活动等,让用户了解非遗保护的实际工作与成果。工作指南:提供了非遗保护工作的相关法律法规、政策文件、工作规范、操作指南等,为非遗保护工作者、传承人及相关机构提供权威的政策指导与工作参考。热门专题:聚焦非遗领域的热点话题与重要事件,策划推出系列专题报道。通过深度剖析、多角度呈现,引导用户深入了解非遗的内涵与价值,提升公众对非遗保护的认识与关注。

通过安徽省非物质文化遗产网可以链接到安徽省非物质文化遗产数字博物馆。该数字博物馆是在同方知网技术有限公司的技术支持下进行建设和运维的。作为非遗的省级主管单位,拥有较为丰富和完整的非遗数据资料,非遗数字博物馆作为非遗数字典藏载体,对省级以上非遗数据进行了整理、分类和呈现。该数字博物馆开设了多个栏目,包括非遗大数据、非遗清单、旅游路线、学术研究、非遗活动和政策文件。在非遗大数据板块,使用各个维度的数据,通过图表较为综合完整地展示了安徽省级以上非遗类别、数量、区域等;非遗清单板块下设了7个子目录,包括人类口头语非物质文化遗产代表作名录、国家级文化生态保护区、国家级非遗代表性项目、省级非遗代表性项目、国家级非遗代表性传承人、省级非遗代表性传承人、传承传播机构等。

安徽省非物质文化遗产保护中心,通过网站和数字博物馆的建设较为有效地保存和传播了安徽非遗事项,但无论是安徽非遗网还是数字博物馆,都停留在静态的数据展示层面,尚未形成知识图谱和数据关联谱系,与社会公众(用户)互动机制缺乏,产业增加值层面的板块也未体现。基于此,安徽省非遗项目的知识管理还需要进一步优化和提升,为更好地进行保护传承、创新创造提供基础性的数据支撑。

第二节　非遗的知识管理路径

联合国教科文组织《保护非物质文化遗产公约》对非物质文化遗产的界定是:被各社区、群体,有时是个人,视为其文化遗产组成部分的各种社会实践、观念表述、表现形式、知识、技能以及相关的工具、实物、手工艺品和文化场所。《中华人民共和国非物质文化遗产法》对非遗的定义是:各族人民世代相传并视为其文化遗产组成部分的各种传统文化表现形式,以及与传统文化表现形式相关的实物和场所。国际国内的界定都明确"非遗"是一种观念、知识及其相关的实物资料和环境场所。所有这些都可以将其表达为数据、信息,但非遗数据和信息并非是孤立的,而是一种世代相传,在与自然、社会互动中不断创造的历史实践和系统化观念、知识,并为各个社区和群体提供一套生存、生产、生活的智慧。非遗事项是一套完整的知识体系,蕴含着丰富的历史、文化、科学、技术、审美等知识,是中华优秀传统文化的重要组成部分,对非遗进行的系统记录、有效组织与知识管理,是非遗保护、传播与传承的基础。本节借用知识管理相关理论阐述非遗的文化典藏。

知识管理融合了现代信息技术、知识经济理论、现代管理理念,其核心理念是知识的传承与创新,实现知识最大限度的共享。将非物质文化遗产作为系统知识进行管理,是保护、传承、传播和创新非遗的重要路径。非物质文化遗产是联结民族情感、维系国家统一的重要基础;非遗作为一种文化记忆,是当代人得以产生认同的"文化意义体系"。非遗知识管理是指将非遗数据、信息和知识进行转化与组织化,面向社区和群体需求,侧重于非遗在人与人之间的传播与共享。

一、非物质文化遗产知识管理的意义

(一)从静态数据到动态知识

传统方式下的非遗数据管理处在静态层面,无论是信息层面还是实物层面,更多是在档案馆、图书馆或者文化馆"登记、存档、保存",很少将其活化应用。而非遗知识管理是由信息技术驱动的,可将非遗数据进行彼此关联,形成动态的知识组织体系,为非遗知识共享和创新提供基础性支撑。

(二)从碎片信息到系统知识

当前安徽各地市县区非遗网络平台或公众号在对非遗数据进行管理时,仅以列表的形式展示非遗项目与代表性传承人的信息,缺乏项目与项目、项目与区域、项目与文化知识之间的关联性,非遗数据缺乏有效的组织和管理,造成了非遗数据信息碎片化,限制了非遗知识的系统性呈现和表达。而知识图谱或地图可以将非遗数据进行可视化、系统化解读,反映非遗事项与时空结构、时空变化的内在关联。

(三)从文化价值到产业价值

非遗既继承前代文化,同时又创新发展,为后世文化给予养分,用其独特的价值体系引领当代先进文化的发展。非遗所呈现出的优秀思想文化和具有中国特色的思维方式,潜移默化当代中国人的行为方式。传统的非遗保护方式侧重于挖掘非遗的文化价值,而在知识管理框架下,非遗可以进行文化知识创新创造。在数字技术赋能之下,非遗元素更好地融入社会服务体系和产业运营之中,如数字创意产业、文旅产业等。

二、非物质文化遗产知识采集与传承

在知识管理领域,将知识划分为隐性知识和显性知识两类。非物质文化遗产其中蕴含的"非物质性"或者说"精神性"内容就是知识管理所说的隐性知识(或称为缄默知识),它是一种只可意会不可言传的知识,是一种经常使用却又不能通过语言文字符号予以清晰表达或直接传递的知识,无法有效编码并直观地显现在公众面前。非遗依赖一定的文化空间,寓居于传承人的个体之中,与传承人主体共存于世,具有高度的个体性和非逻辑性。非遗知识的采集和传承具有一定的难度,这里的难度针对非遗的缄默知识而言。非遗中的缄默知识不易被有效地编码,不能用明确的命题和语言阐释清楚,但并不意味着编码对缄默知识的无效性,贬低可视符号在缄默知识转移与积累中的作用。斯彭茨认为:"没有一种知识没有缄默的成分,没有一种缄默知识没有显性成分",说明任何一种缄默知识都包含显性成分,即缄默知识可以部分编码化,可以用适当的形式得以表征,从而有助于引导非遗知识学习者对非遗知识的理解,更好地促进非遗信息的采集和传承。由于非遗存在大量言传身教的缄默知识,隐藏于主体人的身体之中,它的传承前提是主体人——知识的拥有者与学习者同时"在场",主体双方之间具有熟悉的文化背景和较高的信任关系,并与非遗传承任务的"情境"——文化空间联系在一起。双方基于特定的语言符号、体态行为与文化情境发生互动,才能发生缄默知识的传播。当然,在数字技术条件下,可以借助深度学习方法,对非遗项目及其传承人进行知识抽象和模仿学习,并识别和提取有效的非遗语义信息。

三、非物质文化遗产知识共享与创造

非物质文化遗产保护与传承,不仅是遗产事项的信息传递,还应在更大层面、更大规模上进行传播和共享,为国家和社会提供认同感。文化认同对一个国家和民族来说显得尤为重要。非遗保护传承过程就是文化知识共享的过程,是提高公众对本民族、本国传统历史文化认同的过程。知识管理同样重视信息、知识及智慧的共享,非遗知识管理的过程,不是单向度的信息传递,而是考量社会公众的知识接受能力和理解能力,对非遗进行创造性转化,使其易于被理解和接受,实现非遗个体化、隐性的知识向社会化知识的转化。非物质文化遗产的知识成分中很多属于缄默知识,它的传承就是编码、共享、解码、内化的过程。这里的编码是将非遗中的显性部分格式化,以利于非遗共享、理解与内化;而所谓非遗共享就是培养民众的文化自觉和文化认同。其共享与创造如下:① 文化编码:非遗知识既具有主体性,寓于传承人身体之中,同时它又具有非公共性,不容易被其他人习得。而非遗传承就是将个体的知识传播给他人,将个人的缄默知识转化为显性知识,这就意味着寻找一种方法来表达那些"只可意会不可言传"的东西。就要通过文字、图表、语言等将蕴藏在文化活动中的非物质文化(表演艺术、工艺技能、民俗节庆等)转化为可供民众所理解的可视化符号,即用显性化概念和符号将隐含的知识明确表达出来,使其格式化、可重复。② 文化事件:通过非遗的显性化,将之固化为一定的文字或实物,例如将某种民间传统知识叙述为文化故事,再通过一定的编排,形成一系列的文化情境,在文化情境中展示和传达这种民间传统知识,既拓展了该文化的传播空间,加快了传播速度,又扩大了文化的受众群体范围,使该文化在更广的空间中得以共享。③ 组合展示:用显性符号表达的文化仅是非遗的冰山一角,若想全面传播非遗的所有信息,需要进行组合式的展示,将文化实物与文化内涵相结合,通过物化的信息表达缄默的知识,融物、文、图、音、像于一体,使得公众全方位对某种非遗进行解码,并结合自身文化背景将其内化,增强文化认同。④ 创新创造:尽可能地将缄默知识编码化,以促进学习者对缄默知识的理解与共享,并将其内化,但学习者本身具有的知识结构、文化背景及思维方式的差异性,以及对余下缄默知识的理解,也会产生新的具有高度个体性的新知识,加上数字技术对非遗要素进行创意,即完成了非遗知识的创新与创造。

四、非物质文化遗产知识管理的优化

为实现非遗知识的传承与传播、共享与创造,非遗管理主体需要依托信息技术和数字技术进行知识管理。首先是建立非遗数据库,数据库是非遗信息资源管理的重要载体,包括对非遗信息资源的搜集整理、选择过滤、加工提炼、描述利用、更新重组、创新创造,调动社会资源主体(包括主管部门、学者、技术人员、非遗传承人、社会公众及文化科技企业等),将非遗信息资源转化为知识资本,通过对其加工、梳理和再创新实现价值增值。通过多主体协同,按照"合作-参与"机制,以《非物质文化遗产数字化保护数字资源采集和著录》为标准,鼓励主体间协同进行"中心-分散"式建设。

在数据库建设框架下,利用知识管理工具(知识地图)、方法(知识图谱)、机制(SECI模型)以及标准,按照非遗知识资源的内部逻辑和关联规则,通过梳理、加工、呈现、管理等环节,将非遗知识资源由分散、无序的状态转变为有序的状态,并按照一定的规则存储在非遗数据资源库中,为下一步的非遗资源管理作铺垫。

在数据库基础上,完善其智能检索、实时交互、信息推送定制、知识创造等功能,实现非遗知识的传播和共享。目前安徽16个地市的公众号、网页(详见第四章)以及省非遗中心的数字博物馆,是一种静态的展示,如非遗项目清单、传承人列表、项目级别等、地方非遗活动、非遗图片、影像等信息内容,但在互动方面、共享方面、创造利用方面的功能弱化。

第三节 数字地图与非遗保存

为实现非遗的传承与发展,借助现代信息技术,将其文化要素和现状通过数字化手段加以呈现。地理信息系统(GIS)作为全球信息化浪潮的重要组成部分,越来越受到学界、业界和政府部门的关注。GIS技术通过结合数据库与地图对数据进行处理、管理、分析、建模和显示,可以直观地复原和展现"非遗"历史演变及现状格局。因其独特的空间数据分析与表达能力,地理信息技术已在文化遗产保护领域得到了深入应用。通过GIS技术,探索安徽省的"非遗"项目,可以为文化遗产现状的研究分析和展示提供重要的信息支持。开发一套基于GIS技术的安徽省"非遗"地图展示系统,不仅在理论上推进了人类非物质文化遗产的保护与发展,还通过信息技术的展示和运用,使安徽省的非物质文化遗产焕发新的生命力。

一、GIS空间数据的采集与处理

(一)空间数据采集

空间数据是GIS应用的基础和核心环节,具有空间特征、属性特征及时间特征[1],设计和使用GIS的首要步骤就是根据需求采集所需的空间数据。在研

---

[1] 黄杏元,马劲松. 地理信息系统概论[M]. 北京:高等教育出版社,2008.

究安徽省"非遗"过程中,所需收集的空间数据及其类型主要包括以下几个方面。

1. 文本数据

① 现场调研数据,通过前往当地访谈,以传承人口述等方式来了解"非遗"在历史中演变发展的情况,最后通过汇总整理成文本资料来进行记录与保存;② 历史文献和档案资料,从文献书籍、相关保护单位(如:中国非物质文化遗产数字博物馆、安徽省的民俗博物馆等)中提取数据,这些来源提供了丰富的历史和现状信息,有助于构建全面的"非遗"数据基础;③ 社会经济数据,包括人口、经济、文化等相关的社会经济资料,这些数据通常从统计年鉴、政府工作报告等渠道获取;④ 社交媒体数据,从新闻报道、社交媒体平台中获取的数据。由于这些文本数据的来源渠道不一,没有统一的规范,需要进一步对其中的内容进行分类归纳,梳理所采集数据的时间、空间和属性特征。

2. 地图数据

地图数据来源于各种类型的普通地图和专题地图。例如,"非遗"的地理坐标可以通过百度地图坐标拾取获得,通过国家基础地理信息数据库获取行政区划、道路网、水系等矢量数据,这些数据内容丰富,空间关系直观,类别和属性清晰。

3. 影像数据

通过卫星遥感、航空摄影等手段获取的高分辨率影像数据。这些数据可以提供详细的地理信息,如地形、地貌和土地覆盖等。

将这些复杂的空间数据,在计算机中通过空间分幅、属性分层、时间分段的方法,组织和建立起它们之间的联系,构建空间数据结构,以方便计算机存储和操作。

(二)空间数据处理

空间数据处理是 GIS 的重要功能之一,涵盖广泛的内容。在通过一系列技术手段收集空间数据之后,首先将其中多余及错误的数据过滤掉,保障相关数据的正确性,而后通过数据变换、重构等方式,把规模巨大的地理、空间和属性三种数据相对应,并对其属性数据加以处理,最终以地图、图表和动态影像的形式输出,对用户进行表达。以下介绍几种常见的数据处理过程。

1. 数据清洗与纠错

数据清洗:删除重复数据、错误数据和无效数据,确保数据的准确性和完整性。

数据纠错:通过对比现地调研数据和历史文献数据,纠正数据中的错误和偏差,提高数据的可信度。

2. 数据变换

投影变换:将数据统一转换为同一投影坐标系,确保不同数据集的空间一致性。常用的投影坐标系包括 WGS 84、UTM、CGCS 2000 等。

3. 数据重构

格式转换:将不同来源的数据转换为统一的 GIS 数据格式,如 Shapefile、GeoJSON、KML 等,以便在 GIS 系统中处理和展示。

4. 数据提取

类型提取:在一张包含多种地理要素的地图中,仅提取出与"非遗"项目相关的要素,以满足不同用户对数据的特定要求。

5. 数据融合与整合

多源数据融合:将遥感影像、矢量数据、现地调研数据和历史文献数据等多源数据进行融合,形成综合性的数据集。

属性数据关联:将空间数据与其属性数据进行关联,形成完整的数据记录。属性数据包括"非遗"项目的名称、类别、历史背景、传承人信息等。

二、安徽省"非遗"地理信息系统空间数据库建设

GIS 空间数据库的设计需要经历一个由现实世界到信息世界,再到计算机世界的转化过程,包括需求分析、概念设计、逻辑设计和物理设计,同时要遵循以下原则[①]:① 尽量减少存储冗余量;② 具有可变的数据结构;③ 满足及时访问和高效查询的需求;④ 能够在数据元素之间维持复杂的联系;⑤ 适应性强。

(一)需求分析

数据管理:提供数据的录入、编辑、更新和删除功能,保证数据的实时性和准确性。

空间查询和分析:支持基于空间位置的查询和分析功能,如缓冲区分析、重叠分析等。

多样化展示:能够以地图、图表、动态影像等形式展示数据,提供直观的

---

① 黄杏元,马劲松. 地理信息系统概论[M]. 北京:高等教育出版社,2008.

视图。

属性数据关联:实现空间数据与属性数据的关联,形成完整的数据记录。

数据共享和发布:提供数据导出和分享功能,支持多种格式的输出。

(二) 概念设计

1. 数据类型和内容

空间数据:包括地理位置(点、线、面数据)、相关区域范围、文化景观分布等。

属性数据:包括"非遗"项目的名称、类别、历史背景、传承人信息、保护级别、现状描述等。

多媒体数据:包括相关的图片、视频、音频等多媒体资料。

2. 数据模型

实体模型:定义不同类型的"非遗"实体,如戏曲、民间舞蹈、传统技艺等。

关系模型:定义各类实体之间的关系,如传承人和"非遗"项目的关联、"非遗"项目和地理位置的关联等。

3. 数据结构

层次结构:按照不同层级进行组织,如省、市、县、乡镇等层级。

类别结构:根据项目的类别进行分类,如民间文学、传统音乐、传统舞蹈、传统技艺等。

(三) 逻辑设计

1. 数据库模式

空间数据库模式:包括点、线、面等几何类型的定义及其属性。

关系数据库模式:包括各类"非遗"项目及其属性数据表,如项目表、传承人表、媒体资料表等。

2. 表结构设计

项目表:存储"非遗"项目的基本信息。

字段:项目 ID(主键)、项目名称、类别、地理位置(空间数据)、历史背景、保护级别、现状描述等。

传承人表:存储"非遗"传承人的信息。

字段:传承人 ID(主键)、传承人姓名、项目 ID(外键)、联系方式、传承级别等。

媒体资料表:存储相关的多媒体数据。

字段:资料 ID(主键)、项目 ID(外键)、媒体类型(图片、视频、音频)、文件路径、描述等。

3. 数据关系

一对多关系:一个"非遗"项目可以有多个传承人,一个传承人可以与多个项目关联。

多对多关系:通过中间表实现复杂关系,如传承人与多个项目的关联、多种多媒体资料与一个项目的关联。

三、物理设计

(一)数据库选择

数据库管理系统(DBMS):选择支持空间数据处理的 DBMS,如 MySQL、Microsoft SQL Server 等。

存储结构:采用适当的存储结构以提高数据查询和处理效率。

(二)数据存储

空间数据存储:使用空间索引(如 R 树)来提高空间查询效率。

属性数据存储:采用常规的关系数据库存储结构,并对关键字段建立索引。

(三)数据备份和恢复

备份策略:定期对数据库进行全量和增量备份,确保数据安全。

恢复策略:制订详细的数据恢复计划,确保在数据丢失或损坏时能够迅速恢复。

(四)系统安全

访问控制:设置用户权限,控制不同用户对数据的访问和操作权限。

数据加密:对敏感数据进行加密存储,保护数据隐私。

日志管理:记录系统操作日志,便于审计和追踪。

安徽省"非遗"空间数据库图层结构如表 8.1 所示。

表 8.1　安徽省"非遗"空间数据库图层结构

图层序号	图层分类	图层名称	图层说明
基础地理信息			
1	境界	省界	安徽省行政区划
2	境界	市界	市级行政区划
3	境界	县区界	县级行政区划
4	居民地	政府	各级政府所在地
5	居民地	保护单位	文化博物馆等所在地
6	居民地	非遗个体	非遗个体所在地
7	交通	铁路	铁路
8	交通	各级公路	各级公路
9	水系	湖泊	湖泊
10	水系	河流	河流
非遗专题信息			
11	非遗文化区	凤阳花鼓	凤阳花鼓文化区
12	非遗文化区	徽州民谣	徽州民谣文化区
13	非遗文化区	黄梅戏	黄梅戏文化区
/		—	—
14	非遗文化活动	传承人	非遗传承人信息
15	非遗文化活动	大事件	非遗大事件
16	非遗文化活动	节日活动	非遗相关节日活动
17	非遗文化活动	影音数据	图片、视频信息
/		—	—

四、GIS 空间分析

空间分析是 GIS 区别于其他类型系统的一个最主要的功能特征，利用 GIS 对"非遗"数据库中的数据进行空间分析，涵盖了"非遗"空间分布特征的分析、影响因素分析和旅游资源潜力评价等多个方面。借助 GIS 的开放性，可以综合分析自然、社会、经济、文化等多维背景之间的关系，并引入丰富的要素变量。这不仅扩大了 GIS 技术在"非遗"研究中的应用范围，还深化了其在空间分析领域的实际应用。

(一) 空间分布特征

1. 分布类型

"非遗"的分布位置可以抽象为地理空间内的点数据,即有三种空间分布的类型,包括集聚型、均匀型和随机型。[1] 最邻近指数可用于表示地理空间中点要素相距的邻近程度,可用来评估安徽省"非遗"的分布类型,其公式如下:

$$R = \frac{r}{r_1} = \frac{r}{\frac{1}{2\sqrt{n/s}}} = 2r\sqrt{n/s} \tag{1}$$

式中,R 为最邻近点指数,r 为"非遗"的实际最邻近距离,r_1 为"非遗"的理论最邻近距离,n 为"非遗"数量,s 为区域面积。当 $R=1$ 时,表示点要素为随机分布;当 $R<1$ 时,点要素有集聚的趋势;当 $R>1$ 时,点要素有均匀分布的趋势。

2. 方向性特征

标准差椭圆是 GIS 中的一种空间统计方法,用于描述地理要素的空间分布方向性特征。该方法通过计算地理要素的平均中心、主轴和次轴,生成一个椭圆来反映这些要素的空间分布趋势和范围。椭圆区域表示"非遗"分布的范围。长轴表示"非遗"空间分布的主要方向,短轴表示分布范围。两轴长度越长,表示空间分布越离散。此外,长轴与短轴的长度差越大,椭圆的椭圆度越大,表明指向性越明显,旋转角度反映了"非遗"空间分布的主导方向及演变趋势。[2]

3. 类型差异

变异系数,也称离散系数,可以用来分析安徽省内不同类型"非遗"项目空间分布的总体差异程度,是衡量"非遗"分布离散程度的重要手段,其公式如下:

$$c_v = \frac{\sigma}{\mu} \tag{2}$$

式中,c_v 表示变异系数,σ 表示标准差,用于衡量各地域单元"非遗"项目数量相对于均值的偏离程度;μ 为均值,表示各地域单元"非遗"项目数量的平均水平。变异系数越大,说明各个类型"非遗"项目的离散程度越大,区域差异相对显著;反之,则说明区域差异相对均衡。

---

[1] 吴清,李细归,张明.中国不同类型非物质文化遗产的空间分布与成因[J].经济地理,2015,35(6):175-83.

[2] Chang B, Ding X, Xi J, et al. Spatial-Temporal Distribution Pattern and Tourism Utilization Potential of Intangible Cultural Heritage Resources in the Yellow River Basin [J]. Sustainability,2023,15(3).

4. 聚集区域

空间分布聚集区域的分析，通常采用分布密度来衡量，包括核密度、点密度及线密度。以核密度分析为例，通过生成密度表面，可以直观地了解"非遗"分布的聚集状况和密集程度。① 其公式如下：

$$f(x) = \frac{1}{nh} \sum_{i=1}^{n} k\left(\frac{x - x_i}{h}\right) \tag{3}$$

式中，$f(x)$ 为位置 x 处的估计密度，n 为分析区域内"非遗"项目的总数，h 是带宽参数（平滑参数），k 为核函数，x_i 为第 i 个数据的位置。$f(x)$ 值越大，表示此区域"非遗"分布越密集。

（二）影响因素分析

1. 地理探测器

地理探测器是一种用于探测和解释空间分异特征及其驱动因素的统计方法，通过比较变量间的空间分布模式，来探测因变量（"非遗"分布的时空分异）与自变量（如环境因素、社会经济因素等）之间的空间一致性，从而判断自变量对因变量的解释能力。② 其公式如下：

$$q = \left(N\sigma^2 - \sum_{i=1}^{L} N_h \sigma_h^2\right)/(N\sigma^2) = 1 - \frac{\sum_{i=1}^{L} N_h \sigma_h^2}{N\sigma^2} \tag{4}$$

式中，q 值来表示自变量 X 对于因变量 Y 的解释力，N 和 σ^2 表示"非遗"的样本量和方差，N_h 和 σ_h^2 表示第 h 类影响因素的样本量和方差，L 为第 h 影响因素的分类个数，q 的取值范围为 0~1。

2. 地理联系率

地理联系率能够揭示某区域内"非遗"要素与人口、经济等要素在空间上的均衡性以及耦合程度。③ 其公式如下：

$$V = 100 - \frac{1}{2} \sum_{i=1}^{n} |x_i - y_i| \tag{5}$$

式中，V 表示地理联系率（1~100），x_i 表示第 i 区域"非遗"数量占安徽省总数的比值，y_i 表示第 i 区域经济、人口等要素规模占安徽省总规模的比值，n 表示

---

① Wang X, Zhan S, Kumar Reddy M P. Exploring the Spatial Distribution of ICH by Geographic Information System (GIS) [J]. Mobile Information Systems, 2022, 2022: 1-14.

② 王劲峰，徐成东. 地理探测器：原理与展望 [J]. 地理学报，2017，72(1)：116-34.

③ 陈炜，蔡银潇. 基于GIS的西藏非物质文化遗产地理空间分布及影响因素研究 [J]. 南宁师范大学学报（自然科学版），2021，38(1)：91-100.

区域的数量。V 值越大,说明该区域人口、经济要素和"非遗"分布在空间上均衡性以及耦合程度越高。

3. 缓冲区分析

缓冲区分析是对地物建立缓冲多边形,并与原地物进行叠加分析,得到所需结果的一种空间几何关系分析。例如,分析安徽省"非遗"空间分布演变与河流、交通道路等自然因素之间的关系,可以对河流和道路等数据建立相应的缓冲区,找到缓冲区之间的交集区域,从而揭示"非遗"与河流、道路等地理要素的空间关系。[①] 通过统计这些相交区域的数量、面积及其在全省范围内的分布情况,来揭示"非遗"与自然因素的空间关联性。比如,可以统计有多少"非遗"点落在河流缓冲区内,有多少靠近道路,帮助理解河流和道路对"非遗"分布的影响程度。此外,可以结合时间序列数据,分析"非遗"空间分布的演变过程。例如,通过不同年份的"非遗"分布数据,分析其空间变化趋势,并与河流、道路等自然因素的变化进行对比,探讨其中的动态关系。这样的时间序列分析有助于揭示"非遗"分布与自然因素之间更深层次的因果关系和演变规律。

同时,也可以对安徽省内的文化产业园区进行缓冲区分析,揭示"非遗"与文化产业等地理要素的空间关系,从而可以深入解析安徽省文化产业园区周边"非遗"资源的空间分布特征,识别两者之间潜在的合作关系和互动模式,促进"非遗"与文化产业的融合发展,促进"非遗"的保护、利用和创新以及文化产业的可持续发展。

(三) 旅游资源潜力评价

利用专家打分法和层次分析(AHP)法对安徽省"非遗"旅游资源潜力进行评价。[②] 例如,将资源潜力评价划分为 3 个评价单元,包括资源质量、旅游社会经济环境、保护与传承,接着,利用 AHP 法来确定各评价指标的权重。AHP 是一种多标准决策方法,通过构建判断矩阵并进行一致性检验,确定各指标的相对重要性。专家根据其专业知识和经验,对各指标进行两两比较,赋予相应的权重。通过计算,得到每个评价指标的权重值。将专家评分和 AHP 计算得到的权重结合,计算每个"非遗"资源的综合评分。具体而言,综合评分是各指标评分与其权重的加权和。这样,每个"非遗"资源的旅游潜力就可以量化表示。

---

① Yuan C, Gan L, Zhuo H. Coupling Mechanisms and Development Patterns of Revitalizing Intangible Cultural Heritage by Integrating Cultural Tourism: The Case of Hunan Province, China [J]. Sustainability, 2022, 14(12).

② 王新民,刘新星,张登新. 基于 GIS 的陇东南非物质文化遗产旅游资源潜力评价[J]. 云南地理环境研究, 2019, 1(3):16-22,37.

最后,利用 GIS 进行叠加分析。将各"非遗"资源的综合评分作为属性数据,叠加在地理信息系统的地图上。通过 GIS 的空间分析功能,可以可视化展示"非遗"旅游资源的分布和潜力。例如,可以生成潜力分布图,显示哪些地区的"非遗"资源具有较高的旅游开发潜力。

通过以上方法,可以系统地评估安徽省"非遗"旅游资源的潜力,为旅游规划和决策提供科学依据。这种综合评价方法不仅考虑了专家的专业意见,还利用了 AHP 和 GIS 的技术优势,确保评价结果的客观性和准确性。最终,基于分析结果,政府和旅游部门可以制定有针对性的政策和措施,促进"非遗"资源有效保护和合理开发,推动旅游产业可持续发展。

五、安徽省"非遗"可视化地图系统的设计与实现

结合安徽省"非遗"的空间数据与 GIS 技术实现"非遗"的可视化展示,构建一个动态更新的安徽省"非遗"地图平台。通过这种方式,不仅帮助公众深入了解安徽省各地非物质文化遗产的分布和演变规律,还提升了"非遗"保护管理的效率和全面性,促进了这些文化遗产的保护和传承。

(一)需求分析

1. 用户需求

系统主要针对三类用户进行研究,首先是面向公众的展示功能,需要通过直观的地图和多媒体展示,了解"非遗"的内容和分布情况,加强公众参与和共治共享的可操作性;其次是面向"非遗"传承人的展示平台,分享他们的技艺和作品,提供更广泛的传播途径,同时希望通过系统获得更多的支持和关注,包括政府政策、资金支持和社会认可;最后是面向系统管理员的后台管理功能,支持数据的更新与维护,提供系统的运行监控和安全保障以及用户管理功能。

2. 功能需求

数据采集与管理:系统应具备多渠道数据采集功能,包括实地调查、文献调研和多媒体资料等。并且,能够对数据进行分类、存储和管理。

地图展示与导航:通过 GIS 技术,直观展示"非遗"项目的地理分布情况,并提供便捷的地图导航功能。

多维数据分析:支持对"非遗"数据进行多维分析,包括时间演变、空间分布和属性特征等,帮助用户深入了解"非遗"的生成规律和发展趋势。

多媒体展示:结合图片、视频、音频等多媒体资料,丰富"非遗"项目的展示效果,增强用户体验。

动态更新与维护:系统应具备实时更新数据的能力,确保信息的及时性和准确性。

(二)系统总体设计

1. 设计目标

通过整合空间和非空间数据,结合 GIS 技术,实现安徽省非物质文化遗产地图的全面、精准展示,构建一套"非遗"概览、传承人物、地图导航、视频展示等互动体验相结合的"非遗"可视化系统,使广大市民可以更全面地了解安徽省非物质文化遗产的地理分布和发展历史等,发挥公共资源最大化效应,切实提升非物质文化遗产系统性保护水平,为坚守中华文化立场、传承中华文化基因提供精神力量。

2. 设计原则

系统旨在数字化展示和保护管理非物质文化遗产信息。因此,系统设计需要科学合理,功能满足用户需求,使用户能够方便快捷地了解非物质文化遗产的内容和背景。设计原则如下:

前沿性:采用最新的信息技术和软件开发方法,确保系统在技术和功能上处于领先地位。通过结合当前最先进的 GIS 技术、多媒体展示和数据处理手段,开发出功能齐全、性能优越的系统。

可靠性:系统必须具备高度的可靠性,确保数据的安全性和完整性。数据在传输和存储过程中需要得到严格保护,避免数据泄露和丢失。同时,系统应保证数据的真实性,确保用户获取的信息准确无误。

易用性:系统界面设计应简洁直观,使用户能够快速上手,方便使用。用户无论是政府部门、研究人员,还是普通民众,都能够轻松获取和理解所需的"非遗"信息。

扩展性:系统应采用模块化结构设计,便于功能拓展和数据更新。随着时间推移和数据量增加,系统应能够灵活扩展,满足不断变化的用户需求。数据库设计应合理,确保数据结构便于管理和更新。

标准化:系统设计中的数据、编码、符号等应符合国家和行业的相关标准和规范。这不仅提高了系统的兼容性和互操作性,还确保了数据的标准化和统一性。

3. 系统逻辑架构

安徽省"非遗"可视化地图系统要求总体架构采用三层架构体系,由数据层、业务逻辑层和表现层组成,如图 8.1 所示。

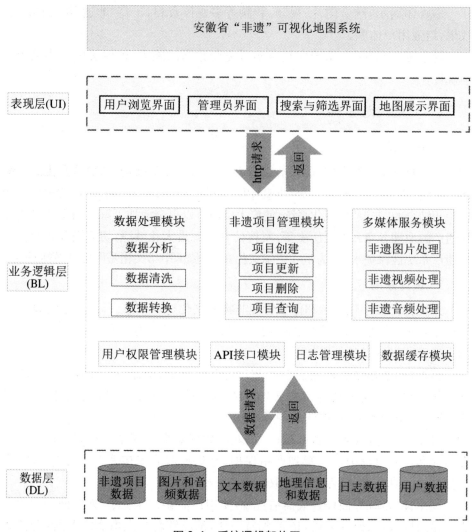

图 8.1 系统逻辑架构图

（1）表现层。表现层是本系统的前台部分，运行在 PC 端、移动端等浏览器上展现给用户浏览、操作的网页。本系统前端将采用模块化结构，使用 Ajax 技术实现实时动态交互，以 CSS 3，HTML 5 以及 ECMAScript 6 版规则的 Javascript 语言构建前端网页。

（2）业务逻辑层。业务层将执行本系统的各类功能，实现策略为自主编写代码以及调用第三方 API。根据本系统的模块化架构的要求，实现功能的代码可被封装成独立的 js 包，与设计、表现代码分离，在 DOM 中调用。

（3）数据层。数据层为整个系统提供数据支撑，数据层包括："非遗"专题数据、图片和音频数据、文本数据、地理信息数据等。

4. 技术架构设计

项目技术架构设计如图 8.2 所示,共划分为四层,分别是数据存储、服务使用、应用实现、前端展示。

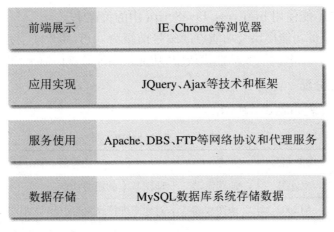

图 8.2 项目技术架构设计

(1) 数据层。数据层,实现项目业务数据的存储、管理,采用 MySQL 数据库存储项目业务数据。

(2) 服务层。服务接口层,是数据层与应用层的中间层,将数据层的各类数据通过服务接口方式为本项目各应用系统提供在线服务。本项目采用 Apache、DNS、FTP 等服务协议。

(3) 应用层。视图应用层,即本项目各应用系统。本系统采用 jQuery 技术进行 UI 框架的建设和前端展示效果的制作;采用 Ajax 技术实现系统的实时异步交互。

(4) 用户层。用户层,即用户的客户端。本项目支持主流的浏览器,如 IE、Firefox、Chrome 等浏览器以及安卓手机客户端。

(三) 功能模块设计

1. 功能模块命名原则

(1) 项目名全部小写。

(2) 包名全部小写。

(3) 类名首字母大写,如果类名由多个单词组成,每个单词的首字母都要大写。

(4) 变量名、方法名首字母大写,如果名称由多个单词组成,每个单词的首字母都要大写。

(5) 常量名全部大写。

(6) 所有命名规则必须遵循以下规则：

① 名称只能由字母、数字、下划线、$ 符号组成；

② 不能以数字开头；

③ 名称不能使用 html,css,JavaScript 中的关键字。

(7) 管理员功能模块及功能点的编号前缀为 qttS,用户功能模块和功能点的编号前缀为 qtt0,同一个功能模块中,功能点编号的首位数字相同。

2. 功能分配

系统功能表如表 8.2 所示。

表 8.2 系统功能表

功能模块	功能编号	功能点	功能说明
地图功能	Map01	地图漫游	地图基本的漫游功能
	Map02	地图放缩	对地图进行放大缩小,要求不同设备操作兼容
	Map03	地图切换	对地图的底图和各个图层进行切换,提供多种选择
	Map04	透明度调节	对地图各个图层的透明度进行调节
	Map05	实时定位	实时对用户进行定位
"非遗"博物馆介绍	Intr01	场馆标注	在地图上标注出"非遗"博物馆的位置,需要使用红旗符号替代传统的圆圈
	Intr02	特色显示	对标注的"非遗"博物馆进行高亮闪烁
	Intr03	文字简介	在弹出容器中显示"非遗"博物馆的简单文字介绍
	Intr04	详细介绍	显示红色场馆的详细文字介绍
	Intr05	语音介绍	播放"非遗"博物馆的语音,需提前录制语音数据库
	Intr06	图片查看	查看博物馆中"非遗"的照片
	Intr07	视频播放	播放介绍"非遗"博物馆的录像,需要有人制作视频数据库或者查找相关 link
	Intr08	实景漫游	在三维场景中漫游"非遗"博物馆,需要查找相关的开源 link,如果没有则省略(或者弹出窗口"稍后上线")
	Intr09	场馆定位	在百度地图上标记"非遗"博物馆

续表

功能模块	功能编号	功能点	功能说明
影音播放	Bor01	影音播放	跳转到新的页面,播放"非遗"影片资料集
专题内容展示	Exh01	网页展示	跳转到新的页面,展示"非遗"相关的各种文字图片资料

六、数据库设计

数据库设计涉及"非遗"项目表、地理信息表、传承人信息表、多媒体资料表、时间数据表等,具体如表 8.3 至表 8.7 所示。

表 8.3 "非遗"项目表

字段名	类型	长度	备注
item_id	int	11	项目 ID
name	varchar	255	项目名称
category	varchar	100	类别
description	text	/	描述
status	varchar	50	现状
region_id	int	11	关联区域 ID
media_id	int	11	关联多媒体 ID

表 8.4 地理信息表

字段名	类型	长度	备注
region_id	int	11	区域 ID
coordinates	point	/	坐标
area	float	/	面积
boundary	geometry	/	矢量边界

表 8.5 传承人信息表

字段名	类型	长度	备注
inheritor_id	int	11	传承人 ID

续表

字段名	类型	长度	备注
name	varchar	255	姓名
heritage_id	int	11	关联非遗项目ID
bio	text	/	传承人简介
contact	varchar	255	联系方式

表8.6 多媒体资料表

字段名	类型	长度	备注
media_id	int	11	多媒体ID
heritage_id	int	11	关联非遗项目ID
type	varchar	50	多媒体类型，如图片、视频、音频
url	varchar	255	资源链接
description	text	/	描述

表8.7 时间数据表

字段名	类型	长度	备注
event_id	int	11	事件ID
heritage_id	int	11	关联非遗项目ID
date	date	/	日期
event	text	/	事件描述

后　记

　　本书是笔者主持的 2020 年安徽省哲学社会科学重点项目"数字媒介环境下安徽非物质文化遗产传承与传播研究"的结题成果,是从新闻传播学这个类别申请并立项的。项目申报的基础是笔者和课题组成员在文化资源、文化传播、数字媒介等几个领域上的教学和科研点滴积累,从理论上来看,是学科交叉的尝试——用传播学的视角、方法和范式阐述非遗的传承和传播,同时亦将非遗相关要素作为传播的内容、主体、载体等进行分析。总的来说,本书力争探讨"数字媒介下的文化传播",更加丰富"传播的研究内容",探寻"传播安徽文化"的方法。

　　课题立项后旋即组织团队开展深入研究,无论线上讨论还是线下研讨,每一次的碰撞都带来思维的火花。按照申请课题时的框架逻辑,在前期研究基础上,继续访谈调研、查找资料,细化研究结构,最终形成现在 8 章的内容。此 8 章按照以下逻辑展开:安徽非遗现状(时空分布)——非遗面临的媒介环境(场域变迁)——传统媒体中的安徽非遗(纸媒报道)——安徽非遗信息呈现(网络展示)——数字媒介中的安徽非遗(融合传播)——安徽非遗短视频传播(效果评价)——安徽非遗的"双创"(文创产业)——安徽非遗的数字保护与传承(文化典藏),其主线是数字媒介环境中安徽非遗的存在、存续、报道、展示、传播、"双创"和典藏。将纸媒的非遗宣传报道作为一章,是因为纸媒的宣传报道也是在当下数字媒介环境中进行的。数字媒介已然成为我们的生存、生活、生产的方式,课题的数字媒介环境不是特指技术环境,而是指社会整体的存在状态。

　　在项目执行过程中,本着"做有组织的科研"的原则,笔者搭建研究框架,指导调研和具体写作,青年教师、博士生、硕士生共同参与调研、基本资料整理、文本初稿撰写工作。由笔者统稿、修改、校对等,并邀请学生一起通读,克服行文硬伤,最终呈现现在的版本。从立项到结题,该项目发挥了三个作用:一是育人,科研为教学服务,科研过程就是育人过程,依托课题培养了 4 名研究生,其论文均是围绕非遗传播相关主题,这也是本课题在申请时的任务之一,也激发了本科生对文化传播的兴趣。二是咨政,科研本就为社会发展做智力服务,为相关部门做"外脑"支持。通过项目研究和思考,笔者撰写了 2 篇研究报告,其中1篇报告被教育部社科司采纳。三是学术本身，从狭义来说，做课题就是学术研究。学术研究是开放的、互动的、交叉的，在完成本课题任务的同时，团队师生先后参加了5次学术会议，分享研究成果和心得，与学界同仁进行了良好的交流，鼓励成员发表学术论文。

学术研究工作大都是在前人的基础之上，在团队分工协作共同努力下，在各种学术资源的支持下完成的，正如未来科学大奖获得者李亚栋院士在接受《中国科学报》采访时表示，"几乎很难取得所谓'从0到1'的原创性成果"，人文社科更是如此。本项目研究过程中得到了多种资源的支持，项目成果也是在前人研究的基础上做了一点拓展工作。在调研和资料整理过程中，得到了相关单位的支持，如新安晚报社积极提供相关报道数据。在各章节写作中，课题组成员安徽财经大学樊金坦老师参与基本资料的收集和整理，亳州学院闫路瑶老师参与部分章节撰写，研究生张书、陈子丹、陈盈、郑彬彬、万蕊、郑姝昕参与相关章节初稿撰写，王泽曦、曹传涛等同学也参与了资料整理和图表绘制工作，安徽师范大学地理与旅游学院齐凌艳副教授、新闻与传播学院黄辉副教授对项目执行亦有贡献。本书出版得到了中国科学技术大学出版社一如既往的支持，以及其他单位和师长、学友的支持，在此一并表示感谢。

另做一特别鸣谢，由于笔者课题经费有限，在项目执行过程中，得到了安徽师范大学陆林教授主持的安徽高校协同创新项目"以文旅融合发展推进徽文化'双创研究'"（项目号：GXXT-2022-093）的资助。

虽然课题完成了，但仍有需要深挖和延展的话题，如非遗（文化遗产）是否具有其特有的传播特征和规律？数字媒介无论从技术层面还是社会层面，如何更好地驱动或支撑或内嵌于文化传播？等等。在成果的撰写过程中，借鉴和参考了专家学者的研究成果，以参考文献的方式表示感谢。书中的图表或根据资料整理自绘或已注明来源。本书作为学科交叉的成果，限于笔者和团队的认知和学识，难免对跨界知识把握不准，甚至还存在一些问题，在此也恳请读者批评指正。

秦 枫

2024年8月25日